# BARGELL ... HAUSE AUS [3 in 1]

Entdecken Sie die profitabelsten Trends des Jahres 2021 und verwandeln Sie sie in ein 5-stelliges Handelsgeschäft ab 47$ [Day Trading, Stock Marketing Investing and Quickbooks]

*Michael Blanco*

Die jeweiligen Autoren besitzen alle Urheberrechte, die nicht beim Verlag liegen.

Die hierin enthaltenen Informationen werden ausschließlich zu Informationszwecken angeboten und sind als solche universell. Die Darstellung der Informationen erfolgt ohne Vertrag oder irgendeine Art von Garantiezusage. Die verwendeten Warenzeichen sind ohne jegliche Zustimmung und die Veröffentlichung des Warenzeichens erfolgt ohne Erlaubnis oder Rückendeckung des Warenzeicheninhabers. Alle Warenzeichen und Marken innerhalb dieses Buches dienen nur der Verdeutlichung und sind Eigentum der Inhaber selbst und stehen nicht in Verbindung mit diesem Dokument

# INHALTSVERZEICHNIS

## DAYTRADING FÜR ANFÄNGER

# AKTIENMARKT-INVESTIEREN FÜR ANFÄNGER

## QUICKBOOKS

# DAYTRADING FÜR ANFÄNGER

Der vereinfachte Crashkurs für kluge Leute. Wie Sie den Markt erobern und mit narrensicheren Strategien und Methoden ein erfolgreicher Trader warden

*Michael Blanco*

# INHALTSVERZEICHNIS

# KAPITEL 1:
# EINSTIEG IN DAS DAYTRADING
# UND DEN FOREXHANDEL

## EINSTIEG IN DAS DAYTRADING UND FOREX

Der Devisenmarkt (FX) weist viele Parallelen zu Ihren Aktien-bereichen auf; dennoch finden Sie einige entscheidende Unterschiede. Dieser Artikel wird Ihnen diese Unterschiede erklären, die Ihnen helfen, mit dem Devisenhandel zu beginnen.

Wenn Sie sich dafür entschieden haben, sich am Devisenhandel zu versuchen, ist der Zugang zu den Geldmarktplätzen in letzter Zeit nicht viel einfacher geworden, da es eine große Auswahl an Online-Brokerage-Systemen gibt, die alles vom Platzhandel bis zu Futures und CFDs anbieten.

## SCHLUSSFOLGERUNGEN

- Bevor Sie sich für einen Forex-Händler entscheiden, führen Sie eine Sorgfaltsprüfung durch und stellen Sie sicher, dass Sie die beste Wahl für sich selbst treffen.
- Suchen Sie nach niedrigen Spreads und Gebühren von einem Anbieter in einer gut regulierten Jurisdiktion, der ne-ben verschiedenen anderen Faktoren eine Sammlung von Methoden und Zugang zu Leverage bietet.
- Wenn Sie Ihren Agenten ausgewählt haben, informieren Sie sich über Standard-Forex-Strategien und darüber, wie man die Geldmärkte richtig analysiert.

- Vielleicht möchten Sie sich auf ein Demokonto konzentrieren, um Ihre eigene Strategie auszuprobieren und einen Backtest durchzuführen, bevor Sie echtes Geld im Markt riskieren.

**Auswahl eines Forex-Brokers**

Es gibt eine Menge Forex-Broker, aus denen Sie wählen können, genau wie in fast jedem anderen Markt. Schauen Sie sich Situationen an, die Sie in Betracht ziehen sollten:

**Niedrigere Spreads helfen Ihnen bares Geld zu sparen!**

Niedrig entwickelt sich. Der Spread, der in "Pips" berechnet wird, ist der Unterschied zwischen den Kosten, zu denen eine Währung gekauft werden kann, und den Kosten, zu denen sie an praktisch jedem Teil des Tages verkauft werden kann. Forex-Broker erheben keine Provision, daher ist dieser Unterschied die Art und Weise, wie sie Geld verdienen. Beim Vergleich von Brokern werden Sie feststellen, dass der Unterschied bei den Vorschüssen im Forex-Bereich tatsächlich so groß ist, wie der Unterschied bei den Provisionen im Aktienbereich.

**Vergewissern Sie sich, dass Ihr Vermittler von behördlichen Organisationen und einer vertrauenswürdigen Institution unterstützt wird!**

Hochwertiges Institut. Im Gegensatz zu Geldagenten sind Forex-Broker normalerweise mit großen Banken oder Kreditinstituten verbunden, da sie große Geldmengen (Kontrolle) liefern müssen. Zusätzlich sollten Forex-Broker zusammen mit der Futures Commission Merchant (FCM) autorisiert sein und von der Commodity Futures

Trading Commission (CFTC) verwaltet werden. Sie können dies zusammen mit anderen Finanzinformationen und Statistiken über einen Forex-Broker auf seiner Website, der Website seiner Mutter- oder Vatergesellschaft oder über die BrokerCheck-Website der Financial Business Regulatory Authority leicht entdecken.

**Holen Sie sich die Ressourcen, die Sie für Ihren Erfolg benötigen!**

Umfangreiche Tools und Analysen. Forex-Agenten bieten eine Menge verschiedener Handelsplattformen für ihre Kunden an - genau wie Broker verschiedene andere Märkte. Diese Handels- und Investitionssysteme funktionieren oft mit Real-DAY-Charts, technischen Bewertungsressourcen, Real-DAY-Entwicklung und Daten und sogar Unterstützung für Handelstechniken. Bevor Sie sich an Ihren Broker binden, sollten Sie kostenlose Studien anfordern, um verschiedene Handelsplattformen zu bewerten. Agenten bieten in der Regel zusätzlich technische und fundamentale Informationen, monetäre Kalender und verschiedene Studien.

**Hebeln Sie Ihre eigenen Einsätze!**

Eine Reihe von Leverage-Optionen. Leverage ist in Forex erforderlich, weil die Kostenabweichungen (die Ressourcen der Einnahmen) sind in der Regel nur Bruchteile eines Penny. Der Einfluss, der als Verhältnis zwischen dem verfügbaren Gesamtkapital und dem tatsächlichen Geld vermittelt wird, ist die Menge an Bargeld, die ein Broker Ihnen für den Handel leihen wird. Zum Beispiel bedeutet ein Verhältnis von 100:1, dass der Broker Ihnen $100 für praktisch jeden $1 an echtem Kapital geben würde. Viele Broker bieten sogar bis zu 250:1. Erinnern Sie sich daran, dass ein geringerer Leverage eine geringere Gefahr eines Margin Calls bedeutet, aber auch einen geringeren "Bang for the Money" (und umgekehrt).

Wenn Sie begrenzte Geld haben, sicher sein, dass Ihr Broker bietet hohe Kontrolle durch eine Marge Mitgliedschaft. Wenn Geld ist sicherlich nicht ein Problem, jeder Spezialist mit einem großen Sortiment von Einfluss Möglichkeiten tun muss. eine Reihe von Optionen können Sie die tatsächliche Menge der Gefahr variieren Sie glücklich sein kann, zu nehmen. Zum Beispiel kann viel weniger Leverage (und damit weniger Gefahr) für extrem volatile (exotische) Geldsätze vorzuziehen sein.

**Vergewissern Sie sich, dass der Makler den richtigen Einfluss, die richtigen Ressourcen und die richtigen Dienstleistungen in Übereinstimmung mit Ihrer Kapitalmenge einsetzt.**

Kontoarten. Zahlreiche Makler liefern zwei oder eine Menge mehr Arten von Konten. Die kleinste Mitgliedschaft wird als Mini-Konto bezeichnet und braucht man mit mindestens von auszutauschen, Zustand, $250, bietet eine große Menge an Einfluss (die Sie wollen, um Bargeld wegen dieser Messungen der vorläufigen Geld zu machen). Die Standard-Mitgliedschaft ermöglicht es Ihnen, den Handel mit einer Reihe von verschiedenen Leverages, aber es fordert mindestens $ 2.000. Schließlich, Premium-Datensätze, die oft erfordern deutlich höhere Ebenen des Kapitals, können Sie die Verwendung von verschiedenen Mengen an Kontrolle zu machen und oft liefern zusätzliche Ressourcen und Dienstleistungen.

**Broker-Aktionen, um den Forex-Handel und Investitionen zu verhindern**

Sniping oder Jagen. Sniping und Jagen - beschrieben als vorzeitiger Kauf oder Verkauf in der Nähe von voreingestellten Punkten - sind in der Regel unpassende Funktionen, die von Maklern bestimmt werden, um den Umsatz zu verbessern. Leider, wirklich die einzige Möglichkeit, die Agenten zu bestimmen, die dies tun und diejenigen, die nicht tun, ist mit Kerl Händler zu sprechen. Es gibt keine schwarze Liste oder Organisation, die solche Aktivitäten meldet.

Strenge Margin-Richtlinien. Wann immer Sie mit geliehenem Geld tauschen werden, hat der Makler eine Vermutung, wie viel Bedrohung Sie nehmen. Infolgedessen kann Ihr Makler nach eigenem Ermessen investieren oder verkaufen, was oft eine schlechte Sache für Sie persönlich ist. Stellen wir uns vor, Sie haben ein Margin-Konto, und Ihre Position geht auf Tauchstation, bevor sie wieder auf das Niveau des ganzen Tages steigt. Obwohl Sie eigentlich genügend Geld haben, um zu bezahlen, werden einige Agenten Ihre Situation bei einem Margin-Telefonat bei diesem Tiefstand liquidieren. Diese Aktivität auf ihren Teil können Sie eine erhebliche Menge an Geld Preis.

Stellen Sie sicher, dass Sie eine gründliche Due Diligence durchführen, bevor Sie einen Broker auswählen! Sobald Sie sich entschieden haben, ist die Beantragung einer Forex-Mitgliedschaft eigentlich ähnlich wie die Beantragung einer Aktienmitgliedschaft. Der einzige wirklich signifikante Unterschied ist, dass Sie bei Forex-Konten möglicherweise eine Margin-Vereinbarung signalisieren müssen. Diese Vereinbarung besagt, dass Sie mit geliehenem Geld handeln, und wie diese hat der Broker nur das Recht, in Ihre eigenen Positionen einzugreifen, um seine Interessen zu schützen. Abgesehen davon, sobald Sie sich anmelden und Ihr Konto finanzieren, werden Sie bereit sein, zu handeln.

## Definieren einer einfachen Forex-Investitionstechnik

Die technische Bewertung und die Fundamentalanalyse sind ein paar häufig verwendete Strategien auf dem Forex-Markt. Die technische Bewertung ist tatsächlich die beliebteste Methode, die von einzelnen Forex-Händlern verwendet wird, was wir im Folgenden näher erläutern werden.

## Fundamentale Analyse

Wenn Sie glauben, es ist schwer, ein Unternehmen zu schätzen, versuchen Sie, eine ganze Nation zu bewerten! Fundamentale Bewertung, wenn Sie auf die Forex-Industrie ist wirklich kompliziert, und wird oft verwendet und dann antizipieren lange Ausdruck Stile; jedoch führen einige Händler Austausch kurzfristige rein auf Nachrichten produziert. Sie finden eine Menge von fundamentalen Indikatoren der Währung Werte an vielen verschiedenen DAYs wie zum Beispiel veröffentlicht:

- Non-Farm Payrolls
- Purchasing Executives Index (PMI)
- Verbraucherpreisindex (CPI)
- Einzelhandelsumsatz
- Langlebige Güter

Diese Konten sind in der Regel vielleicht nicht wirklich die einzigen grundlegenden Elemente zu sehen. Sie finden auch mehrere Gruppentreffen, in denen Schätzungen und Kommentare können Marktplätze ebenso viel wie jeder Bericht beeinflussen. Diese Konferenzen werden im Allgemeinen oft einberufen, um Zinskosten, Inflation und andere Probleme zu besprechen, die Geldbewertungen beeinflussen. Sogar Textanpassungen bei der Behandlung bestimmter Themen - zum Beispiel die Aussagen des Vorsitzenden der Federal Reserve zu den Zinssätzen - können Marktvolatilität verursachen. Zwei wichtige Sitzungen, die Devisenhändler sehen sollten, sind daher das Federal Open Marketplace Panel und die Humphrey Hawkins Hearings.

Das einfache Durchlesen der Berichte und die Untersuchung des Diskurses kann Forex-Fundamentalanalysten wirklich dabei helfen, ein weitaus besseres Verständnis für langfristige Markttrends zu erlangen und es kurzfristigen Händlern zu ermöglichen, Geld aus außergewöhnlichen Ereignissen zu machen. Wenn Sie sich für eine fundamentale Strategie entscheiden, halten Sie auf jeden Fall einen Wirtschaftskalender bereit, damit Sie wissen, wann diese Berichte veröffentlicht werden. Ihr Broker kann zusätzlich einen tagesaktuellen Zugang zu dieser Art von Informationen bieten.

**Technische Analyse**

Technische Analysten für den Forex bewerten Preistrends, vergleichbar für ihre Gegenstücke während der Geldmarktplätze. Der einzige wesentliche Unterschied zwischen komplexen Bewertung in Forex und technische Analyse Ungleichheiten wird der Zeitplan sein, wie Forex Bereiche sind vierundzwanzig Stunden jeden Tag zur Verfügung. Als ein Endergebnis, einige Formen der komplexen Analyse, die Faktor in DAY muss sicherlich geändert werden, um Faktor innerhalb der 24-Stunden-Forex-Markt. Sie sind wahrscheinlich die häufigsten Arten von komplexen Analysen, die im Forex-Markt verwendet werden:

- Die Elliott-Surf
- Fibonacci-Studien
- Parabolische SAR
- Pivot-Faktoren

Viele technische Analysten kombinieren diese wissenschaftlichen Studien, um genauere Prognosen zu erstellen. (z.B. die häufige Übung, die Fibonacci-Studien mit Elliott-Wellen zu mischen.) Andere Personen produzieren Handels- und Investitionssysteme, um kontinuierlich ähnliche Kauf- und Marketingumstände aufzuspüren.

**Finden Sie Ihre Forex-Handelsstrategie**

Die meisten erfolgreichen Trader entwickeln einen Ansatz und optimieren diesen über den TAG. Einige konzentrieren sich auf eine bestimmte Forschung oder Berechnung, während andere Leute ein breites Spektrum an Auswertungen verwenden, um ihre besonderen Investitionen zu bestimmen.

Viele Experten raten, eine Mischung aus fundamentaler und spezialisierter Bewertung auszuprobieren, um langfristige Prognosen zu erstellen und Ein- und Ausstiegsbereiche zu entdecken. Abgesehen davon wird es der spezifische Investor sein, der bestimmen muss, was auf lange Sicht am besten für ihn geeignet ist (am häufigsten durch Lernen aus Fehlern).

**Zu beachtende Faktoren bei Deviseninvestitionen**

Eröffnen Sie eine Probemitgliedschaft und handeln Sie auf dem Papier, bis Sie in der Lage sind, ein regelmäßiges Einkommen zu erzielen. Viele Leute steigen in den Devisenmarkt ein und verlieren schnell viel Geld, weil sie auch viel Hebelwirkung auf sich nehmen. Es ist notwendig, einige Tage zu verbringen und zu lernen, wie man richtig tauscht, bevor man Kapital einsetzt.

Handeln Sie ohne Emotionen. Halten Sie keine "mentalen" Stop-Loss-Punkte, wenn Sie nicht die Fähigkeit haben, sie am TAG auszuführen. Legen Sie Ihre Stop-Loss- und Take-Profit-Faktoren stets so fest, dass sie automatisch ausgeführt werden, und ändern Sie sie nicht, wenn es nicht unbedingt notwendig ist.

Die Tendenz kann ein Freund sein. Wenn Sie gegen den Trend gehen, seien Sie sicher, dass Sie einen guten Grund haben. Das liegt daran, dass Sie eine höhere Erfolgschance beim Handel und Investieren mit dem Trend haben, wenn man bedenkt, dass der Forex-Markt dazu neigt, sich in diese Richtung zu bewegen, verglichen mit verschiedenen anderen.

## Die Grundlinie

Der Forex-Marktplatz ist der größte Markt in diesem Bereich, und die Menschen sind zunehmend begeistert davon, ihren speziellen Handel in FX zu betreiben. Nichtsdestotrotz gibt es in der Regel zahlreiche Faktoren, die Sie beachten müssen, bevor Sie mit dem Investieren beginnen, wie zum Beispiel, dass Sie sicher sein müssen, dass Ihr Broker bestimmte Kriterien erfüllt und dass Sie eine Investitionsstrategie finden, die für Sie funktioniert. Eine Option, um zu lernen, wie man mit Devisen handelt, ist die Gründung einer Demo-Mitgliedschaft und das Ausprobieren.

Wie zu Beginn eines jeden Berufes gibt es auch für Daytrading-Neulinge eine Menge zu entdecken. Hier sind einige Ideen, um Sie in die richtige Richtung zu lenken, während Sie Ihre Reise beginnen. Diese Vorschläge werden Sie mit der richtigen Ausrüstung und Computer-Software etablieren, helfen Ihnen zu wählen, was zu handeln und wann zu handeln, erklären Ihnen, wie viel Kapital Sie benötigen, wie man die Bedrohung zu behandeln, und nur, wie man einen Austausch Ansatz erfolgreich zu üben.

**Jeden Tag eine Entscheidung treffen Markt investieren**

Als Neuling im Daytrading haben Sie wahrscheinlich einen Markt im Kopf, den Sie gerne handeln möchten. Die Aufgabe eines Daytraders ist es, nach einem sich wiederholenden Muster zu suchen (oder nach einem Muster, das sich ausreichend wiederholt, um einen Gewinn zu generieren) und es danach auszunutzen.

Aktien sind in der Regel die Aktien der Unternehmen, wie z. B. Walmart (WMT) und Apple (AAPL). Auf dem Devisenmarkt kaufen und verkaufen Sie Währungen, wie den Euro und den US-Dollar (EUR/USD). Es gibt eine große Auswahl an Futures, die gehandelt werden können, und Futures sind oft von Rohstoffen oder Spinnen abhängig. In der Futures-Branche können Sie mit Rohöl, Gold oder S&P 500-Bewegungen handeln.

Die eine Branche ist nicht viel besser als die andere. Es kommt darauf an, was Sie austauschen möchten und was Sie in der Lage sind, zu verwalten. Der Forex-Marktplatz erfordert das geringste Kapital für den Tageshandel. Sie könnten mit so wenig wie ein paar hundert Dollar beginnen, obwohl der Beginn mit mindestens $ 500 empfohlen wird.

Die Arbeit an bestimmten Futures-Märkten, wie z.B. dem S&P 500 E-mini (ES), der ein sehr beliebter Futures-Kontrakt für den Tageshandel ist, erfordert nur $1.000, um loszulegen. Es wird jedoch empfohlen, mit einem Minimum von $2.500 zu beginnen.

Aktien erfordern ein Minimum von $25.000, um den Handel zu besuchen, wodurch sie alle eine viel kapitalintensivere Option sind. Während noch mehr Kapital benötigt wird, um den Handel mit Aktien zu besuchen, das schafft es nicht ein viel besser oder schlechter Marktplatz im Vergleich zu anderen. Aber ohne $25.000 zum Handeln zu haben (und Ihre Mitgliedschaft nicht über $25.000 halten zu können), dann sind Aktien wahrscheinlich nicht der größte Tagesarbeitsmarktplatz für Sie. Wenn Sie tatsächlich viel mehr als $25.000 nach, dass Aktien neigen dazu, eine machbare DAY Kauf und Verkauf Markt sein.

Alle Märkte bieten außergewöhnliche Gewinnmöglichkeiten. Daher wird es in der Regel kommen bis zu genau, wie viel Geld Sie haben, um loszulegen. Wählen Sie einen Markt, auf diese Weise können Sie beginnen, Ihre eigene Ausbildung auf diesem Markt zu konzentrieren, und vielleicht nicht wegwerfen Ihre DAY herauszufinden, Dinge über einige andere Marktplätze, die nicht von Unterstützung in Ihrem ausgewählten Markt sein könnte.

Don't you will need to learn all the markets as soon as. Dies wird Ihre Aufmerksamkeit zu brechen und die Schaffung von Geld kann viel länger dauern. Sobald Sie wissen, um Einkommen in einem Markt zu generieren, ist es viel einfacher, sich anzupassen, um andere Märkte zu entdecken. Also, seien Sie ein Kunde. Sie müssen nicht alle Märkte auf einmal lernen. Sie können leicht verschiedene Märkte später lernen, wenn Sie wollen.

## Ausrüstung und Software für DAY-Trading-Neulinge

**Für den heutigen Handel benötigen Sie ein paar grundlegende Methoden:**

- Ein PC oder Laptop. Zwei Monitore sind wünschenswert, aber nicht notwendig. Der Computer muss über genügend Arbeitsspeicher und einen ausreichend schnellen Prozessor verfügen, damit es beim Betrieb des Austauschsystems (siehe unten) nicht zu Verzögerungen oder Abstürzen kommt. Sie brauchen keinen Spitzen-PC, aber Sie wollen auch nicht zu billig sein. Software und Computer ändern sich ständig, stellen Sie also sicher, dass Ihr Computer mit den Neuerungen Schritt hält. Ein langsames Computersystem kann beim DAY-Trading und beim Investieren kostspielig sein, besonders wenn es abstürzt, wenn Sie in Investitionen stecken, Sie Positionen übersehen oder seine Langsamkeit dazu führt, dass Sie in Trades stecken bleiben.

- Eine vertrauenswürdige und relativ schnelle Internetverbindung. Daytrader sollten mindestens einen Internetanschluss vom Typ Kabel oder ADSL verwenden. Die Tarife variieren bei diesen Diensten, daher sollten Sie mindestens ein mittleres Internetpaket wählen. Die langsamste Geschwindigkeit, die von Ihrem Internetanbieter zur Verfügung gestellt wird, kann zwar einige Arbeit verrichten, aber wenn Sie mehrere Internetseiten und Apps laufen haben (die die Online-Welt nutzen), könnten Sie beobachten, dass Ihr Trading- und Anlagesystem nicht so schnell aktualisiert wird, wie es sollte und daher Probleme verursachen kann (siehe oben). Konzentrieren Sie sich auf ein Netzpaket im mittleren Bereich und probieren Sie es aus. Sie können Ihren Netztarif später immer leicht anpassen, falls erforderlich. Wenn Ihr Internet sehr oft ausfällt, ist das ein Problem. Schauen Sie, ob es einen viel zuverlässigeren Internetanbieter gibt. Tagesinvestitionen sind mit einer sporadischen Internetverbindung nicht zu empfehlen.

- Eine Handelsplattform, die für Ihren Markt und die Großartigkeit des Day-Investing geeignet ist. Wenn Sie erst am Anfang stehen, ist die Suche nach der perfektesten Plattform nicht Ihr oberstes Ziel. Laden Sie zahlreiche Börsensysteme herunter und probieren Sie sie aus. Da Sie ein Anfänger sind, werden Sie jedoch keinen ausgeprägten Investitionsstil haben. Aus diesem Grund kann sich Ihr eigenes Börsensystem im Laufe Ihrer Arbeit verbessern, oder Sie können die Art und Weise, wie es eingerichtet ist, ändern, um Ihre Entwicklung zu unterstützen. NinaTrader ist ein beliebtes Daytrading-System für Futures- und Forex-Trader. Sie werden eine Menge von Inventar Handel und Investitionen Systeme zu finden. Letztlich, überprüfen Sie ein paar von, dass Ihr Broker bietet und sehen, welche Sie am besten gefällt.

- Ein Broker. Ihr Broker vermittelt Ihre eigenen Trades und berechnet Ihnen dafür eine Zahlung oder Gebühr auf Ihre Positionen. Daytrader möchten sich auf Makler mit niedrigen Gebühren konzentrieren, da hohe Provisionskosten die Rentabilität einer Daytrading-Strategie zerstören können.

Das heißt, der billigste Gebührenmakler ist nicht immer gut. Sie wünschen sich einen Broker, der für Sie da ist, wenn Sie ein Problem haben. Ein paar Cent mehr auf einen Prozentsatz ist es tatsächlich wert, für den Fall, dass das Unternehmen können Sie 100er oder Hunderte von Dollar zu konservieren, wenn Sie eine Computer-Krise haben und kann nicht aus Ihren Trades zu erhalten. Großbanken bieten zwar Handelskonten an, sind aber im Allgemeinen nicht die beste Option für DAY-Trader. Die Kosten sind in der Regel größer bei großen Finanzunternehmen, und kompaktere Broker bieten in der Regel viel mehr anpassbare Gebühren- und Provisionsrahmen für DAY-Trader.

**Wann Sie Daytrading betreiben sollten**

Als Daytrader, sowohl als Anfänger als auch als Profi, dreht sich Ihr eigenes Leben um Beständigkeit. Eine der Möglichkeiten, Zuverlässigkeit zu schaffen, wird der Handel während der genau gleichen Stunden jeden TAG sein.

Während viele DAY-Händler für eine ganze reguläre Sitzung handeln (9:30 Uhr bis 16 Uhr EST, zum Beispiel, wenn es um den US-Inventar-Markt kommt), die Mehrheit der einzigen Händler für einen Abschnitt eines einzigen Tages. Handel nur 2 bis 3 viele Stunden am Tag ist eigentlich sehr üblich unter Tageshändler. Hier sind die Stunden, die Sie wollen auf zu konzentrieren.

- Für Aktien, die optimale DAY für Day-Investing wird die erste ein bis ein paar Stunden nach der Eröffnung, zusammen mit letzten DAY vor der Nähe sein. 9:30 Uhr bis 11:30 Uhr EST ist eigentlich eine zwei-Tage-Dauer, die Sie brauchen, um großartig im Handel und Investieren zu werden. Dies ist tatsächlich die volatilste Periode des TAGES, die die bedeutendsten Kostentechniken und viele Ertragspotentiale bietet. Die letzte Stunde des Tages, 15.00 bis 16.00 Uhr EST, ist auch typischerweise ein großartiger TAG für den Handel und das Investieren, da dann auch einige wesentliche Bewegungen stattfinden. Wenn Sie nur für einen oder zwei TAGE handeln wollen, handeln Sie in der Morgensitzung.

- Für den Tageshandel mit Futures ist rund um die Uhr ein fantastischer Tag für Sie. Produktive Futures sehen einige Investitionen Aktivität Nacht und Tag, daher gute Day-Trading-Möglichkeiten beginnen in der Regel ein bisschen früher im Vergleich zu der Börse. Wenn Sie tagsüber in Futures investieren, konzentrieren Sie sich auf die Arbeit zwischen 8:30 Uhr und 11 Uhr EST. Futures-Märkte haben tatsächlich formale Schließungen an verschiedenen TAGEN, jedoch liefert die letzte Stunde der Investition in einen Futures-Kontrakt zusätzlich typischerweise beträchtliche Techniken für Day-Trader, um Kasse zu machen.

- Die Forex-Industrie investiert 24-Stunden gerade über jeden Tag während der wenigen Tage. Die EURUSD ist eigentlich die bevorzugte DAY Investitionen Spiel. Es berücksichtigt typischerweise bei weitem die meisten Volatilität zwischen 0600 und 1700 GMT. Day-Trader sollten innerhalb dieser Stunden handeln. 1200 bis 1500 GMT sieht im Allgemeinen die größten Preistechniken, daher ist dies ein sehr beliebter und energischer TAG für Tageshändler. Während dieser

Zeit sowohl London, während diese Märkte sind offen, den Umgang mit dem Euro und auch den US-Buck.

Als jeder und jeden Tag Trader, müssen Sie nicht den ganzen Tag lang Handel. Sie werden wahrscheinlich viel mehr Konsistenz finden, indem Sie nur zwei bis 3 Stunden pro TAG handeln.

### Kontrollieren Sie Ihre Day-Trading-Gefahr

Sie haben einen Markt ausgewählt, haben Ausrüstung und Software-Setup, und someDAYs verstehen, was ist perfekt für Tag investieren. Kurz bevor Sie auch anfangen, an den Austausch zu glauben, sollten Sie einfache Tipps zur Kontrolle der Gefahr kennen. Daytrader sollten das Risiko auf zwei Arten kontrollieren: die Handelsgefahr und die tägliche Bedrohung.

- Das Handelsrisiko gibt an, wie viel Sie bereit sind, bei jedem Handel ein Risiko einzugehen. Wenn überhaupt möglich, riskieren Sie 1% oder weniger des Kapitals für jeden Handel. Dies wird durch die Auswahl eines Einstiegspunktes erreicht, nach dem Einstellen einer Stop-Reduktion, die Sie aus dem Handel erhalten wird, wenn es beginnt, viel gegen Sie zu gehen. Die Gefahr wird auch davon beeinflusst, wie groß die Situation ist, die Sie eingehen. Daher sollten Sie lernen, wie Sie die richtige Situationsgröße für Aktien, Forex oder Futures berechnen. Wenn Sie Ihre Situationsgröße, Ihren eigenen Einstiegskurs und Ihren Endverlustkurs berücksichtigen, sollte kein einziger Handel Sie einem Kapitalverlust von mehr als 1% aussetzen.
- Außerdem sollten Sie Ihr eigenes tägliches Risiko kontrollieren. Genauso wie Sie nicht wollen, dass ein einziger Trade

zu einem großen Schaden auf Ihrem Bankkonto führt (daher die 1%-Regel), wollen Sie auch nicht, dass Sie irgendwann Ihre eigene Woche oder Ihren eigenen Monat beschädigen. Legen Sie daher ein tägliches Reduktionslimit fest. Eine Möglichkeit ist tatsächlich, es bei 3% des Kapitals zu schaffen. Wenn Sie bei jedem Trade 1% oder deutlich weniger riskieren sollten, müssten Sie drei Trades oder mehr verlieren (ohne Gewinner), um die 3% loszuwerden. Mit einer soliden Methode sollte das nicht sehr häufig vorkommen. Sobald Sie Ihre tägliche Obergrenze erreicht haben, hören Sie auf, für einen TAG zu handeln. Wenn Sie regelmäßig profitabel sind, setzen Sie Ihre tägliche Verlustbegrenzung auf den Wert Ihres durchschnittlichen Gewinntages. Wenn Sie z.B. an Gewinntagen in der Regel $500 verdienen, dann sind Sie wahrscheinlich in der Lage, an Verlusttagen $500 loszuwerden. Wenn Sie deutlich mehr als das verlieren, hören Sie auf zu investieren. Die Logik ist die Tatsache, dass wir die täglichen Verluste klein halten möchten, um sicherzustellen, dass der Verlust am Ende schnell durch einen typischen Gewinntag ausgeglichen werden kann.

## Übungstechniken für DAY-Trading-Neulinge

Wenn Sie beginnen, müssen Sie nicht alles über den Handel auf einmal entdecken. Sie brauchen nie alles zu verstehen. Als Tag Individuum, Sie benötigen lediglich einen Ansatz, den Sie mehr als über und über implementieren.

Die Aufgabe eines jeden Daytraders ist es, ein sich wiederholendes Design zu finden (oder ein Design, das sich genug wiederholt, um ein Einkommen zu schaffen), um es dann zu nutzen.

Dazu brauchen Sie weder eine Hochschulausbildung oder eine Facharztbezeichnung, noch wollen Sie sich durch hunderte von Publikationen wühlen, um das zu erreichen.

Besorgen Sie sich eine Methode, die eine Methode für den Einstieg, die Platzierung einer Endreduktion und das Erzielen von Gewinnen bietet. Danach machen Sie sich an die Arbeit, diese Strategie in einem Testkonto anzuwenden.

Für Forex- und Futures-Händler ist eine der besten Übungsmöglichkeiten die Nutzung der NinjaTrader Replay-Funktion, die es Ihnen erlaubt, historische DAYs zu handeln, als ob Sie an einem tatsächlichen DAY gehandelt hätten.

Das bedeutet, dass Sie problemlos den ganzen Tag üben können, wenn Sie möchten, auch wenn der Markt geschlossen ist.

Egal, auf welchem Markt Sie handeln, stellen Sie ein Testkonto zur Verfügung und beginnen Sie mit dem Training Ihres Ansatzes. Eine Methode zu verstehen ist nicht dasselbe, wie in der Lage zu sein, sie auszuführen. Keine zwei Tage sind genau die gleichen in den Marktplätzen, deshalb braucht es Training, um bereit zu sein, die Handelskonfigurationen zu sehen und in der Lage zu sein, die Positionen ohne Zögern auszuführen. Üben Sie mindestens drei Monate lang, bevor Sie mit echtem Geld handeln. Nur wenn Sie mindestens drei mehrere Monate in einer Reihe von profitablen Demonstration

Funktionalität haben, sollten Sie ändern, um den Austausch zu bleiben.

Bleiben Sie bei dieser einen Strategie und investieren Sie nur in den Markt, den Sie gewählt haben, und nur während des TAGES, den Sie zum Tauschen gewählt haben.

### Vom Demo zum lebendigen Handel

Die Mehrheit der Händler beobachtet eine Verschlechterung der Performance, sobald sie vom Demo-Trading zum Live-Tausch übergehen. Demo-Handel und Investitionen ist eine vorteilhafte Praxis Boden für die Entscheidung, ob ein Ansatz lebensfähig ist, jedoch kann es nicht imitieren den jeweiligen Markt genau, noch erzeugt es das emotionale Chaos viele Händler konfrontieren, wenn sie echtes Geld in den Bereich setzen.

Wenn Sie also sehen, dass Ihr spezieller Austausch nicht wirklich gut läuft, wenn Sie anfangen zu leben (verglichen mit der Demonstration), verstehen Sie, dass dies eigentlich normal ist.

Beginnen Sie mit der kleinsten Situationsgröße, die möglich ist, wenn Sie mit dem echten DAY-Handel beginnen, da dies hilft, etwas Stress und Angst vor dem Verlust großer Geldbeträge abzubauen.

Während Sie bequemer werden, indem Sie echtes Geld investieren, erhöhen Sie Ihre Situationsgröße bis zu der oben besprochenen 1%-Grenze. Bringen Sie außerdem kontinuierlich Ihre Konzentration zurück zu dem, was Sie geübt haben und wenden Sie Ihre Methoden genau an. Die Fokussierung auf Genauigkeit und Ausführung kann helfen, einige der starken Emotionen zu verdünnen, die Ihren Handel negativ beeinflussen können.

## Letztes Stichwort für DAY-Trading-Neulinge

Wählen Sie einen Markt, an dem Sie interessiert sind und den Sie sich leisten können, auszutauschen. Anschließend, richten Sie sich mit genau der richtigen Ausrüstung und Software. Wählen Sie einen Zeitraum des Tages, die Sie Tag Handel, und nur den Handel während dieser DAY; in der Regel die größte Day-Trading-Instanzen sind rund um signifikante Marktplatz Öffnungen und Schließungen.

Kontrollieren Sie Ihr Risiko, bei jedem Handel und an jedem Tag. Üben Sie dann eine Strategie immer und immer wieder aus. Sie müssen nie alles wissen, um Gewinne auszutauschen. Sie müssen in der Lage sein, eine Strategie in die Tat umzusetzen, die Geld macht.

Konzentrieren Sie sich darauf, mit einem Ansatz zu gewinnen, bevor Sie versuchen, andere herauszufinden. Verbessern Sie Ihre Fähigkeit-en in einem Demo-Konto, aber seien Sie sich bewusst, dass es nicht wirklich genau wie der echte Handel ist. Wann immer Sie sich dem Kauf und Verkauf mit echtem Geld zuwenden, ist eine holprige Fahrt für eine Reihe von Monaten tatsächlich üblich. Konzentrieren Sie sich auf Genauigkeit und Umsetzung, um Ihre Nerven zu beruhigen.

# KAPITEL 2:
# WIE VIEL GELD SOLLTEN SIE IN DEN TAG INVESTIEREN?

## WIE VIEL GELD SOLLTEN SIE FÜR DAYTRADING EINSETZEN?

"Wie viel Kapital brauche ich, um mit dem Daytrading zu beginnen?" ist so ziemlich die am häufigsten gestellte Frage, die ich von Personen erhalte, die mit dem Daytrading von Aktien, Devisen oder Futures-Märkten beginnen möchten.

Wie viel Geld Sie benötigen, hängt von dem Handelsmodell ab, das Sie betreiben wollen, für das Sie handeln, und von dem Marktplatz, auf dem Sie handeln (Aktien, Forex oder Futures).

**Day-Investing-Bedarf in den USA und im Ausland für Aktienhändler**

Für den DAY-Handel mit US-Aktien benötigen Sie eine freie Konto-stabilität von $25.000 oder viel mehr. Beginnen Sie mit mindestens $30.000, wenn Sie beabsichtigen, deutlich mehr als 4 Day Trades pro Handelswoche zu machen. 4 DAY Trades oder sogar mehr pro Woche bietet Ihnen eine "Tages-Einzelposition" und Sie sind an Ihre $25.000 minimale Mitgliedschaftsbilanz gebunden. Wenn Ihre eigene Mitgliedschaft unter $25.000 fällt, werden Sie nicht in der Lage sein, Daytrading zu betreiben, es sei denn, Sie füllen Ihr Konto wieder auf deutlich mehr als $25.000 auf. Aus diesem Grund wird empfohlen, mit mehr als $25.000 zu beginnen, um sich einen Puffer über den Mindestbedarf hinaus zu sichern.

Sie können möglicherweise heute in der Lage sein, andere internationale Bereiche ohne diese Mitgliedschaft minimal zu tauschen. Wenn die Nation, in der Sie sich befinden oder die Sie tauschen möchten, nicht den minimalen Kontostand von $25.000 verlangt, wird dringend empfohlen, dass Sie weiterhin mindestens $10.000 auf Ihr Tagesgeldkonto einzahlen. Bei kompakteren Konten als diesem werden die Provisionen und Gebühren die erzielten Gewinne erheblich erodieren oder auslöschen. Bei größeren Konten wirken sich die Preise für den Handel und das Investieren tatsächlich deutlich weniger aus.

Einer der typischen Fehler, den Händler machen, ist eine Unterkapitalisierung. Fallengelassene Trades und DAYs kommen vor, auch bei den besten Händlern. Nach der Aufnahme von Verlusten müssen Sie immer noch genügend Geld haben, um den Handel zu halten.

empfehlen wir, 1% oder weniger Ihres Geldes für einen Handel zu riskieren. Die Gefahr wird als die Differenz zwischen dem Einstiegspreis und Ihren Stop-Loss-Kosten beschrieben, erhöht um die Anzahl der Aktien von haben. Zum Beispiel kaufen Sie einen Bestand bei $10, setzen einen Stop-Loss bei $9,75 und nehmen einfach 500 Aktien (Positionsgröße). Ihre eigene Gefahr ist tatsächlich $0,25 x 500 = $125. Um Positionen wie diese zu machen, brauchen Sie $12.500 auf Ihrem Bankkonto, da $125 1% des Kontos ($12.500) ist. Das wird die minimale Mitgliedsgröße sein, die Sie für diesen Handel benötigen, aber in den USA müssen Sie $25.000 haben, um den Handel zu besuchen. Das bedeutet, dass Sie bereit sein können, eine Chance von so viel wie $250 pro Handel zu nehmen, und immer noch innerhalb der 1% Risiko-Richtlinie bleiben.

Wenn Sie mehr über die Anforderungen an den Aktienhandel in den Vereinigten Staaten erfahren möchten, lesen Sie sich dieses Pamphlet der Securities and Exchange Commission (SEC) durch. Hier finden Sie die wichtigsten Punkte innerhalb des Pamphlets:

Minimale Eigenkapitalnotwendigkeit: Die minimale Geldnotwendigkeit für einen Kunden, der ein Muster-Daytrader ist, ist tatsächlich $25.000 [vier-Tages-Trades pro Woche]. Diese $25,000 Notwendigkeit muss in das Konto des Kunden vor praktisch jeder Tag Austausch Aufgaben hinterlegt werden und muss alle der DAY erhalten werden. Ein Verbraucher kann diese $25.000-Anforderung nicht erfüllen, indem er separate Berichte quergarantiert. Jede Tagesinvestitionsmitgliedschaft ist erforderlich, um die $25.000-Anforderung unabhängig zu erfüllen, wobei nur die finanziellen Mittel verwendet werden, die in diesem Konto angeboten werden.

Wenn die Mitgliedschaft eines Kunden unterhalb des Bedarfs von $25.000 liegt, wird dem Kunden wahrscheinlich nicht erlaubt, den Handel zu besuchen, bis der Kunde Geld oder Wertpapiere in der Mitgliedschaft aufbaut, um das Konto wieder auf den Mindest-Eigenkapitalgrad von $25.000 zu bringen.

DAY Trading-Kaufkraft: Ein Kunde, der als Muster-DAY-Händler spezifiziert ist, kann bis zu viermal die überhöhte Unterhaltsmarge des Kunden zum Unternehmensschluss des Vortags in Geldwertpapiere umtauschen. Wenn ein Käufer diese Kaufkraftbeschränkung für Tagesinvestitionen überschreitet, wird der Broker-Dealer des Kunden einen Margin-Call für den Tageshandel ausstellen. Der Kunde hat fünf Firmentage Zeit, um seinen oder den Margin Call zu befriedigen. Während dieser Zeit ist die Kaufkraft des Kunden für den Tageshandel auf zwei Tage beschränkt, die der Kunde für die Bedienung der Marge extra, basierend auf der täglichen Handelsbestimmung des Kunden für Geldwertpapiere, benötigt. Wenn der Kunde vielleicht nicht die Marge Telefonanruf wegen der 5. Unternehmenstag zu befriedigen, wird ein einzelnes Day-Trading-Konto am Ende auf den Handel nur auf einem Geld leicht verfügbar Basis für 90 Tage oder durch, um den Anruf erfüllt ist beschränkt.

Der "Kauf Energie" Teil oben ist eigentlich ein wenig kompliziert zu verstehen, aber es ist im Grunde besagt, dass alle von uns Marktplatz Tag Händler können ihre Day-Trading-Kapital bis zu 4:1 zu kontrollieren, so dass ein $ 30.000 Konto tatsächlich erlaubt Ihren Tag Händler zu halten bis zu $ 120.000 in DAY Investitionen Positionen. Makler haben ihre eigenen Leverage-Regeln und könnten viel weniger Marge als die 4:1 max bieten.

## Erforderliche Investition für Daytrade Fx

Auf dem Forex-Markt können Konten für kleinere Geldbeträge eröffnet werden, da er nicht der gleichen Gesetzgebung unterliegt wie Aktien. Forex bietet eine Hebelwirkung von bis zu 50:1 (in einigen Ländern höher). Erhöhte Hebelwirkung bedeutet erhöhtes Risiko und Belohnung. Um genau herauszufinden, wie viel Leverage Sie wollen, finden Sie heraus, wie viel Fx Leverage.

Der internationale Devisenmarkt (Fx) basiert auf dem parallelen Kauf einer Währung und dem Versuch, eine andere zu veräußern. Währungen sind leicht verfügbar für den Handel vierundzwanzig Stunden am Tag, 5 Tage die Woche. Da der Geldmarktplatz der größte Markt der Welt ist, mit einer täglichen Menge von $5 Billionen, die gekauft und angeboten werden, macht die Liquidität ihn zu einer attraktiven Wahl für den Tageshandel.

Konten können schon für 100 $ eröffnet werden, aber Sie sollten mit mindestens 500 $ beginnen, um in der Lage zu sein, DAY Trades mit angemessenen Endverlusten zu platzieren.

Mit dieser Menge an Bargeld sind Sie nicht gehen, die einen Lebensunterhalt durch die Marktplätze machen wird. Obwohl, können Sie ein paar Dollar pro Tag machen, die Ihre Mitgliedschaft über DAY erhöhen wird.

Wenn Sie ein Einkommen aus dem Forex DAY-Handel erzielen möchten, beginnen Sie mit einem Minimum von $1000, und idealerweise $3.000 bis $5.000. Diese Menge ermöglicht es Ihnen, potenziell beginnen Aufbau Monat-zu-Monat-Einkommen, das wird sein, was viele DAY-Händler sind nach. Um mehr zu erfahren, finden Sie heraus, wie viel Einkommen brauche ich, um Fx zu handeln?

## Investition in DAY Trade Futures

Futures-Kontrakte sind üblich, weil Futures-Tageshändler nicht die Mindestmitgliedschaft von $25.000 einhalten wollen, die von US-Inventar-Tageshändlern verlangt wird.

Futures-Kontrakte werden in der Regel auf alle Arten von Produkten getauscht, wie z. B. Erdöl, Silber, Erdgas und Aktienindizes.

Um DAY Handel Futures die Mehrheit der Agenten erfordern nur mindestens eine Einzahlung von $1.000. In dem Bemühen, einen E-mini S&P 500 (ES) Futures-Kontrakt zu besuchen - einer der beliebtesten Futures-Kontrakte für den Tageshandel - verlangen die meisten Agenten, dass Sie tatsächlich mindestens $400 oder $500 an angebotenem Kapital auf Ihrem Bankkonto haben, um einen einzelnen Kontrakt zu handeln. Dies wird als Daytrading-Marge bezeichnet.

**Die Eröffnung eines kostenlosen Kontos mit nur $1.000 wird nicht empfohlen.**

Beginnen Sie ein Futures-Konto mit einem Minimum von $8.000 oder höher, wenn Sie am Tag mit ES-Futures handeln. Für verschiedene andere Futures-Vereinbarungen, könnte Ihr Händler zusätzliche Marge benötigen, so dass Sie sich entscheiden können, Day-Investing mit mindestens $ 10.000 zu beginnen, um Ihnen eine gewisse Flexibilität in dem, was Sie tauschen könnten, zu geben.

Unter Verwendung einer risikokontrollierten Strategie können Sie beginnen, einen Gewinn von $8.000 zu entwickeln, während Sie trotzdem nur etwa 1% dieses Kontos pro Handel riskieren.

**Abschließendes Wort dazu, wie viel Geld man für Daytrading benötigt**

Day-Investing-Aktien sind kapitalintensiv, da Sie für alle unsere Aktien mindestens eine Mitgliedschaftsstabilität von $25.000 vorhalten müssen. Stellen Sie sicher, dass Sie deutlich mehr als das einzahlen, um sich selbst einen Puffer zu verschaffen. Unterschreiten Sie das Mindestguthaben, können Sie nicht daytraden.

Forex liefert eine viel weniger kapitalintensive Option zum Daytrading. Während das Geld Voraussetzung ist eigentlich viel weniger, beginnend mit mindestens $ 1.000 oder sogar mehr wird vorgeschlagen.

Für den Handel mit Futures, wenn Sie einen Vertrag wie ES handeln, beginnen Sie mit $8.000 oder höher. Jeder Kontrakt hat unterschiedliche Margin-Anforderungen. Wenn Sie also verschiedene Kontrakte vermarkten, konzentrieren Sie sich auf $10.000 für eine gewisse Flexibilität.

Bevor Sie tatsächliches Kapital riskieren und eine Einzahlung bei einem Broker vornehmen, erstellen Sie einen Handelsplan und testen Sie ihn in einer Demo-Mitgliedschaft. Seien Sie für mindestens ein paar mehrere Monate in Folge lukrativ, bevor Sie ein echtes Tageshandelskonto eröffnen. Dies gibt Ihnen DAY für Sie sehen, für die Sie Verbesserungen benötigen.

# KAPITEL 3:
# PERSÖNLICHER AUSTAUSCH

## SOZIALER AUSTAUSCH

Das Investieren in Finanzmärkte wie z. B. Aktien, Forex und Kryptowährungen erfordert umfangreiches Wissen und Kenntnisse. Sie müssen auf dem Laufenden sein, was die Nachrichtenlage in der Welt der Unternehmen betrifft, und Sie müssen in der Lage sein, Charts und statistische Berichte zu lesen und Trends zu verstehen.

Wenn Ihnen diese Fähigkeit fehlt, stehen die Chancen gut, dass Sie Ihr eigenes Geld auf dem Markt verlieren. Es ist bedauerlich, dass viele Menschen weiterhin stetig ihre besonderen schwer verdientes Geld in den finanziellen Marktplätzen zu verlieren, vor allem, weil sie tatsächlich wenig Wissen, wie und wann zu investieren haben. Soziale Austausch kommt in praktisch in cubing solche Herausforderungen.

### Also, was genau ist Personal Investing?

Social Trading funktioniert mehr oder weniger wie ein persönlicher Kreis. Der einzige Unterschied besteht darin, dass die Menschen in einem Trading-Netzwerk keine Selfies oder Bilder vom Mittagessen zeigen, sondern Handelsideen äußern. Genau hier verbinden sich die Händler, beobachten die Handelsergebnisse weiterer Spezialisten und brainstormen über Branchenszenarien in realem DAY.

Als Investor oder weniger erfahrene Person werden beim Social Trading Ihre finanziellen Handelsentscheidungen von einigen anderen erfahrenen Investoren abgeleitet, die finanzielle Inhalte von verschiedenen vertrauenswürdigen Plattformen gesammelt haben. Einfach ausgedrückt: Sobald Sie einen profitablen Trader identifiziert haben und Ihnen auch seine Anlagestrategie gefällt, können Sie beginnen, ihm zu folgen und seine Trades zu kopieren.

**Kennen Sie die Vorteile von Personal Trading und Investieren?**

**Nun, eine Reihe von Vorteilen des Social Trading sind:**

- Schneller Zugang zu verlässlichen Handels- und Investitionsinformationen

Social-Trading-Plattformen verkürzen den Prozess der Suche nach zuverlässigen Handelsinformationen, indem sie umfangreiche Informationen von spezialisierten Händlern auf der ganzen Welt liefern. Sie müssen zusätzlich mit den erfahrenen Händlern über die Programme wie one-on-one Tutorage zu verbinden.

- Schnelles Erfassen des Handels- und Investitionsmarktplatzes

Persönliche Handelsplattformen reduzieren das Ausmaß und die Kosten, um einen fachkundigen Käufer zu bekommen, indem sie es Ihnen erlauben, von erfahrenen Leuten zu lernen, effizient und schnell.

- Empfangen und trotzdem lernen

Social-Trading-Plattformen ermöglichen es Ihnen, von erfahrenen Leuten zu lernen, in dem Sie frei sind, um zu verstehen, wie man die Trading-Industrie zu navigieren, aber immer noch etwas Geld verdienen, indem sie ihre Trades zu kopieren. Folglich müssen Sie nicht geduldig warten, bis Sie an einem solchen TAG alle gewünschten Kenntnisse haben, um Ihnen zu helfen, zu verdienen.

- Entwickeln Sie eine Gemeinschaft von Käufern für Handel und Investitionen

Persönliche Handelssysteme bilden einen Bereich von Käufern, in dem Sie mit anderen Anlegern interagieren und Informationen austauschen müssen, während Sie auch an verschiedenen Unternehmungen mitarbeiten. Es wurde ein Internet-System, werden Sie in der Lage sein, den Zugang zu Handelsinformationen von jedem Ort im Bereich einfach und schnell, solange Sie das Netz haben.

**Beliebte Systeme für den persönlichen Handel**

Heute, dass Sie wissen, genau das, was persönliche Handel kann schön sein, wie einige der Vorteile, was über Sie verstehen, eine kleine über Plattformen, die Sie für Social Trading nutzen können.

In diesem Beitrag enthalten, werden wir alle erkunden sowohl konventionelle soziale Handelssysteme zusammen mit modernen / Krypto persönlichen Handelsplattformen:

**1. Aufspießen**

www.spiking.io

Spiking ist die erste technologische Börsenanwendung, die geschaffen wurde, um dem durchschnittlichen Käufer zu helfen, die Feinheiten dieser Investitionsbranche zu verstehen. Die bewährten Real-DAY Revisionen unterstützen den Investor bei der Ermittlung der Grund, warum, wenn es zu einer Spitze in den Austausch Markt kommt. Es wird dem typischen Händler helfen, den großen Händlern wie Warren Buffett zu folgen, da diese Leute auf dem Bestandsmarkt handeln und dem Investor helfen, informierte Entscheidungen zu treffen, anstatt sich auf Impulse zu verlassen. Dies hat rund 170.000 fortgeschrittene Investoren zusammen mit ihm richtig heute.

Die vorliegende App kann über Google Enjoy und Application Store installiert werden.

**Eine der wichtigsten Funktionen dieser App sind:**

- Sehen Sie genau, welche Aktien an der NASDAQ, Dow Jones, NYSE, AMEX, S&P und anderen aktiv sind
- Alle amerikanischen Inventar-Marktkosten-Updates, News-Feeds und Preisbenachrichtigungen
- Lassen Sie sich benachrichtigen, wenn Kumpels Inventarmöglichkeiten kaufen oder verkaufen
- Verfolgen Sie anspruchsvolle Trader real-DAY

Spiking ist eigentlich eine Management-Methode mit Blockchain Spike-Protokoll zu ermöglichen, Sie, als Händler, zu finden und halten Sie sich an Industrie Wale mit dem Ziel, zu lernen oder die Zusammenarbeit mit ihnen. Genau hier, Wale beziehen sich auf erfahrene Händler, große Inhaber von Cryptocurrency-Token, Exploration Pools oder wesentliche Manager von Unternehmen, die Cryptocurrency-Token besitzen.

Spiking arbeitet mit führenden Haien zusammen, um Ihnen als Händler ein Certified Clever Investor (CST)-Programm anzubieten, mit dem Sie sich über den Handel und die Investition in Kryptowährungen informieren können. Zusätzlich, Sie haben die Fähigkeit zu sammeln und zu bestätigen, Informationen über Haie. Und durch seine Spike-Protokoll, es wird wahrscheinlich in der Lage sein, alle Handelsgeschäfte zu validieren, um sicherzustellen, dass es tatsächlich keine Fälschung von Daten ist.

Es wird wahrscheinlich, zusätzlich, verwenden Spike Token als Belohnung Anreiz sowie alle Transaktionen auf dem Protokoll. Als Händler, Sie werden in der Lage sein, für das CST-Programm mit Spike Token zu schälen. Zusätzlich, wenn Sie graduieren durch das Programm als führender Schüler oder Sie erhalten gewählt, während die top-Lehrer in der CST-Programm, Sie werden kompensiert werden, in Token. Die Token ermöglichen im Wesentlichen den Zugriff auf das Spiking-System und seine Dienste.

## 2. eToro

https://www.etoro.com

eToro ist ein System, das es den Nutzern erlaubt, über jede zusätzliche Information und Handelsaktivitäten zu sprechen und darauf zuzugreifen, wie auf sozialen Gemeinschaften.

Die Plattform hat tatsächlich zugeschrieben diese Arten von Informationen Feed, duplizieren Handel und Demo-Konten für Benutzer. Das News Feed-Element ermöglicht es den Benutzern, ihre eigenen empfohlenen Händler zu verfolgen und manuell zu replizieren, während das Duplikat-Austausch-Element sofort die Bewältigung für die Benutzer übernimmt. Das Demokonto ist eigentlich völlig kostenlos und endlos für Benutzer, und zusätzlich können sie die meisten der eToro Handels- und Investitions- und sozialen Attribute ausprobieren.

## 3. TradingView

https://www.tradingview.com/

TradingView ist eine Cloud zusammen mit einem webbasierten persönlichen Investitionsprogramm für Futures- und FX-Händler. Es bietet außergewöhnliche Charting-Ressourcen und soziale Elemente für Anfänger und fortgeschrittene Händler zur Überprüfung und zum Austausch von Investitionsideen.

Durch eine Forum-Einstellung ermöglicht die Arbeitsplattform den Nutzern, Tipps mit anderen gleichgesinnten Händlern zu befolgen, zu kopieren sowie effektiv auszutauschen. Händler sprechen mit ihren einzigartigen Gleichgesinnten und mit zusätzlichen fortgeschrittenen Händlern über die aktuellen Marktbedingungen. Die Gespräche sind in Echtzeit DAY.

Händler veröffentlichen ihre Tausch-Tipps, und sie haben Feedback oder Meinungen von ihren Händlern, die das gleiche Werkzeug handeln. Das Ziel hier ist die Förderung von einander als Händler zu gedeihen durch den Austausch von Ideen und Zeuge genau das, was andere Menschen sind in der Regel Unternehmen.

## 4. Mitnahme

https://covesting.io/

Covesting ist ein Blockchain und intelligente Vereinbarung basierte System, das Anfänger Investoren mit erfahrenen Händlern zu verbinden, um Einkommen in den Krypto-Markt zu verdienen ermöglicht. Hier, als Investor, Sie könnten Erträge in der Krypto-Markt zu generieren, indem Sie einfach den Austausch von Methoden aus proficient Händler automatisch duplizieren. Sie erhalten den Händler zu wählen, um den Inhalt von in Übereinstimmung mit seiner / ihrer Strategie und das Niveau des Handels Fähigkeit.

Auf der Plattform, als Investor, Sie sind frei zu sehen und wählen Sie qualifizierte Kryptowährung Händler in Bezug auf ihre Investitionsstrategie, die Ihr Einkommen Ziel entspricht. Bevor Sie einen erfahrenen Händler wählen, erhalten Sie eine Zusammenfassung der Strategie jedes qualifizierten Händlers, lesen Sie ihre Austauschstrategien Bewertungen, Zugänglichkeit Geschichte des realen-TAG Handelsmethode. Deshalb werden Sie bereit sein, vor der Auswahl den besten qualifizierten Investor zu kennen, der Ihr eigenes Gewinnziel ergänzt. Und weil die qualifizierten Händler sind viele, können Sie entscheiden, für so viele Spezialisten Händler zu unterzeichnen, während Sie wollen.

Aber nicht nur Anfänger profitieren von der Plattform, auch professionelle Händler profitieren von der Gewinnbeteiligung eines Investors.

### Schlusswort

Wir haben gelernt, dass sozialer Austausch einen kostenlosen Fluss und Zugang zu Details ermöglicht, um Menschen zu helfen, gut informierte Investitionsentscheidungen zu treffen, indem sie die Macht der Gemeinschaft nutzen.

Persönliche Handelsplattformen liefern Anfängern Strategien genau dort, wo sie sehr schnell und effizient handeln können, wenn Sie den Krypto-Marktplatz betrachten, ohne die Angst vor Fehlern der

Anfänger zu haben. Unnötig zu sagen,, sie nicht völlig ausrotten Ausfall, aber, sie reduzieren die Chancen des Scheiterns.

Da persönliche Handelsplattformen sowohl für Anfänger als auch für Profis geeignet sind, schaffen sie einen zuverlässigen Handelsbereich, der es Ihnen ermöglicht, Einnahmen zu erzielen, während Sie lernen.

# KAPITEL 4:
# EINE EINFÜHRUNG IN DAY-TRADING UND INVESTIEREN ZUSAMMEN MIT TIPPS METHODEN DES GELDVERDIENENS AUF DEM MARKT

**Was genau ist Daytrading?**

Die Bedeutung von "Daytrading" ist der Kauf und Verkauf eines Wertpapiers an einem Börsentag. Beim Online-Daytrading schließen Sie die Position, bevor die Märkte im Laufe des Tages schließen, um Ihre Gewinne zu sichern. Sie können möglicherweise auch mehrere Trades während nur einer Handelssitzung eingeben und verlassen.

Agenten auf der Veranstaltung haben tatsächlich verschiedene Bedeutungen für "aktive" oder Daytrader. Ihre besondere Sichtweise basiert häufig auf der Anzahl der Positionen, die ein Kunde innerhalb eines Monats oder Jahres eröffnet oder schließt. Einige Marken beziehen sich auch auf 'hyper-aktive Händler' - eine Stufe über den 'aktiven Händler' hinaus.

DAY-Trading ist eigentlich in der Regel durch die Nutzung von Handelsmethoden der Kapitalisierung auf winzige Kosten bewegt sich in High-Liquidität Aktien oder Währungen abgeschlossen. Das Ziel von DayTrading.com ist es, Ihnen eine Einführung in die Grundlagen des Daytradings zu geben und Ihnen zu helfen, wie jeder einzelne Daytrader zu sein. Von Scalping ein paar Pips Gewinn in Minuten auf einem Forex-Handel zu handeln Entwicklung Ereignisse auf Aktien oder Indizes - wir erklären, wie.

## Was kann am Ende gehandelt werden?

Die absolut finanziell lohnendsten und beliebtesten Daytrading-Bereiche sind heute tendenziell:

- Forex - Der Devisenmarkt ist der gängigste und flüssigste Markt der Welt.

Das reine Volumen des Devisenhandels macht ihn heute für Händler tendenziell attraktiv. Es gibt in der Regel mehrere kurzfristige Optionen in einem heißen Währungspaar, und eine einzigartige Menge an Liquidität, um sicherzustellen, dass das Öffnen und Schließen von Positionen tatsächlich schnell und glatt ist. Viel besser geeignet für die technische Bewertung, gibt es verschiedene andere Möglichkeiten, Devisen zu handeln. In der Einbeziehung, Forex hat keinen Hauptmarktplatz. Dies bedeutet, dass Händler Investitionen sechs Tage ein paar Tage, 24 Stunden am Tag erstellen können. Sie bieten einen fantastischen Startpunkt für Einsteiger oder aufstrebende Händler mit kompletten DAY-Aufgaben. Händler auf dem australischen Kontinent könnten sich speziell für die Arbeit mit dem AUD-USD-Set begeistern.

- Aktien - tatsächliche Anteile an bestimmten Unternehmen, reguläre und Leveraged ETFs (ein "Exchange Traded Fund" hält zahlreiche Aktien oder Rohstoffe und wird tatsächlich wie nur eine Aktie gehandelt), Futures und Bestandsoptionen.

Der Intraday-Handel mit Aktien bietet verschiedene Möglichkeiten als eine traditionelle "Buy and Hold"-Strategie. Bei der Spekulation auf Aktienkurse über CFDs oder verteilte Glücksspiele können beispielsweise auch gegnerische Händler von fallenden Kursen profitieren. Margin oder Kontrolle senken zudem das notwendige Kapital, um eine Situation zu eröffnen. Sie sind also in der Lage, von der letzten Nachrichtenmeldung, dem Artikel Statement oder dem monetären Bericht - zusammen mit technischen Indikationen - zu profitieren.

- Kryptowährungen - Die beiden derzeit heißesten sind Bitcoin und Ethereum.

Das Finanzvehikel der Stunde. Erstaunliche Entwicklung hat gesehen, Kryptos ziehen viele brandneue Investoren. Agenten sind in der Regel zusätzlich garantieren Einzelhandel Zugänglichkeit zu diesen Bereichen ist eigentlich deutlich weniger kompliziert. Einen Blick auf eine der neuen Blockchain-basierten Währungen zu haben, wird tatsächlich den ganzen Tag über vereinfacht. Hindernisse für die Einreise sind jetzt fast Null, so, ob Sie ein Stier oder ein halten, heute wird der Tag sein.

- Binäre Alternativen - Die einfachste und vorhersehbarste Herangehensweise, bei der das Timing und das Comeback bei einem erfolgreichen Handel im Voraus bekannt sind.

Regulatorische Änderungen sind in der Regel anhängig, in Übereinstimmung mit dem Sektor reifen, diese Produkte werden jetzt von großen entwickelten Markennamen angeboten. Die einzige Frage für Sie ist eigentlich - wird der Vermögenswert im Wert zu erhöhen, oder sonst nicht? Mit dem Nachteil, der auf Ihre Messungen des Handels begrenzt ist, und der möglichen Kommission, die in anspruchsvoll verstanden wird, ist das Verständnis von Binaries einfach genug. Sie bieten verschiedene Techniken des Handels und des Investierens, und können eine Rolle im täglichen Portfolio eines jeden Daytraders spielen.

- Futures - Der zukünftige Preis eines Artikels oder einer Sicherheit.

- Commodities - Öl und organisches Gas, Mahlzeiten, Metalle und Mineralien

Wenn Sie in den S&P 500 DAY investieren, werden Sie Aktien von Unternehmen wie Starbucks und Adobe kaufen und verkaufen. Während der Tag investieren Forex-Marktplatz, werden Sie den Handel mit Währungen, zum Beispiel, den Euro, US Dollar und GBP. Innerhalb des Futures-Marktplatzes, typischerweise nach Rohstoffen und Spinnen, sind Sie in der Lage, alles von Silber bis Kakao zu handeln.

Index-Fonds nehmen oft in Finanzinformationen diese DAYs, aber sie sind träge finanzielle Fahrzeuge, die alle von ihnen ungeeignet für tägliche Trades machen. Sie haben tatsächlich, aber, vor kurzem gezeigt worden, um für langfristige Handelspläne groß sein.

Ein weiterer steigender Bereich von großem Interesse während der Zahltag Handel Welt ist eigentlich eine digitale Währung. DAY-Handel mit Bitcoin, LiteCoin, Ethereum entlang anderer altcoins Währungen ist eigentlich ein expandierendes Unternehmen. Mit viel Volatilität, potenzielle eye-popping kommt zurück und eine flüchtige Zukunft, Tag Austausch in Kryptowährung könnte eine interessante Methode zu folgen sein.

## Beschaffung Gestartet

Jüngste Forschung zeigt einen Anstieg, wenn Sie die breite Palette von Daytrading Neulinge betrachten. Aber im Gegensatz zu den Kurzausdruck Austausch aus der Vergangenheit, die heutigen Händler sind in der Regel klüger und viel besser aktualisiert, bis zu einem gewissen Grad wegen der Händler Akademien, Klassen, und Ressourcen, wie Trading-Programme. Daytrading.com existiert, um unerfahrene Händler, die erzogen haben und Fehler zu vermeiden, während in der Lage zu besuchen Handel zu unterstützen.

DAY-Trading 101 - sich mit dem Aktien- oder Forex-Handel auseinandersetzen real DAY mit einer Demo-Mitgliedschaft zuerst, diese Menschen können Ihnen unverzichtbare Trading-Tipps geben. Diese kostenlosen Handelssimulatoren geben Ihnen die Möglichkeit zu entdecken, bevor Sie sich entscheiden, echtes Geld aufs Spiel zu setzen. Außerdem bieten sie ein praktisches Training, wie man Aktien auswählt.

Es bedeutet auch, den Fernseher zusammen mit anderen Leidenschaften für akademische Leitfäden und Online-Methoden auszutauschen. Informieren Sie sich über die Strategie, um ein tiefgehendes Wissen über die komplexe Welt des Handels zu erhalten. DayTrading.com ist der perfekte Leitfaden für Einsteiger in das Daytrading online.

### Bücher für Einsteiger

- Daytrading und Swingtrading am Geldmarkt', Kathy Lein
- Day Trading und Investieren für Dummies', Ann Logue

Beide Leitfäden geben Ihnen die Standard-Daytrading-Regeln, an die Sie sich halten sollten. Zusätzlich profitieren Sie von Vorschlägen zu

Stock Picks und kreativen Methodenideen. Wie Benjamin Franklin betonte: "Finanzielle Investitionen in Wissen bringen die größten Zinsen".

Während die "für Dummies"-Reihe von Büchern neigen dazu, sehr verfügbar zu sein, wird es vorteilhaft sein, die Tiefe des Austausches literarische Werke, die Sie versuchen zu erweitern - Viel mehr auf Day-Trading-Bücher

## Aktivitäten und technische Überprüfung

DAY-Trading- und Investment-Chartgewohnheiten zeichnen ein offensichtliches Bild der Handelsaufgabe, das es Ihnen ermöglicht, die Motivationen der Menschen zu entdecken. Diese Menschen könnten z.B. s&p day trading Signale hervorheben, wie z.B. die Volatilität, die Ihnen helfen kann, mögliche Kostenbewegungen zu antizipieren.

Die 2 beliebtesten Day-Investing-Chartmuster sind Umkehrungen und Fortsetzungen. Während ersteres anzeigt, dass sich eine Entwicklung ändert, sobald sie abgeschlossen ist, deutet das zweite darauf hin, dass der Trend weiter ansteigt. Das Verständnis dieser Handelsmuster, sowie "Dreiecke", "Kopf und Schultern", "Tasse und Griff", "Keile" und viele mehr, werden Sie alle in viel besser informiert, wenn Sie mit Ihren Handelsstrategien zu betrachten.

## Day-Investing-Strategien

Geist über zu Web-Seiten wie Reddit und Sie werden viele Trading-Dummies, die häufig in den Ansatz Hürde fallen wird, bringen die allererste Momentum Beispiele, die sie sehen und Geld verlieren gehalten, rechts und Mitte. Savvy Händler werden Day-Dealing-Techniken in Forex, Getreide-Futures und etwas anderes, das sie in den Handel, um ihnen einen Vorteil gegenüber dem Markt. Diese sehr kleine Seite kann am Ende alles sein, was erfolgreiche Daytrader von Verlierern trennt.

In Wahrheit gibt es eine ganze Reihe von DAY-Trading-Strategien und -Methoden, die jedoch alle von präzisen Daten abhängen, die sorgfältig in Karten und Tabellenkalkulationen angelegt sind. Optionen bestehen aus:

- Sway-Handel
- Skalieren
- Zonen tauschen
- Handel und Investitionen in Höhe von
- Arbitrage-Handel und -Investitionen
- Eine einfache DAY-Trading-Ausstiegsstrategie
- Verwendung von Nachrichten

Es sind tatsächlich die Menschen, die sich religiös an ihre eigenen Strategien, Prinzipien und Details des Kleingewerbes halten, die die besten Ergebnisse erzielen. Auch zahlreiche kleine Verluste summieren sich nach einer Weile.

## Trading und Investing Konten

Zu den Bestandteilen Ihres Daytrading-Setups gehört die Auswahl einer Investitionsmitgliedschaft. Es gibt eine Vielzahl von verschiedenen Mitgliedschaftsmöglichkeiten, die Ihnen zur Verfügung stehen, aber Sie wollen eine finden, die Ihren spezifischen Anforderungen entspricht.

- **Geldkonto** - Beim Daytrading mit einer Geldmitgliedschaft (auch als ohne Margin bezeichnet), kann man nur das Kapital tauschen, das man in der Mitgliedschaft hat. Dies schränkt die möglichen Gewinne ein, verhindert aber auch, dass man mehr verliert, als man sich leisten kann.

- **Margin-Konto** - Diese Art von Konto ermöglicht es Ihnen, Geld von Ihrem Agenten zu leihen. Dies ermöglicht es Ihnen, Ihre eigenen potenziellen Gewinne zu verstärken, hat aber zusätzlich das Risiko von besseren Verlusten und Regeln, an die Sie sich halten müssen. Wenn Sie mit dem Daytrading ohne Mindestbetrag beginnen möchten, ist dies nicht die richtige Wahl für Ihre Bedürfnisse. Viele Brokerage-Organisationen werden darauf bestehen, dass Sie eine Mindestinvestition tätigen, bevor Sie mit dem Handel auf Margin beginnen können. Sie können leicht zusätzlich einen Margin-Telefonanruf genießen, bei dem Ihr eigener Broker eine höhere Einlage verlangt, um mögliche Verluste zu schützen.

Die Nummer des Brokers verfügt über tiefer gehende informative Daten zu den Mitgliedschaftsoptionen, wie z.B. DAY-Trading Cash und Margin-Konten. Wir, zusätzlich, erforschen Experten- und VIP-Berichte in der Tiefe auf der Mitgliedschaft Arten Seite.

## Sprache

Lernen Sie den Fachjargon und die Sprache des Tradings und Investierens und Sie werden das Haus zu einer ganzen Reihe von Investitionsschlüsseln aufschließen. Im Folgenden haben wir tatsächlich die wichtigsten grundlegenden Jargon zusammengestellt, um eine leicht zu verstehen Tag Austausch Glossar zu erstellen.

## Allgemein

- **Leverage-Preis** - dies ist die Rate, mit der Ihr Broker Ihre Einlage wachsen lässt, was Ihnen eine gewisse Macht verschafft.

- **Computergestützter Handel** - Automatisierte Handelssysteme sind in der Regel Produkte, die sofort eingeben und verlassen Trades auf eine vorprogrammierte Gruppe von Vorschriften und Standards prädiziert wird. Sie sind auch als algorithmische Handelssysteme, Marketing-Roboter oder einfach Bots bekannt.

- **Original Market Offering (IPO)** - Dies ist, wenn eine Organisation eine festgelegte Anzahl von Aktien auf dem Markt anbietet, um Geld zu erhöhen.

- **Float** - Dies ist nur die Anzahl der Aktien, die im Allgemeinen für den Handel zugänglich sind. Wenn eine Organisation beim vorläufigen Börsengang 10.000 Aktien emittiert, würde der Float 10.000 betragen.

- **Beta** - Dieser Zahlenwert stuft die Fluktuation eines Inventars gegenüber Veränderungen auf dem Markt ein.

- **Cent-Aktien** - Das sind alle Aktien, die unter $5 pro Aktie gehandelt werden.

- **Gewinn/Verlust-Verhältnis** - Basierend auf einer Anteilsbasis ist dies im Grunde die Art und Weise, wie die Fähigkeit eines Systems gemessen wird, eher mit Gewinn als mit Verlusten aufzuwarten.

- **Einstiegspunkte** - Dies sind im Grunde die Kosten, zu denen Sie Ihren Platz kaufen und betreten.

- **Exit-Faktoren** - Dies ist eigentlich der Preis, zu dem Sie Ihre eigene Position fördern und verlassen.

- **Bull/Bullish** - Wenn Sie eine bullische Position einnehmen, erwarten Sie, dass der Bestand steigt.

- **Bear/Bearish** - Wenn Sie eine bearishe Position einnehmen, gehen Sie davon aus, dass die Aktie fallen wird.

- **Marktentwicklungen** - Dies ist im Grunde die grundsätzliche Richtung, in die sich der Schutz über einen angebotenen DAY-Zeitraum entwickelt.

- **Hotkeys** - Diese vorprogrammierten Tasten ermöglichen es Ihnen, Trades schnell zu betreten und zu verlassen, was sie perfekt macht, wenn Sie eine droppende Position so schnell wie möglich verlassen müssen.

## Diagramme, Graphen, Muster und Technik

- Unterstützungsbetrag - Dies ist das Kostenniveau, bei dem die Nachfrage so stark ist, dass sie ein Absinken des Preises über dieses Niveau hinaus verhindert.

- Widerstandsbetrag - Dies ist die Kostenstufe, bei der der Bedarf so stark ist, dass der Verkauf des Wertpapiers die Kosteneskalation beseitigt.

- Übertragende Durchschnitte - diese Leute geben Ihnen wichtige Kauf- und Verkaufsindikatoren. Während sie Ihnen nicht im Voraus sagen werden, ob eine Änderung bevorsteht, werden sie bestätigen, ob ein bestehendes Muster jedoch in Bewegung ist. Nutzen Sie sie alle richtig und Sie können eine potenziell profitable Entwicklung anzapfen.

- Relativer Energie-Index (RSI) - wird angewandt, um Gewinne und Verluste über eine bestimmte Dauer zu vergleichen, er misst die Geschwindigkeit und Änderung der Kostenbewegungen eines Wertpapiers. Verschiedene andere Worte, es gibt eine Bewertung der Macht der aktuellen Kostenleistung eines Wertpapiers. DAY-Trading-Tipp - diese Liste soll Ihnen helfen, überverkaufte und überkaufte Probleme bei der Investition in einen wertvollen Vermögenswert zu bestimmen, so dass es Ihnen möglich ist, offensichtliche potenzielle Probleme zu vermeiden.

- Übertragende normale Konvergenz-Divergenz (MACD) - Dieses technische Signal bestimmt die tatsächliche Differenz zwischen den beiden großen gehenden Durchschnitten eines Instruments. Die Verwendung von MACD können Sie unkompliziert investieren in und verkaufen Handel Indikatoren, die es unter Anfängern beliebt macht.

- Bollinger Bänder - Sie messen das "Hoch" und "Tief" eines Kurses im Verhältnis zu früheren Trades. Sie können bei der routinemäßigen Identifizierung helfen und ermöglichen es Ihnen, zu systematischen Investitionsentscheidungen zu gelangen.

- Vix - Dieses Tickersymbol für die Chicago Board Alternatives Exchange (CBOE), zeigt die geschätzte Volatilität auf der Oberseite der nächsten dreißig Tage Periode.

- Stochastik - Die Stochastik wird der Punkt auf dem bestehenden Preis in Verbindung mit einem Budgetbereich über DAY sein. Der Ansatz wird prognostizieren, wann sich die Kosten wahrscheinlich drehen werden, indem er die schließenden Kosten der Sicherheit zu seinem Budgetbereich gegenüberstellt.

Wenn Sie über einen Begriff oder eine Phrase stolpern, die Sie ratlos zurücklässt, schlagen Sie einfach in diesem DAY-Wörterbuch nach und die Chancen stehen gut, dass Sie eine schnelle und einfache Beschreibung erhalten.

Lesen Sie das Glossar für Definitionen einiger weiterer Wörter und Ideen.

## DAY-Trading vs. die Optionen

Ja, Sie haben Daytrading, aber mit Möglichkeiten wie Swing-Trading, Standard-Trading und Automatisierung - wie führen Sie verstehen, welche zu nutzen?

- Sway-Trading - Swing-Trader erstellen in der Regel ihr eigenes Spiel über mehrere TAGE oder auch Tage, was es unterschiedlich zu Day-Investing macht. Es kann dennoch eine großartige Technik sein, wenn es um einen Trader geht, der sich erweitern möchte.

- Traditionelles Investieren - Traditioneller Handel ist eigentlich ein längeres Spiel und sucht Bargeld in populären Vermögenswerten wie z.B. Aktien, Anleihen und Immobilien für langfristiges Wertverständnis zu setzen. Angemessene Investitionsrenditen über einen gesamten Zeitraum von 12 Monaten liegen im Bereich von 5-7%. Es sei denn, Sie sind bereits reich und können Millionen ausgeben, dann bringt der konventionelle Handel auch wenig zurück, um auf täglicher Basis einen Unterschied zu machen. Nichtsdestotrotz wird der kluge Mensch auch langfristig investieren.

- Robo-Advisors - Eine zunehmende Anzahl von Personen wendet sich an Robo-Advisors. Man wählt lediglich ein Anlageprofil aus und gibt als Nächstes den eigenen Risikobetrag und die Zeitspanne ein, in der man investieren möchte. Danach wird ein Algorithmus die ganze Arbeit übernehmen. Dies wird in der Regel ein langfristiges Handelsprogramm und zu träge für den täglichen Gebrauch sein.

DAY-Trading vs. langfristiges Investieren sind tendenziell zwei völlig unterschiedliche Spiele. Sie können völlig unterschiedliche Techniken und Denkweisen erfordern. Bevor Sie sich entscheiden, in einem zu tauchen, denken Sie darüber nach, wie viele Tage Sie haben, und wie schnell Sie brauchen, um Ergebnisse zu finden. Wir alle schlagen vor, dass Sie mit langfristigem Handel Ihre täglichen Positionen verbessern.

### Daytrading und Investieren für den Lebensunterhalt

Sie möchten also den kompletten TAG vom Haus aus arbeiten und eine unabhängige Handelsweise besitzen? Wenn das der Fall ist, sollten Sie sich darüber im Klaren sein, dass die Umwandlung der Komponente DAY-Arbeit in eine lukrative Arbeit mit einem lebenswerten Gehalt Spezialwerkzeuge und Ausrüstung erfordert, um Ihnen die notwendige Seite zu bieten. Sie müssen vielleicht auch selbstdiszipliniert und geduldig sein und es wie jeden anderen qualifizierten Job behandeln. Der eigene Chef zu sein und die eigenen Arbeitszeiten zu bestimmen, sind fantastische Vorteile, wenn man Erfolg hat.

## Analytisches Programm

Auch wenn es mit einem erheblichen Preis verbunden ist, werden sich DAY-Trader, die sich auf spezialisierte Signale verlassen, mehr auf die Software als auf Nachrichten verlassen. Egal, ob Sie Windows- oder Mac-Computer verwenden, nur die richtige Handelssoftware wird haben:

- Automatische Mustererkennung - Identifiziert Flaggen, Stationen und andere indikative Muster,
- Vererbbare und neuronale Anwendungen - Profitieren Sie von neuronalen Systemen und genetischen Algorithmen, um zukünftige Kursbewegungen besser vorhersagen zu können.
- Broker-Integration - Mit direkten Verbindungen zu Brokern sind Sie in der Lage, Trades automatisch auszuführen, wodurch psychologische Ablenkungen beseitigt werden und der Ausführungsprozess rationalisiert wird.
- Backtesting - bezieht sich auf Strategien zu früheren Positionen, um genau zu zeigen, wie diese Menschen durchgeführt haben würde. Dies ermöglicht es Händlern, höher zu verstehen, genau wie bestimmte Handelsmethoden während der Zukunft ausführen kann.
- Mehrere Entwicklungsquellen - Online-Newsfeeds und Radio-Benachrichtigungen spielen eine wichtige Rolle bei DAY-Investitionen. Wie Kofi Annan in einem der wahrscheinlich sinnvollsten Arbeitszitate zu Recht behauptet hat, "Wissen ist Macht". Je mehr Sie verstehen, desto schneller können Sie reagieren, und je schneller Sie reagieren können, desto mehr Day-Exchange-Gewinne können Sie machen.

## Psychologie

Wenn Sie den Handel als Beruf ausüben, müssen Sie die Emotionen im Griff haben. Wenn Sie generell in verschiedene heiße Aktien ein- und aussteigen, müssen Sie schnelle Entscheidungen treffen. Der Nervenkitzel dieser Entscheidungen kann auch dazu führen, dass einige Händler eine Trading-Abhängigkeit bekommen. Um das zu verhindern und auch um intelligente Entscheidungen zu treffen, folgen Sie diesen bekannten Daytrading-Richtlinien:

- **Sorgenbewältigung** - Auch die vermeintlich tollsten Aktien können anfangen zu sinken. Dann stellt sich Angst ein und viele Käufer liquidieren ihre Bestände. Während sie heute Verluste verhindern, verabschieden sie sich sogar von möglichen Gewinnen. Zu erkennen, dass Angst eigentlich eine normale Reaktion ist, ermöglicht es Ihnen, definitiv den Fokus zu behalten und rational zu reagieren.
- **Schweine werden geschlachtet"** - wann immer Sie auf einem Gewinnplatz sind, ist es nicht einfach zu verstehen, wann Sie gehen müssen, bevor Sie ausgepeitscht oder aus dem Platz geblasen werden. Der Umgang mit dem eigenen Geiz ist eine Hürde, aber eine, die man überwinden muss.

Präsent zu sein und sich selbst zu disziplinieren ist wirklich wichtig, wenn Sie erfolgreich werden wollen, wenn Sie sich den DAY-Trading-Globus ansehen. Das Erkennen der eigenen psychologischen Fallstricke und das Trennen der Gefühle ist tatsächlich entscheidend.

## Wissen

DayTrading.com ist verfügbar, weil wir vielleicht keine zuverlässige Day-Investing-Schule, College, Akademie oder Institut entdecken konnten, das Kurse anbietet, in denen Sie eine allumfassende Day-Trading-Ausbildung erhalten können. Diese Website sollte Ihr primäres Handbuch sein, wenn Sie herausfinden wollen, wie man Daytrading betreibt, aber natürlich stehen Ihnen auch andere Ressourcen zur Verfügung, um das Material zu akzentuieren:

- Podcasts
- Blog-Seiten
- Online DAY-Anlagekurse
- Spielanwendungen üben
- Veröffentlichungen
- Ebooks
- Hörbücher
- Seminare
- Journale
- Messageboards wie Discord
- Diskussionsforen
- Chaträume (immer kostenlos)
- Aktualisierungen
- Pdf-Handbücher

Für die ideale Höhe des Einkommens, können Sie sogar Ihre eigenen persönlichen DAY-Handel Mentor erhalten, die Wahrheit sein kann, dort zu coachen Sie jeden Schritt dieses Weges. Entscheiden Sie sich, wenn es um Lernmethoden geht, die Ihre spezifischen Anforderungen am besten erfüllen, und denken Sie daran, dass Wissen tatsächlich Energie ist. Die "Day Trading For Dummies" Bücher sind in der Regel nicht die einzige Option!

## 7 Wege zum Erfolg

Egal, ob Sie versuchen, Jobs zu finden, die Sie von zu Hause aus erledigen können, oder ob Sie vielleicht aus Interesse mit dem Day-trading beginnen möchten, beachten Sie diese sieben Grundregeln.

### 1. Aufstellen

Je mehr Anfang Sie sich erlauben, desto besser sind die Chancen auf einen sehr frühen Erfolg. Das bedeutet, dass Sie, wann immer Sie an Ihrem Schreibtisch sitzen, auf Ihre Monitore schauen und die Finger über die Tastatur tanzen, auf die besten Datenquellen schauen. Das bedeutet, die beste Investitionsplattform für Ihren Mac-Computer oder PC-Laptop/Desktop zu haben, einen schnellen und zuverlässigen Asset-Scanner und Live-Flow zu haben und eine Software, die nicht in einer entscheidenden Minute abstürzt.

### 2. Sicherstellen, dass einfach bleibt

Dies ist besonders am Anfang wichtig. Sie können sich für den s&p 500, Investmentfonds, Relationship Futures, Nasdaq, Nasdaq Futures, Blue-Chip-Werte, Aktien oder den Dax 30 begeistern, aber konzentrieren Sie sich zunächst auf nur einen. Werden Sie geübt darin, mit nur einem Markt/Wertpapier Geld zu verdienen, bevor Sie sich entscheiden, sich zu verzweigen. Die anderen Marktplätze werden auf Sie persönlich warten.

### 3. Seien Sie vernünftig

Die Filme könnten es geschafft haben, mühelos aussehen zu lassen, aber lassen Sie sich nicht täuschen. Eigentlich, Ihre Day-Trading-Gurus in der Schule widmen mehrere Stunden. Sie werden nicht am

Ende gefragt, dass Hedge-Fonds nach der Lektüre durch einfach ein Bitcoin Führer beitreten. Sie sollten diese Trading-Bücher von Amazon kaufen, greifen, dass Spion pdf Leitfaden, und entdecken Sie, wie es alles funktioniert.

## 4. Bedrohungsmanagement

Dies wird wahrscheinlich die wichtigste Lektion sein, die Sie entdecken können. Sie müssen eine Geld-Management-Methode, die Sie regelmäßig auszutauschen erlaubt zu übernehmen. Ist Tag investieren wirklich wert, wenn Sie wegen des Endes in Bezug auf die ersten dreißig Tage pleite sein wird?

Die Geschichte hat gezeigt, dass viele erfolgreiche Trader nie wesentlich mehr als 1% der Kontostabilität auf nur einen Handel riskieren. Also, wenn Sie $25000 in Ihrem Bankkonto hatten, würden Sie nur $250 auf nur einem Handel riskieren. Setzen Sie sich ständig mit einem Taschenrechner hin und lassen Sie die Beträge durchlaufen, kurz bevor Sie eine Position eingeben.

## 5. Aufzeichnungen führen

Einer der Tag Austausch Grundlagen ist eigentlich zu helfen, eine Tracking-Tabelle mit detaillierten Ergebnis Forschung halten. Wenn Sie in der Lage sein, schnell scheinen zurück und sehen, für die Sie ging falsch, können Sie Räume zu identifizieren und zu adressieren alle Fallstricke, Minimierung Verluste der nächsten TAG.

## 6. Timing

So wie die ganze Welt eigentlich in Gruppen von Menschen aufgeteilt ist, die sich in verschiedenen TAGESBEREICHEN befinden, so sind es auch die Märkte. Wenn Sie den Handel im Cac 40 um 11:00 Uhr ET beginnen, können Sie feststellen, dass Sie die besten Einstiegssignale des Tages derzeit verpasst haben, wodurch Ihr potenzieller Abschluss des Tagesgewinns minimiert wird. Daher, wenn Sie am Ende an der Spitze sein müssen, müssen Sie ernsthaft Ihre eigenen Arbeitszeiten zu ändern.

## 7. Vernünftige Entscheidungsfindung

Wann immer Sie mit dem DAY-Trading beginnen, müssen Sie tatsächlich eine Reihe schwieriger Entscheidungen treffen. Für den Fall, Sie sind Robinhood verwenden? Was ist mit Daytrading auf Coinbase? Haben Sie genau die richtige Schreibtisch-Setup? Genau, wo sind Sie in der Lage, einen Glanz Layout zu finden? Genau, wie erstellen Sie wirklich eine Uhr Nummer? Die Bedeutung all dieser Fragen und noch viel mehr wird auf den umfangreichen Seiten dieser Internetpräsenz ausführlich erklärt.

Es gibt auch vertiefende und detaillierte Kurse innerhalb unserer Top-Vorschläge.

## Steuern

Das Steuerszenario für Daytrader ist eigentlich komplett darauf zentriert, für welches Land der Trader "steuerlich ansässig" ist. Darüber hinaus ist ein prominenter Vorteil wie Bitcoin tatsächlich so brandneu, dass die Steuergesetze noch nicht vollständig aufgeholt haben - ist es Geld oder ein Gegenstand?

Die Art und Weise, wie Sie besteuert werden, kann auch von den spezifischen Umständen abhängen. Im Vereinigten Königreich zum

Beispiel ist die HMRC dafür bekannt, DAY-Handelsaufgaben aus drei verschiedenen Perspektiven zu betrachten:

- Spekulative / wettähnliche Aufgaben - Day-Trading-Einkommen wäre wahrscheinlich völlig frei von Einkommensbesteuerung, Unternehmenssteuer und Kapitalertragsbesteuerung.
- Erhebliche selbständige gewerbliche Tätigkeit - es wird erwartet, dass sie der Gewerbesteuer unterliegt.
- Wesentliche Aufgaben eines persönlichen Käufers - Gewinne und Verluste würden unter den Aufgabenbereich fallen, der mit dem Kapitalertragsteuerprogramm verbunden ist. Nur die Gewerbesteuer zu zahlen, wäre höchst ungesetzlich und würde Sie zu schweren finanziellen Strafen führen.

Aufgrund der Schwankungen in der DAY-Investitionsaufgabe können Sie im Laufe einiger Jahre in alle drei Kategorien fallen. Auch wenn Sie keine Lizenz benötigen, ist es wichtig, dass Sie Ihre eigenen Trades sorgfältig überwachen, sich bei der Einkommensteuer beraten lassen und sich bei der Bearbeitung Ihrer Steuererklärungen an die Gesetze und Vorschriften halten.

In der Hilfe zum Thema "Steuern beim Daytrading" finden Sie ausführlichere Informationen zu den Einkommenssteuerregeln und zur Offenlegung.

**Wie viel Geld werden Sie produzieren?**

Ein übergeordneter Aspekt in Ihrer Pro- und Contra-Liste ist wahrscheinlich das Gelöbnis des Reichtums. Wir haben alle Geschichten von Day-Exchange-Millionären gesehen, die mit nur 1000 Dollar angefangen haben zu handeln, aber bald den Jackpot geknackt und die Märkte gemeistert haben. Während, unnötig zu sagen, sie tun existieren, ist die Tatsache, Gewinne können enorm unterscheiden.

Einen Lebensunterhalt mit Daytrading zu generieren, hängt von der Hingabe, der Disziplin und Ihrer Strategie ab. Das meiste davon finden Sie auf dieser Website in ausführlichen, informativen Daten.

Die eigentliche DAY-Trading Frage dann, funktioniert es tatsächlich? Wenn Sie bereit sind, genug DAY und Energie zu verbringen, dann für Sie, es könnte sehr gut funktionieren.

# KAPITEL 5:
# DIE RICHTIGE EMOTIONALE EINSTELLUNG ZU HABEN

Für einige wird der Handel und das Investieren direkt auf Indikationen, Inventar-Screener und Wirtschaftskonten hinauslaufen.

Nur sehr wenige Trader heben ihr spezielles Online-Spiel ausreichend, um die wesentliche Bedeutung des psychologischen Zustands von Lärm zu verstehen. In diesem kurzen Artikel, erreichen wir eine breite Palette von Themen im Zusammenhang mit Day-Trading-Therapie und Tipps, wie man diese Werkzeuge verwenden, um die Kontrolle über dieses Spiel zu halten.

## 1 - Geduld

Eines der schwierigsten Dinge, die man beim Daytrading lernen muss, ist Durchhaltevermögen. 1] Wenn der Markt beginnt, werden Sie feststellen, dass die Ebene 2 grün und rötlich blinkt und die Alarme nach unten gehen.

Wenn Sie nicht von einem Ziel der Disziplin kommen, hat der Markt tatsächlich einen Weg, Sie in Trades ohne die Erlaubnis zu saugen. Ich bin sicher, Sie werden den Auslöser nehmen, aber es ist genau wie der Marktplatz legt eine hypnotische Trance über Sie und Sie finden Ihr Selbst springen in Investitionen zu schnell.

Sie müssen einen Ansatz finden, um die meisten Aktivitäten zu sehen, aber nicht zu handeln, bis sich das große Setup materialisiert.

Ein echter Test für Sie wird ein Blick auf Ihre eigenen letzten 3 Monate Handelsinformationen sein und herauszufinden, ob Sie irgendwann finden, in denen Sie einen Handel nicht platzieren konnten.

Wenn Sie nicht in der Lage sind, eine Lösung zu finden, dann erzwingen Sie wahrscheinlich das Problem.

## Nr. 2 - Verstehen Sie die Herde

Haben Sie jemals die TV-Serie The Walking inactive gesehen? Effektiv während des Films, finden Sie diese Herden, die Mobs von Zombies, die im Einklang zu bewegen, wie diese Menschen marschieren in Richtung ihrer eigenen dann Person Abendessen sind.

Es ist bedauerlich zu sagen, aber Händler sind nicht viel besser als diese hirnlosen Kreaturen hin und wieder.

Als Trader sollten Sie am Ende in der Lage sein, die Gedanken anderer Trader auf einem Makro-Grad zu erkennen. Diese Gefühle können sich präsentieren, wenn Sie die Form der Sorge und Gier (die wir dann berühren) und so aus dem Diagramm dargestellt werden. Ich habe einfach ein Stück auf zwei-Cent-Aktien Führer Gewohnheiten, die Walkthrough im Detail die Boom und Bust-Periode durch den Tag Zeitraum.

Denken Sie einfach daran, dass eine Reihe von persönlichen Wesen weiterhin wahnsinnig bullisch sein kann, mehr als das Angebotssignal, das Sie von Ihrem Williams %roentgen-Indikator erhalten können.

Lernen Sie, das Gefühl für die Herde zu haben, indem Sie die speziellen Setups verstehen.

## Nr. 3 - Die Psychologie der Sorge und Gier verstehen

Angst im Aktienbereich ist immer dann gegeben, wenn Anleger das Risiko scheuen und Sicherheit in Besitztümern mit geringerer Rendite suchen. Der allgemeine Gedanke dabei ist, dass der Investor einfach zu besorgt ist, sein spezielles Bargeld zu investieren, aus Sorge, dass er am Ende sein spezielles Kapital verliert, anstatt Gewinne zu machen.

Angst kann sich zusätzlich dadurch zeigen, dass Anleger sich nur Sorgen machen, tatsächlich zu verkaufen, wenn der Bestand weit unter dem fairen Wert liegt.

Besorgnis und grüne Runden, wie im CBOE Volatility Index beobachtet

Gier in die Aktienmärkte, auf der anderen Seite Hand, ist, wenn Händler finden höhere Renditen unabhängig von diesem Risiko. Das bedeutet, dass sie dazu neigen, einfach in eine Position zu gehen oder so viel Kontrolle zu benutzen, in der Hoffnung, riesige Renditen zu erzielen.

Diese Gefühle treten während des umfangreichen Marktgeschehens auf, können sich aber auch bei Ihnen als Einzelinvestor einschleichen.

### Gier

Die Tatsache, die nicht diskutiert wird, ist, was wirklich mit Ihnen mental passiert, nachdem die Gier oder die Sorge Sie im Griff hat.

Wenn Sie gieriges Verhalten gezeigt und gewonnen haben, ist dies wahrscheinlich eine Menge gefährlicher Mischungen. Dies wird einen dazu bringen, mit Dimensionen zusammen mit kleinen bis keine Pflege auszutauschen. Was glauben Sie wirklich, wird auftreten? Das ist geeignet, ein Blow-up Handel.

## Furcht

Sorge wird das genaue Gesicht zu sein, wo es zeigt sich in Ihrer Fähigkeit, Trades auszuführen. [2] Dies ist oft durch vielleicht nicht eine Situation zu nehmen oder unfähig, eine Verlustposition zu schließen.

## Wie man diese Emotionen überwindet

## Meditation

Das einzige Heilmittel für diese beiden Emotionen ist tatsächlich Meditation und zwar eine Menge davon. Es gibt keinen Ausweg aus diesen beiden Emotionen, also sagen Sie sich bitte nicht, dass Sie alles unter Kontrolle haben.

## 4 - Schneiden Sie die Anzeigen ab

Sind Sie fertig mit dem Handel, wenn es um DAY geht? Wenn ja, dann reduzieren Sie Ihre Auslagen. Die schiere Müdigkeit des Handels den ganzen Tag sehr lange kann Ihre Leistung als auch Ihre Natur verletzen.

Nehmen Sie sich den TAG Zeit, um nach draußen zu gehen und die frische Atmosphäre einzuatmen. Nehmen Sie ein Hobby auf, aber reduzieren Sie vor allem die Anzeigen.

## Nr. 5 - Verhindern Sie die riesigen Blow-Up-Tage

## Explosion

Wenn Sie ganz neu im Handel sind, machen Sie sich keine Gedanken darüber, wie viel Geld Sie verdienen können. Konzentrieren Sie sich einfach darauf, ohne große Verlustgeschäfte und große Dropping DAYs zu haben.

Über das Bargeld hinaus wird der psychologische Effekt sehr weit über die Schlussglocke hinaus anhalten.

Schauen Sie also bei jedem Handel zunächst darauf, wie viel Sie verlieren können und wie viel Sie möglicherweise verdienen können.

## Nr. 6 - Versuchen Sie, nicht zu brennenden Gelegenheiten hinzuzufügen [3]

Sie werden in der Vergangenheit TAGE finden, an denen wir tatsächlich einen Ausbruch gekauft haben und die Aktie rollt weiter als. Also, alles, was ich glaubte, endete als ein Ausbruch wird jetzt ein Pullback-Trade.

sollten wir zunächst meinen eigenen Stopp einhalten und wenn der Stopp vielleicht nicht getroffen wird, die Aktie in der Nähe meines Einstiegs verkaufen, um meine Gefahr zu minimieren.

Aber durchgeführt ich tatsächlich tun dies? Nope. wir würden warten, bis dann Unterstützung Ebene nach unten oder sogar für einige Angst zu treten, nach denen mein Platz verdoppeln.

Heute werden Sie Gelegenheiten finden, in denen die Aktie direkt zu meinem eigenen anfänglichen Einstiegspunkt zurückkehrt und ich groß im Plus bin.

Es gibt auch andere DAYs, an denen ich kürzlich den Break-Even mit dem Trade erreicht habe.

Jedes davon gibt mir wirklich das Gefühl, dass ich mit dem Markt spiele.

Doch dann tritt das Unvermeidliche ein. Das Inventar wird weiter reduziert und ein kleiner überschaubarer Verlust wird zu einem lebensverändernden Ereignis.

"Der größte Feind des Individuums ist die Angst. Wer tatsächlich Angst hat, verliert." Das ist die Grundthese von "Tradingpsychologie", einem 2012 erschienenen deutschen Buch über Trading- und Investmenttherapie, das mit großer Begeisterung aufgenommen wurde. Viele Zuhörer und Rezensenten kommentierten, dass dies das beste Buch zum Thema sei, das sie je gelesen hätten, oder dass es das erste sei, das am Ende tatsächlich von Nutzen sei.

Der Autor des Buches, Norman Welz, ist ein Psychologe und Reporter, der ein ausgeprägtes Interesse entwickelt hat, wenn man sich mit der Börsenindustrie und der damit verbundenen Therapie beschäftigt. Sein Spezialgebiet ist die Handelstherapie, ein Thema, zu dem er nicht nur über umfangreiche Erfahrungen, sondern auch über einige besondere Ideen verfügt. Unter anderem schult er Händler darin, ihre Gedanken in die richtige Richtung zu lenken.

Welz betont, dass genau das, was sowohl ihre Funktion als auch sein Buch von der riesigen Literatur auf diesem Gebiet unterscheidet, die Bedeutung der angewandten Investitionstherapie sein wird. Es ist eigentlich gut bekannt, dass Trader Selbstdisziplin brauchen, aber die

Akzeptanz dieses Konzepts ist in der Tat nicht genug, um Investoren in der entsprechenden Art und Weise arbeiten zu lassen.

## Es kommt wirklich auf den Hinweis an

Der Kern des Themas ist, dass viele Männer und Frauen Sicherheit in all ihren Formen mögen und brauchen, aber "der Handel wird das verletzlichste Geschäft sein, in dem man sein kann", behauptet Welz. Der Mann argumentiert, dass kaum ein anderer Beruf macht daher zahlreiche und diese intensiven Emotionen und spiegelt eine Menge von Ihrem Charakter. Der Mann geht sogar so weit zu behaupten, dass Börsenaktivitäten Geld verkörpern: "Wir handeln nicht nur mit Vermögenswerten und Geld, wir werden alle zum Geld", so Welz.

Um effektiv zu handeln, ist die richtige Denkweise unerlässlich. Allerdings gibt es nichts schwieriger als die Scheidung durch die Vielzahl von Aspekten, die alle unsere Denkweise geschaffen haben, wenn Sie an der ersten Stelle zu betrachten und daher beeinflussen, wie unser Geist arbeiten. Wir werden im Allgemeinen von Müttern und Vätern, Familienmitgliedern, guten Freunden, dem Planeten, der Gesellschaft, den Massenmedien, Publikationen und vielem mehr beeinflusst. Aufgrund des TAGES, an dem wir anfangen zu handeln und zu investieren, neigen einige dieser Einflüsse dazu, Handelsgewohnheiten zu korrigieren, die im Allgemeinen oft beeinträchtigt oder suboptimal sind. Der Versuch, diese Muster zu ändern, liegt irgendwo zwischen schwierig und beängstigend.

## Wie genau man ein austauschbares Gehirn entwickelt

## Wie kommt es, dass Trader die Psychologie vernachlässigen?

Um Welz' Ansatz nachvollziehen zu können, ist es wichtig, den durchdringenden Charakter der Therapie und des Geistes zu verstehen. Während die Idee, dass Therapie für den Aktienmarkt essentiell ist, nichts brandneues ist, glaubt Welz, dass Trading buchstäblich 100% Therapie ist. Ohne einen Verstand könnten wir alle niemals monetäre Bedrohungen bewerten oder Trends erkennen. "Ohne Gehirn kein Börsenhandel", so Welz. Emotionale Stärke ist also tatsächlich absolut grundlegend für den Börsenerfolg. Darüber hinaus sind etwa 95 % Ihrer Maßnahmen unterbewusst, so dass wir oft dazu neigen, unsere Handlungen immer und immer wieder zu replizieren. Allzu oft schlägt diese Replikation vor, nicht die richtigen oder sogar katastrophale Programme der Bewegung zu wiederholen.

Um diese Behauptung zu untermauern, bezieht sich Welz auf eine Untersuchung, bei der 120 Händlern eine Methode zur Verfügung gestellt wurde, die sich in 19 der letzten 20 Jahre statistisch bewährt hatte. Nach einer Testphase von 12 Monaten stellte sich heraus, dass 119 dieser Händler mit dem System erfolglos waren, weil ihre besonderen mentalen Neigungen sie alle in die Irre führten. Alle bis auf einen Händler trafen die falschen mentalen Verfahren. "Der Erfolg kommt aus dem Kopf", so Welz. Das Programm war am Ende gut, aber die Einstellung und die Therapie, mit der die Händler das System anwandten, war es nicht.

Viele Trader sind Typen, die dazu neigen zu glauben, dass Psychologie nicht das ist, was wirklich zählt. Sie glauben, dass es vielmehr darauf ankommt, kühl rational, sehr gut informiert und erfahren zu sein. In Anlehnung an Welz gilt jedoch: Rationalität, Information und Wissen helfen nicht, wenn der Geist vielleicht nicht richtig eingestellt und abgestimmt ist. Was können wir also tun, um unser gesamtes Denken und Unterbewusstsein zum richtigen Handeln zu bringen?

## Welz's Ansatz

Welz arbeitet mit den Köpfen der Händler über das Unterbewusstsein und Hypnose. Die Teilnehmer werden in vertrauenswürdige Geister versetzt, zusätzlich werden die benötigten Kompetenzen in unterbewussten Bereichen des Verstandes verankert. Wenn sich dieser Vorgang etwas seltsam anhört, sollten Sie sich das einmal überlegen: Seit vielen Jahren hilft Welz tatsächlich Menschen dabei, ihre individuellen Ängste und Blockaden zu überwinden, so dass sie sportliche Titel gewinnen und sogar einen olympischen Triumph erringen können. Außerdem hat er Händlern geholfen, Geld zu verdienen, indem er die richtige mentale Energie, Entschlossenheit und damit Verhalten auslöste. Er betont, dass jedes Individuum einzigartige mentale Brücken und Hindernisse bietet, die betreten oder überwunden werden müssen, um Erfolg zu garantieren.

"Trading-Selbstdisziplin" entsteht dadurch, dass man sein Verhalten in die gewünschte Richtung ändert und die psychologischen Widerstände und Ängste überwindet, die einem in der Regel im Weg stehen. Besonders in Bezug auf das Investieren glaubt Welz, dass "Sie Armeen von Widerständen finden werden". Das Trading-Gehirn, in der Tat, beinhaltet die Integration der richtigen Finanzanlage und Marktinformationen mit genau den richtigen psychologischen Fähigkeiten. Es ist nicht so, dass die gängigsten Fähigkeiten in der Regel unbedeutend sind, es ist nur so, dass sie in der Regel durch die falschen emotionalen und Verhaltensmuster außer Kraft gesetzt sind.

Leistungsfähiges Tauschen erfordert also eine Anpassung der Persönlichkeit. In Bezug auf Welz: "Wer das nicht gerne versucht, sollte sich nicht wirklich mit dem Trading beschäftigen." Wer sich nur auf die sogenannten logischen Komponenten von Charts und Stilen konzentriert, einschließlich all jener Gewohnheiten wie "Flaggen, Dreiecke und Kanäle oder Verhinderungs- und Umtauschselektionen", wird letztlich an der Vielzahl von Emotionen scheitern, die sicherlich ins Spiel kommen und die Marktplätze tatsächlich dominieren.

Das oben Gesagte, verdeutlicht Welz, ist "das Ultra-Short-Modell" ihrer Theorie, aber tatsächlich der Kern der Sache. Außerdem ist er der Meinung, dass jeder zum Trader werden und seine Ängste überwinden kann. Da Individuen im Allgemeinen vielleicht nicht wissenschaftlich krank sind, können diese Menschen diese grundlegenden Ängste auflösen, wenn sie wirklich bereit sind, an sich selbst zu arbeiten. Dazu brauchen sie ein gutes Gefühl und ein Gespür für die Wahrheit, wenn der Erfolg das Ergebnis sein soll. Von Programm, wirtschaftlichem Verständnis, und Fähigkeiten, Informationen und Forschung alle, jedoch führen Schlüsselrollen.

Nichtsdestotrotz ist es schwer zu funktionieren, wenn man dort die Wahrheit sagen will. Welz glaubt, dass Einzelpersonen nicht glauben sollten, dass sie in der Lage sind, "mit einem Mini-Konto zu beginnen und innerhalb von sechs vielen Monaten von ihrem Einkommen als Experte Trader zu bleiben." Es braucht DAY und Engagement. Welz glaubt, dass die Straßen voller Ferraris und Porsches wären, wenn dies nicht der Fall wäre.

**Die Grundlinie**

Die grundsätzliche Rolle der Händlertherapie hat die Tendenz, am Ende unterschätzt zu werden und zu viel Gewicht auf die technische Seite zu legen. Obwohl beides wichtig ist, ist es vielleicht die richtige Geisteshaltung, die erfolgreiche von nicht erfolgreichen Händlern unterscheidet. Aber das Herausfinden der spezialisierten Komponenten des Tradings und Investierens ist viel eindeutiger als der Kauf eines erstklassigen Trading- und Investmentkopfes. Bei letzterem geht es in der Regel darum, intensiv an den eigenen Charaktereigenschaften zu arbeiten und eingefahrene Verhaltensmuster auszurotten. Diese Technik ist ziemlich schwierig und benötigt Hingabe, einige Tage Zeit und in der Regel auch die Hilfe eines erfahrenen Trainers. Nichtsdestotrotz sind die Ergebnisse besonders wahrscheinlich, um Dividenden zu erleben.

# KAPITEL 6:
# GELD STAPELN UND DIE MITTEL AUFBRINGEN

**Die Probleme beim Erzielen von Gewinnen durch Tagesinvestitionen**

Wann immer Sie einen Blick auf eine Kosten Chart-ob es für eine Aktie ist, Übersee Geld gesetzt, oder Futures-Kontrakt-es scheint, wie es sollte ziemlich einfach sein, um Einkommen zu generieren. Typischerweise, wann immer DAY-Händler zum ersten Mal begonnen, diese Leute konzentrieren ihre einzigartige Aufmerksamkeit von den großen Bewegungen und sich vorstellen, "leicht hatte in Wahrheit dort gesagt werden, Ich könnte wirklich sind eine Menge Geld zu machen."

Die Annahme dieser Arten von Perspektiven kann eine Menge Leute zu der Vorstellung führen, dass Daytrading einigermaßen mühelos und ein kurzer Weg zum Reichtum ist. Day-Trading kann erhebliche Einnahmen bieten, wenn Sie genau wissen, wie man es anpackt. Aber, für die meisten von uns, die notwendigen Mengen von DAY investiert Lernen und Ausbildung verhindern, dass alle von ihnen zu gewinnen genug Erfahrung zu kommen, um konsequent erfolgreich mit ihren Positionen.

**Day Trading und Investieren Triumphgeschwindigkeit**

Es ist eine Hürde, ein Einkommen durch Daytrading zu erzielen, und obwohl jeder Daytrader denkt, dass er in der Lage sein könnte, Geld zu verdienen, enden etwa 95 Prozent der Menschen, die Daytrading versuchen, mit einem Nettoverlust. Sie können Ihre eigenen Chancen auf einen erfolgreichen Handel verbessern, indem Sie die potenziellen Risiken verstehen, die zu Verlusten führen können, und auch indem Sie über die Annahme hinausgehen, dass Daytrading eigentlich einfach ist.

## Die Anforderung an einen robusten Prozess

Der Hauptgrund, warum Trader Geld verlieren, ist das Fehlen eines soliden Handelsansatzes. Einfach auf ein Diagramm im Nachhinein erscheinen ist eigentlich vielleicht nicht ein sehr guter Weg, um ein erfolgreiches Programm zu produzieren. Wenn Sie eine starke Strategie zu entwickeln, kann es in fast allen Marktbedingungen verwendet werden und kann tatsächlich informieren Sie, wenn aus dem Markt zu bleiben aufgrund der Tatsache, Umstände neigen dazu, vielleicht nicht vorteilhaft sein.

Eine sehr gute Strategie wird Ihnen helfen, sich darauf vorzubereiten, definitiv nur Maßnahmen zu ergreifen, bevor eine profitable Gelegenheit auftritt, vielleicht nicht danach. Das Ziel Ihrer Strategie sollte immer sein, Muster und Trends zu entdecken, die darauf hinweisen, den Austausch von Optionen, die gute kommt zurück liefern könnte. Ohne diese Forschung zu tun, Ihre Ergebnisse könnten weitgehend durch Gelegenheit bestimmt werden.

## Nehmen Sie DAY zum Training

Viele Neulinge unter den Händlern erkennen nicht, dass der DAY-Handel ein effektives Schnäppchen des TAGES braucht, um herauszufinden. Einrichten ein paar Stunden der Forschung ohne regelmäßig begehen DAY für Ihre DAY-Handel und Investitionen wird nicht jemand eine effektive Investor machen.

Sie müssen das Daytrading üben, während Sie einen anderen Job beibehalten, es sei denn, Sie haben Bargeld separat eingerichtet, um Ihre Ausgaben für ein paar viele Monate oder höher zu decken. Es ist extrem ungewöhnlich für Daytrader, Gewinne zu erzielen, wenn sie richtig loslegen. Die meisten DAY-Händler sehen nicht, dass ihre Versuche zu ausreichenden Gewinnen führen, um sich selbst irgendeine Art von Einkommen für mindestens 6 Monate bis zu einem Jahr ab ihrem Starttag zu zahlen.

### Die Launen des Marktes

Viele Themen und Situationen tragen dazu bei, dass ein Markt schwer einzuschätzen und zu navigieren ist. Wenn Sie den TAG nutzen, um herauszufinden und zu verstehen, was genau Veränderungen in der Investitionstätigkeit verursacht, können Sie besser auf diese Veränderungen reagieren.

- Lernen Sie, Ihre eigene finanzielle Bedrohung zu verwalten, wenn Sie eine falsche Zusammenfassung über die Richtung eines Handels erstellen, indem Sie eine Endreduktion auf Ihren Handel setzen. Denken Sie daran, wie ein Limit zu platzieren, um zu helfen, zu mildern, wie viel Geld Sie verlieren können, während der Verfolgung von Handelsoptionen.
- Machen Sie sich bewusst, dass Sie in der Regel nicht den spezifischen Preis erhalten können, den Sie beim Tausch bevorzugen, insbesondere bei Anweisungen der Industrie. Die gewichtige Handelsaktivität könnte einen Preis aus Ih-

rem eigenen genauen Ziel drücken, bevor Sie reagieren. Sie können wählen, ob Sie das, was immer noch ein guter Handel sein könnte, verpassen oder die weniger-als-idealen Marktkosten akzeptieren. Beide Optionen werden den theoretischen Gewinn des Trades drastisch reduzieren. Auch wenn Sie Limit-Orders verwenden, könnten Sie für die einzige Komponente der Bestellung auf gewinnende Trades geladen werden (der Markt läuft aus, bevor er den gesamten Kauf füllt), aber am Ende mit totalen Chancen auf Ihre eigenen Verlierer (die Preisgestaltung ist gegen Sie übertragen, so, traurig, Sie erhalten immer Ihre volle Bestellung).

- Machen Sie sich klar, dass der Markt ausschließlich aus anderen Personen besteht, die versuchen, Geld zu verdienen oder Verluste abzuwehren (Hedger). Personen, die sehr geübt in einem Handelsauftritt sind, um die Aufträge zu nutzen, die von unerfahrenen Händlern gestellt werden. Veteran Händler versuchen, Preise zu finden, die sie denken, lassen Sie sie einige Perspektive zu kontrollieren, wenn Sie auf den Vorteil, dass andere ignoriert haben, die einen guten Einstieg oder Fluchtpunkt für sie bieten wird.

## Gier und Furcht

Die Wünsche und Absichten von Daytradern können die Auswirkungen ihrer Versuche erheblich beeinflussen. Ein bisschen Erfolg kann zu unethischen Handlungen führen, die vom entwickelten Handels- und Investitionsplan abweichen. Diese können dazu führen, dass man zu früh aktiv wird, zu lange an einem erfolgreichen Gewinn festhält oder bei einem Verlusttrade vielleicht nicht schnell genug die Verluste abbaut.

Angst kann ebenfalls dazu führen, dass Tageshändler auch dann viel zurückhalten, wenn eine Chance im Entstehen ist. Diese Leute könnten auch in einer Panik als Reaktion auf busting Nachrichten verkaufen, ohne zu berücksichtigen, alle der verschiedenen Aspekte im Spiel. Das Bilden eines starken Handelsansatzes hat den massiven Vorteil, dass Sie sich auf Ihre eigenen Ergebnisse konzentrieren können, ohne sich von Emotionen beeinflussen zu lassen.

Day exchanging ist nur einer der vielen beliebten Handelsstile auf dem Fx-Markt. Nichtsdestotrotz, ein effektiver Tageshändler zu werden, bringt eine Menge Blut, Schweiß und Risse mit sich, wenn Sie nicht einige wichtige Richtlinien befolgen und Ihr Risiko nicht richtig handhaben.

In diesem kurzen Artikel werden wir besprechen, was getan werden muss, um ein erfolgreicher Daytrader zu werden. Wahrscheinlich die bevorzugten Daytrading- und Investitionstechniken und wie genau Sie Ihre Handels- und Investitionsfähigkeiten verbessern können, indem Sie weiterhin eine einfache Handelsaufzeichnung führen.

### Was genau sind also die verschiedenen Devisenhandelsstile?

Das allererste, was Sie vielleicht verstehen müssen, ist, dass das DAY-Trading nicht nur eine Art von Handels- und Investitionsstil ist.

Es ist vielleicht keine eigenständige Handels- und Investitionsstrategie, da sie Ihnen keine einfachen Tipps für die Eröffnung eines Trades verrät, wo die Ausbruchsbereiche liegen, wann ein Trade zustande kommen sollte oder wie viel man riskieren sollte.

Es ist lediglich eine Methode des Handels. Das bedeutet, dass Sie Hunderte von Daytrading-Strategien finden, zwischen denen Sie wechseln können und trotzdem ein Daytrader sind.

Um den Tageshandel vollständig zu verstehen, lassen Sie uns schnell die anderen beliebten Handelsstile im Forex-Handel durchgehen - Scalping, Swing Investing und Position Investing.

- **Scalping** - Dies ist eigentlich die schnellste und eine Menge von spannenden Investitionen Design von allen. Scalpers starten eine große Anzahl von Trades in nur einem TAG, halten alle von ihnen offen für eine kleine Dauer von einigen DAY müssen Sie sie in einem Einkommen zu schließen. Da Scalping beinhaltet das Ziehen der Ursache mehrere DAYs während einer Investition Tag, kann der Handel Kosten recht groß sein und verbrauchen einen großen Teil der gesamten Tag-zu-Tag Gewinn.
- **Swing-Trading** - langsamer als Scalping und Day-Trading, eignet sich Swing-Trading für fleißige und selbstdisziplinierte Händler, die eine Reihe von Tagen auf Handels- und Investitionsgelegenheiten warten können. Swing-Trader zielen darauf ab, die "Schwankungen" in der Industrie zu fangen, Aufwärts- und Abwärtsbewegungen, die für eine Reihe von Tagen anhalten können.

Da es sich um einen längerfristigen Börsenstil handelt, beziehen Sway-Trader typischerweise die Grundlagen in ihre Analyse mit ein und setzen spezialisierte Analysen ein, um sich auf den Handel einzulassen und ihre einzigartigen Escape-Levels zu schaffen.

- **Positionshandel** - Positionshandel ist definitiv ein langfristiges Handelsdesign, bei dem Trades über Monate oder sogar Jahre hinweg eingesetzt werden. Situationshändler verlassen sich auf die Fundamentalanalyse, um über- und unterbewertete Währungen zu lokalisieren und auch um Trends in makroökonomischen Variablen zu bestimmen, die zu lang anhaltenden Stilen führen könnten.

Positionshändler müssen gut über Geldgrundlagen informiert sein, extrem geduldig und in der Lage sein, große Kostenschwankungen zu verkraften (d.h. ein großes Anlagekonto haben). Ein Vorteil des Platzinvestierens ist tatsächlich, dass die Handelspreise im Vergleich zu den möglichen Einnahmen fast nicht vorhanden sind.

**Day Trading und Investieren: Ein schnelllebiger Handelsstil**

So viel, wir haben die Hauptbereiche Scalping, Swing-Tausch und Positionshandel abgedeckt. Day-Investing ist ein weiterer Handels- und Investitionsstil, der sich perfekt zwischen Scalping und Swing-Trading einfügt.

Day-Händler eröffnen ein paar Positionen pro paar Tage und versuchen, alle bis zum Ende des Handels- und Investitionstages zu schließen und dabei entweder einen Gewinn oder einen Verlust zu erzielen. DAY-Händler vermeiden es, ihre Trades an einem einzigen Tag zu halten, da Nachrichten, die sicherlich über Nacht veröffentlicht werden, eine Position beeinflussen und den Preis verändern können.

Viele Daytrader analysieren den Markt, wenn Sie den Tag betrachten. Sie wählen, ob sie sehr lang oder ziemlich kurz auf ein Währungspaar gehen. Händler, die sich an einen DAY-Trading-Stil halten, sollten jedoch beachten, dass es sehr gefährlich sein kann, einen Handel unbeobachtet während des Tages zu tätigen, da die Intraday-Volatilität des Marktes (z.B. nach dem Start einer BIP-Entwicklung) die Kosten schnell gegen Sie wenden kann.

FINRA (The Financial Industry Regulatory Authority) beschreibt einen Pattern DAY Trader als "jeden Kunden, der vier oder mehr 'Day Trades' innerhalb von fünf Geschäftstagen ausführt, vorausgesetzt, dass die Menge der Day Trades mehr als sechs Prozent der gesamten Trades des Kunden in der Marge ausmacht, die eben diese fünf Geschäftstage ausmachen.

Verbraucher sollten bedenken, dass diese Regel zumindest Voraussetzung ist und dass einige Broker-Dealer eine etwas weiter gefasste Beschreibung verwenden, um zu bestimmen, ob ein Kunde als "Pattern-Day-Trader" qualifiziert ist.

Händler, die Aktien mit einem DAY-Trading-Ansatz handeln, müssen die FINRA-Regel beachten, da zahlreiche Börsenmakler eine Mindesteinlage von $25.000 für einen Händler verlangen, der als "Pattern Day Trader" gekennzeichnet ist. Bis jetzt gibt es keine besonderen Anforderungen beim DAY-Trading Forex.

Es gibt eine Menge von DAY-Arbeitsstrategien, die Ihnen zur Verfügung stehen, und fast alle können in eine von mehreren nächsten Arten gruppiert werden:

- **Trendfolgebearbeitung:** Trendfolgetechniken sind vielleicht der absolut am weitesten verbreitete Daytrading-Ansatz, und das hat einen guten Grund - er funktioniert. Trend-

Following bezieht sich auf das Reiten der Entwicklung, solange diese anhält. Sie steigen sehr lang ein, sobald der Trend nach oben geht, und schnell, sobald der Trend nach unten geht.

- **Gegenläufiger Handel**: Counter-Trend-Trading bezieht sich auf den Handel gegen den Trend. Dieser Ansatz ist sehr risikoreich und muss den vielen sachkundigen DAY-Händlern vorbehalten bleiben, die Ihnen zur Verfügung stehen. Im Allgemeinen geht ein Trader bei der Counter-Trend-Methode während Aufwärtstrends short und während Abwärtstrends sehr long, um von Kurskorrekturen (Counter-Trend-Moves) zu profitieren.

- **Breakout-Handel:** Der Handel mit Ausbrüchen ist eine bekannte DAY-Trading-Strategie, insbesondere unter Retail-Fx-Händlern. Breakout-Händler wünschen sich einen Ausbruch in Verbindung mit einem Preis über oder unter einem wichtigen Unterstützungs-/Widerstandsbetrag, einem Chart-Muster oder so ziemlich jeder anderen Preis-Struktur. Die Volatilität kann unmittelbar während des Ausbruchs sehr hoch sein, was der Hauptgrund dafür ist, dass Day-Dealer den Vorteil von schwebenden Käufen nutzen, um in einen Handel einzusteigen, sobald ein Ausbruch geschieht.

## Wie können Händler mit DAY-Trading Geld verdienen?

Die Verwendung eines gut definierten Handelsansatzes ist eigentlich nur eine Seite des Geldes im DAY-Trading. Ohne Risikomanagement, auch die größte Handelsansatz wird irgendwann Ihr Bankkonto schlagen. Sie wollen Ihr Risiko pro Handel und Belohnung-zu-Risiko-

Verhältnis von Konfigurationen zu definieren, die Sie möchten Sie einfach nehmen, um in der Lage sein, um es auf lange Sicht sein.

- **Gefahr Verwaltung** - Risiko Verwaltung ist eine Reihe von Regeln, die entwickelt werden, die Ihnen helfen, Ihre Mitgliedschaft zu erhöhen und bekommen weg von großen Verlusten. Sie müssen ein Risiko pro Handel (Gesamtrisiko für jeden einzelnen Handel) gleich etwa 2% der gesamten Handelsmitgliedschaft Dimensionen zu halten, und eine Belohnung-zu-Risiko-Verhältnis (Verhältnis zwischen den möglichen Einnahmen plus das Potenzial Mangel an Handel) von etwa 2:1. Aus diesem Grund bleiben Sie auch während eines Verlustzuges im Videospiel.
- Auf dem **Momentum reiten** - Da Daytrading ein relativ kurzfristiges Handelsdesign ist, muss eine ausreichende Aktivität vorhanden sein, wenn Sie den Markt betrachten, um einen Gewinn erzielen zu können. Trader leben von der Volatilität, und wenn Sie in träge Märkte mit sehr wenig Aktivität investieren, werden Ihre Handels- und Investitionskosten nur steigen. Versuchen Sie, beim Daytrading ein volatiles Geldpaar zu wählen und Ausbrüche zu finden, sobald sie auftreten (z. B. mit Kaufverhinderungs- und Marktstopp-Pending-Orders).
- **Trade Tracking** - zu guter Letzt ist es sehr wichtig, beim Daytrading und Investieren den Überblick über die eigenen Investitionen zu behalten. Auch die kleinste Verbesserung der Markt Glaube kann einen Handel verursachen, gegen Sie zu bekommen, so dass Sie mit einer Reduktion. Vermeiden Sie den Handel während wesentlicher Entwicklung produz-

iert als Bereiche können ziemlich instabil bald nach einer Veröffentlichung zu bekommen.

## Einfache Tipps zum Einfügen in den täglichen Handel?

Wie bereits erwähnt, können die meisten Tagesaustausch-Strategien in drei primäre Arten gruppiert werden: Trend-Following, Counter-Trend Handel und Investitionen und Breakout-Investitionen. Jetzt lassen Sie uns lernen, wie genau es in einen Tag Handel zu geben, der beste Ort, um Ihre eigenen Stop-Loss und Gewinn Ziele zu erkennen, und nur, wie Positionen zu verwalten, die bereits offen sind.

## Techniken zur Trendverfolgung

Viele DAY-Trader lieben es, sich an die Tendenz zu halten. In einer Trendfolgestrategie würden Sie sehr lang einsteigen, sobald der Trend nach oben geht und kurz, sobald der Trend tatsächlich nach unten geht. Der optimale TAG, um in einen trendfolgenden Handel einzusteigen, ist eigentlich direkt nach Abschluss einer Kurskorrektur. Sie wollen nicht kurz in einen Abwärtstrend einsteigen, wenn die Kosten vor kurzem in großem Umfang gefallen sind, oder in einem Aufwärtstrend long gehen, sobald die Preise bereits überkauft sind.

Um Trendfolge zu beherrschen, sollten Sie verstehen, wie sich Trades entwickeln. Ein Aufwärtstrend entsteht, wenn die Kosten aufeinanderfolgende höhere Niveaus und größere Tiefs machen, wobei jedes höhere große Drücken der Kosten mehr als die frühere hoch. Der beste TAG für Sie, um in einen Handel einzusteigen, ist eigentlich nur an der Basis eines größeren Tiefs - das ist die Ebene, wo Händler, die den Trend verpasst haben, bereit sind, sich der Gruppe anzuschließen und wo Händler, die derzeit sehr lang sind, im Allgemeinen zu ihren Positionen beitragen.

Vergleichbar mit Aufwärtstrends, Abwärtstrends sind in der Regel gebildet, sobald der Preis hilft, aufeinanderfolgende niedrigere Tiefs und niedrigere Hochs zu machen. Hier, die optimale DAY zu kurz ist eigentlich direkt nach einer innovativen neuen reduziert hoch bietet gebildet - das ist, wenn neue Händler in den Abwärtstrend mit den kleinen Rollen springen und wo Händler, die derzeit kurz sind, werden ihre Rollen hinzufügen.

Der Leitfaden hier zeigt einen Aufwärtstrend im EURUSD-Paar mit einem aufsteigenden Kanal, der auf den Leitfaden angewendet wird. Die Punkte (2) zeigen Niveaus, für die Sie langwierig einsteigen könnten, während die Punkte (1) mögliche Gewinnziele sind. Sie sollten Ihren eigenen Stop-Loss direkt unterhalb des steigenden Kanals oder unterhalb des größeren Tiefs positionieren.

## Gegenläufige Handels- und Anlagestrategien

Counter-Trend-Trading ist eine Day-Trading-Methode, die den entgegengesetzten Ansatz zum Trend-Following verfolgt.

Bei einem Counter-Pattern-Handel würde ein Individuum gegen den etablierten Trend resistent werden, um Kurskorrekturen abfangen zu können. Wenn Sie sich die obigen Daten noch einmal ansehen, werden Sie sehen, dass der Aufwärtstrend nicht in einer geraden Linie nach oben ging. Vielmehr bilden die Kurse sogenannte Korrekturen auf Niveaus aus, auf denen viele Marktteilnehmer in der Regel ihre einmaligen erweiterten Orders und Take Profits schließen (mit (1) markierte Punkte). Daher würde ein Counter-Trend-Trader in der Regel in den Bereichen (1) ziemlich short gehen und in einem reduzierten Kanalbereich Gewinne mitnehmen.

Das Problem bei diesem Ansatz ist, dass er risikoreicher ist als das Trend-Following und eine geringere Gewinnkapazität hat. Auf der anderen Seite erlaubt die Kombination einer Trendfolge- und einer Gegentrend-Handelsstrategie einem Händler, mehr Trades zu tätigen, sowohl auf dem Pfad des bekannten Trends als auch auf dem gegenteiligen Pfad. Allerdings sollte der Gegen-Trend-Handel nur von erfahrenen Händlern durchgeführt werden.

**Holen Sie sich einen Überblick über das folgende Handbuch.**

Ein Händler könnte in einen schnellen Platz an Punkt (1) nach der Preis machte eine gefälschte Ausbruch nach oben. Sein Einkommen Ziel könnte an einem entscheidenden Fibonacci Grad (diese Arten von gegeben, dass 38,2%), an Punkt (2) bewiesen etabliert werden. Nachdem die Kosten das 38,2% Fib-Level zurückweisen, könnte das Individuum in eine Long-Position einsteigen und das Muster fahren. Auf diese Weise würde er sowohl bei den Auf- als auch bei den Abwärtsbewegungen ein Einkommen erzielen. Ein Stop-Loss sollte einfach vor dem Punkt (1) platziert werden.

**Breakout-Handelsmethoden**

Schließlich sind Breakout-Trader Tageshändler, die darauf abzielen, von Ausbrüchen aus wichtigen komplexen Ebenen, Unterstützungs- und Gewichtsspuren und Führungsgewohnheiten zu profitieren. Breakouts werden oft von einer soliden Bewegung und erhöhter Volatilität angenommen, was den Breakout-Handel zu einer prominenten Möglichkeit macht, den Handel auf dem Forex-Markt zu besuchen.

Pending Requests sind ein sehr gutes Werkzeug beim Handel mit Ausbrüchen. Indem Sie Kaufverhinderungen oder Verkaufsstopps am Ausbruchsgrad platzieren, müssen Sie nicht auf den tatsächlichen Ausbruch warten, um einen Handel zu eröffnen. Die Pending Order wird sofort einen Marktkauf auslösen, wenn die Kosten den in der Pending Order angegebenen Betrag erreichen. Dies wird helfen, die anfängliche Marktvolatilität abzufangen und erhöht das Gewinnpotenzial.

Die obigen Informationen zeigen einen Standard-Breakout-Trade, der hauptsächlich auf einem symmetrischen Dreieck basiert. Sie können in den Kurs aus dem Ausbruch richtig an einem Ausbruchspunkt oder nach der Kosten vervollständigt einen Pullback in Richtung der beschädigten Dreieckslinie, gefunden von Linie (1). ein Endverlust sollte knapp unter dem jüngsten niedrig (2), zusätzlich zu den Gewinnziel, gezeigt von Linie (3), sollte gleich der Höhe mit dem Muster aus dem Ausbruchspunkt projiziert zugeordnet sein.

### Daytrading mit wenig bis gar keinen Einnahmen: Ist es tatsächlich möglich?

Viele brandneue Händler neigen dazu, auf den Fx-Markt aufgrund der reduzierten Mindesteinzahlungsanforderungen und der großen Hebelwirkung, die von Fx-Brokern bereitgestellt wird, angezogen zu werden. Das bedeutet, dass Händler mit einer Handelsmitgliedschaft von $100 theoretisch einen extrem großen Marktplatz verwalten können, wenn sie mit Hebelwirkung handeln. Zum Beispiel ermöglicht ein Einflussverhältnis von 100:1 einem Händler, einen Handel im Wert von $10.000 mit nur $100 an Handelsgeld zu eröffnen.

### Uhr: Macht: könnte sie der Freund des Händlers sein?

Das bedeutet, dass DAY-Trading mit wenig bis gar keinem Geld erreichbar ist. Wenn Sie jedoch daran denken, mit dem Handel zu beginnen und mit einem kleinen Geldbetrag zu investieren, sollten Sie stets die freie Marge im Auge behalten, da diese in Anbetracht der Anzahl der Investitionen beim DAY-Trading recht schnell sinken kann. Ihre freie Marge entspricht dem Eigenkapital abzüglich der gesamten Marge, die für alle Ihre wertvollen verfügbaren Positionen verwendet wurde. Ihre eigene Investitionsplattform sollte immer in der Lage sein, dies sofort zu berechnen.

Außerdem sollten Sie bedenken, dass der Handel mit einem extrem hohen Leverage tatsächlich riskant ist. Leverage erhöht sowohl Ihre Gewinne als auch Ihre Verluste. Das ist genau der Grund, warum Sie in der Regel respektieren Sie Ihre Bedrohung Verwaltung und einfach riskieren eine kleine Menge des Geldes auf jedem einzelnen Handel. Die Größe Ihrer Position sollte sich nach der Größe des Stop-Loss-Levels richten.

**Warum ist Daytrading so schwer?**

Ähnlich wie der Handel in der Basis, ist Daytrading und Investieren nicht einfach zu erlernen. In der Realität sind kürzerfristige Investitionsarten, wie zum Beispiel Scalping und Daytrading, oft viel schwieriger zu erlernen als längerfristige Handels- und Investitionsarten.

Viele der Regeln, die für den längerfristigen Handel gelten, gelten auch für den DAY-Handel, technische Beträge funktionieren genau gleich und Datengewohnheiten werden in allen DAYframes auf die gleiche Weise analysiert. Allerdings beabsichtigen Daytrader, Handels- und Investitionsentscheidungen sehr viel schneller zu treffen, da sie in kurzfristigen DAYframes handeln und investieren. Es gibt keinen Raum, um einen Einstieg doppelt zu bewerten, den Markt tiefgründig zu analysieren und sich von Gefühlen bei Investitionsentscheidungen behindern zu lassen.

Wenn Sie ein erfolgreicher Day-Investor werden wollen, müssen Sie eine fundierte Handelsstrategie haben und sich die meiste Zeit des TAGES daran halten. Versuchen Sie außerdem, zunächst einen längerfristigen Anlagestil zu beherrschen, bevor Sie Ihre eigenen Füße im Day-Investing feucht werden lassen. Ein beliebter Fehler unter Anfängern ist es, mit dem Austausch auf extrem kurzen DAYframes zu beginnen, um danach zum längerfristigen Handel und Investieren überzugehen.

**Genau wie man häufige Fehler beim Daytrading vermeidet**

Daytrading und Investieren ist vielleicht nicht einfach. Befolgen Sie diese Punkte und verzichten Sie darauf, typische Fehler von Tradern zu machen, die heute neu im Handel sind. Beginnen Sie erst mit dem Daytrading und Investieren, nachdem Sie eine Anlagestrategie aufgebaut haben, tatsächlich einen erfolgreichen Handelsansatz und strenge Regeln für das Gefahrenmanagement in Position haben.

- **Haben Sie einen Handelsplan** - Ein Handelsplan funktioniert wie ein Fahrplan beim Börsenhandel. Er enthält Ihre Strategie, Ein- und Ausstiegsfaktoren, Einstiegsursachen, einfache Tipps zum Umgang mit Verlusten und wann Sie einen profitablen Handel schließen sollten, um nur einige Punkte zu nennen. Ein Trading-Plan sollte schriftlich erstellt werden, damit Sie schnell darauf zurückgreifen können, wenn sich die Gesamtperformance des Handels zu verschlechtern beginnt.

- **Erstellen Sie eine robuste Handelsstrategie** - die Investitionsstrategie sollte Teil eines gut geschriebenen Handelsprogramms sein. Gute Handelsmethoden sollten leistungsfähig sein und beschreiben, wie man den Markt bewertet, um Handels- und Investitionsmöglichkeiten zu finden. Sie sollte auch aus Regeln bestehen, wann Sie in einen Handel einsteigen sollten und wie Sie Ihre eigenen Stop-Loss- und Take-Profit-Grade festlegen.

- **Respektieren Sie das Risikomanagement** - Das Management Ihrer eigenen Handelsbedrohung wird der ultimative Weg zum Erfolg sein. Selbst die beste Handelsstrategie und der beste Ansatz werden Ihnen nicht viel helfen, wenn Sie nicht die Kontrolle über Ihre Verluste und Ihr eigenes Geld übernehmen. Bestimmen Sie die maximale Menge, die Sie bei einem einzelnen Handel riskieren möchten, sowie den Anteil der möglichen Positionen, die Sie einnehmen möchten, um eine Chance zu erhalten.

- **Führen Sie ein Trading-Tagebuch** - Wenn Sie Ihre Gesamtperformance beim Investieren verbessern möchten, ist das Führen eines Trading-Tagebuchs tatsächlich eine großartige Möglichkeit, dies zu erreichen. Ein Trading-Tagebuch besteht aus Journaleinträgen, die aus dem getauschten Instrument, dem Einstiegs- und Ausstiegskurs, dem TAG und dem Tag, an dem Sie den Trade getätigt haben, dem Grund, an dem Sie den Abzug betätigt haben, und seinen Ergebnissen bestehen. Sie müssen routinemäßige Rückblicke auf Ihre Tagebucheinträge machen und versuchen, aus Ihren vergangenen Fehlern, d.h. aus verlorenen Trades, zu lernen.

- **Überwachen Sie die Trades** - Daytrading ist ein kurzfristiger Handelsstil und das Verfolgen Ihrer Trades sollte ein Bestandteil der täglichen Routine sein. Da Daytrader ziemlich enge Ausstiegspunkte haben, kann tatsächlich die kleinste Verbesserung des Markts senDAYnt zu einem ausfallenden Trade führen. Wenn ein Trade nicht funktioniert, lassen Sie ihn einfach liegen. Es wird viele andere Handelsmöglichkeiten zusammen mit den Mitteln geben.

- **Halten Sie sich an einen Fx-Kalender** - Nachrichtenkonten, Erklärungen, Arbeitsmarktstatistiken, Inflationskosten und andere wichtige Produkte können einen erheblichen Einfluss auf den Markt haben. Für den Fall, dass die Investitionen nicht auf Prinzipien beruhen, müssen Sie sich davon fernhalten, einen Handel während wichtiger Entwicklungsprodukte zu eröffnen. Nach einem Fx Tagebuch muss ein Teil Ihrer eigenen Marktbewertung sein.

## EAs, Robots und Schilder im Daytrading: Führen Sie sie Funktion aus?

Alle zuvor beschriebenen DAY-Investmentstrategien basieren hauptsächlich auf reiner Preisaktion. Nichtsdestotrotz können Sie erfolgreich Zeichen auf sie anwenden, um den Erfolgskurs von Investitionen zu verbessern, ein Setup zu bestätigen oder durch sie zu filtern.

Der RSI ist eigentlich ein prominentes Zeichen unter DAY-Tradern. Diese Momentum-Anzeige stuft das Ausmaß neuer Kursbewegungen ein und erkennt überkaufte und überverkaufte Branchenbedingungen. Wann immer sich der Wert des RSI-Zeichens über 70 bewegt, signalisiert dies einen überkauften Markt (Verkauf erwägen). Ähnlich verhält es sich, sobald sich der Wert bezüglich des RSI unter 30 bewegt, deutet dies auf einen überverkauften Markt hin (Kauf in Betracht ziehen).

Allerdings kann der RSI bei starken Aufwärts- bzw. Abwärtstrends einen langen TAG lang überkauft bzw. überverkauft bleiben. Das ist etwas, das Sie im Hinterkopf behalten müssen.

Einige Händler verwenden EAs (Expert-Experten) und Investitionsroboter, aber ihre einzigartige Funktionalität kann sich mühelos während signifikanter Verschiebungen verwandeln, wenn Sie die Marktumgebung betrachten. Trendfolgende EAs funktionieren großartig in populären Märkten, liefern aber eine Menge falscher Indikatoren, wenn die Marktplätze variieren. Wenn Sie einen EA oder Roboter in Ihrem Handel verwenden, müssen Sie wirklich vorsichtig sein und Ihre Positionen viel aktiver im Auge behalten als beim Handel auf eigene Faust.

## DAY Trading Einige andere Bereiche: Aktien und Kryptowährungen

Neben der Geldindustrie können Händler zusätzlich den Handel in anderen Finanzbereichen besuchen, wie z. B. Aktien oder Kryptowährungen. Seien Sie sich jedoch bewusst, dass sich verschiedene Finanzmärkte unterschiedlich verhalten können und ziehen Sie in Erwägung, Ihre Handels- und Anlagestrategie an die Dynamik anderer Marktplätze anzupassen und fein abzustimmen.

DAY-Trading-Aktien können zusätzlich ein größeres Investitionskonto erfordern (Struktur Day Trader müssen mindestens $ 25.000 in ihren Konten haben), zahlreiche illiquide Aktien bilden Lücken in den Preis zu Beginn einer innovativen neuen Austausch Behandlung und Handel Instanzen neigen dazu, auch anders sein. Darüber hinaus haben viele Broker tatsächlich verschiedene Leverage-Prozentsätze für den Austausch von Beständen.

Einfach wie Aktien, Kryptowährungen kann effektiv mit einem DAY Handel und Investitionen Methode gehandelt werden, indem Sie Ihre jüngsten Handelsmethode und Bedrohung Management Vorschriften. Denken Sie daran, dass Kryptowährungen können ziemlich volatil in bestimmten Fällen sein, die mit strengen Risiko Verwaltung Richtlinien noch viel wichtiger macht. Vermeiden Sie den Austausch in DAYs einer zukünftigen Hand oder andere wichtige Ereignisse, die die Kosten von cryptocurrencies ändern können.

### Größter DAY to DAY Handel

Der optimale TAG, um einen Daytrade zu setzen, ist eigentlich immer dann, wenn der Markt bei weitem am liquidesten ist. Dadurch werden die Handels- und Investitionskosten drastisch reduziert, indem die Spreads eng gehalten werden, der Schlupf reduziert wird, der die Kosten gegen Sie beide verschieben könnte, und die allgemeine Erfolgsrate Ihrer Positionen erhöht wird.

Auf dem Forex-Markt sind die absolut liquidesten Marktstunden oft die einzigartige Yorker und Londoner Sitzung, besonders wenn sich diese beiden Handelssitzungen überschneiden. Die folgende Grafik zeigt die offenen Marktplatzstunden jedes Forex-Investitionsprogramms sowie deren Überschneidungen.

# KAPITEL 7:
# DIE 7 REGELN DES DAYTRADINGS

Die meisten Personen, die in der Regel daran interessiert sind, einfache Tipps zu meistern, um profitable Händler zu werden, müssen nur ein paar Minuten online investieren, bevor sie durch solche Ausdrücke wie "Planen Sie Ihren Handel; handeln Sie Ihren Plan" und "halten Sie Ihre Verluste nach unten." für brandneue Händler, diese Leckerbissen von Daten kann viel mehr wie eine Ablenkung als jede umsetzbare Beratung scheinen. Neue Trader möchten oft verstehen, wie sie ihre Karten erstellen können, damit diese Leute nach oben eilen und Bargeld schaffen können.

Um im Handel erfolgreich zu sein, ist es erforderlich, die Bedeutung von bewährten Regeln zu verstehen und diese einzuhalten, die alle Arten von Händlern mit einer Vielzahl von Investitionsmitgliedschaftsgrößen geleitet haben.

Jede Leitlinie für sich genommen ist tatsächlich wichtig, aber wenn diese Menschen zusammenarbeiten, sind die Folgen im Allgemeinen stark. Die Investition mit Hilfe dieser Prinzipien kann die Chancen auf Erfolg in den Bereichen erheblich verbessern.

## SCHLUSSFOLGERUNGEN

- DAY-Investing ist nur dann profitabel, wenn die Händler es ernst nehmen und ihre Nachforschungen anstellen.
- DAY-Trading ist tatsächlich ein Job, vielleicht nicht ein Interesse oder eine vorübergehende Marotte eines Zahltags.

Behandeln Sie es als solches - seien Sie ausdauernd, konzentriert, objektiv und trennen Sie die Gedanken.

- Hier bieten wir Ihnen einige grundlegende Ideen und Know-how, um ein profitabler Daytrader zu werden.

## Leitlinie 1: Verwenden Sie immer eine Handelsanordnung

Ein Handels- und Investitionsplan ist eigentlich ein erstellter Satz von Regeln, der die Einstiegs-, Ausstiegs- und Geldverwaltungsbedingungen eines Händlers festlegt. Die Verwendung eines Handelsplans ermöglicht Händlern dies, obwohl es ein TAG-aufwendiges Unterfangen ist.

Mit der heutigen Technologie ist es sehr einfach, ein Handelskonzept zu überprüfen, bevor man ein reales Einkommen riskiert. Bezeichnet als Backtesting, gilt diese Praxis, um Ideen zu historischen Informationen zu handeln, ermöglicht Händlern zu entscheiden, ob eine Handelsstrategie lebensfähig ist, und zusätzlich zeigt die Spanne in Bezug auf den Grund des Plans. Sobald ein Programm entworfen wurde und das Backtesting großartige Ergebnisse zeigt, kann das Programm am Ende für reale Investitionen verwendet werden. Der Trick lässt mich offenbaren, um in Richtung der Strategie zu halten. Trades außerhalb des Trading-Plans zu haben, selbst wenn sie sich als Gewinner herausstellen, wird als schlechtes Trading angesehen und schadet der Erwartung, die das Programm gehabt haben könnte.

## Tipp 2: Behandeln Sie den Handel wie ein Unternehmen

Um in der Lage zu sein, erfolgreich zu sein, muss man den Börsenhandel als ganz- oder teiltägiges Geschäft angehen - nicht als Hobby oder Aufgabe. Als Leidenschaft, bei der keine wirkliche Hingabe zum

Lernen erzeugt wird, kann der Handel ziemlich teuer sein. Als Aufgabe kann es irritierend sein, solange es keinen regelmäßigen Gehaltsscheck gibt. Als Unternehmen ist der Handel tatsächlich mit Kosten, Verlusten, Gebühren, Angst und Bedrohung verbunden. Als Investor sind Sie im Grunde ein kleiner Firmenmanager und müssen Ihre eigenen Nachforschungen anstellen und Strategien entwickeln, um die Perspektive Ihres Unternehmens zu optimieren.

## Leitlinie 3: Nutzen Sie Technologie zu Ihrem Vorteil

Der Handel und das Investieren ist ein wettbewerbsfähiges Unternehmen, und es ist sicher anzunehmen, dass die Person, die auf der gegenüberliegenden Seite eines Handels sitzt, den gesamten Nutzen der Innovation erhält. Charting-Plattformen ermöglichen Händlern eine unendliche Auswahl an Techniken zum Betrachten und Studieren der Märkte. Das Backtesting einer Idee auf historischen Daten, bevor man Geld riskiert, kann helfen, eine investierende Mitgliedschaft zu retten, ganz zu schweigen von Angst und Frustration. Markt-Updates mit Smartphones zu erhalten, erlaubt es Menschen, Trades praktisch überall zu verfolgen. Sogar Innovationen, die heutzutage jeder von uns für ausgestellt hält, wie Hochgeschwindigkeits-Internetverbindungen, können die Funktionalität des Börsenhandels erheblich steigern.

Die Technologie zu Ihrem Vorteil zu nutzen und mit den verfügbaren technologischen Fortschritten Schritt zu halten, kann beim Handeln und Investieren angenehm und lohnend sein.

## Leitlinie 4: Schützen Sie das tauschende Kapital

Bargeld zu sparen, um eine Austauschmitgliedschaft zu finanzieren, kann ein paar Jahre und eine Menge Energie erfordern. Es kann am Ende auch viel schwieriger (oder unmöglich) einen anderen TAG herum. Es ist notwendig, im Auge zu behalten, dass die Sicherung Ihrer eigenen Investitionskapital ist eigentlich vielleicht nicht gleichbedeutend mit vielleicht nicht mit einem Verlust Trades. Alle Händler haben tatsächlich fallen Investitionen; das ist ein Bestandteil des Geschäfts. Geld zu schützen bedeutet, vielleicht keine unnötigen Bedrohungen zu nehmen und alles zu tun, was Sie können, um Ihr eigenes Handelsunternehmen zu erhalten.

### Regel 5: Werden Sie ein Student der Marktplätze

Betrachten Sie es als eine Art Weiterbildung - Trader müssen sich jeden Tag aufs Neue dem Lernen widmen. Da so viele Prinzipien voraussetzungsvolles Wissen beinhalten, ist es tatsächlich entscheidend, im Hinterkopf zu behalten, dass das Verständnis der Bereiche und der meisten ihrer Feinheiten ein fortlaufender, lebenslanger Prozess ist.

Die harte Analyse erlaubt Händlern, die wichtigsten Punkte zu lernen, wie genau, was die verschiedenen monetären Berichte bedeuten. Fokus und Beobachtung erlauben Händlern, Instinkt zu gewinnen und entdecken Sie die Feinheiten; das ist genau das, was hilft Händlern verstehen, wie diese wirtschaftlichen Konten den Markt beeinflussen diese sind in der Regel Handel.

Weltpolitik, Aktivitäten, Volkswirtschaften - sogar das Wetter - haben alle einen sichtbaren Einfluss auf die Märkte. Das Marktumfeld ist tatsächlich dynamisch. Je mehr Trader die Vergangenheit und die jüngsten Bereiche verstehen, desto besser sind sie auf die Zukunft vorbereitet.

## Regel 6: Machen Sie nur das möglich, was Sie auch bewältigen können

Tipp Nr.4 erwähnt, dass die Finanzierung eines Handelskontos ein längerer Prozess sein kann. Bevor ein Händler beginnt, echtes Geld zu verwenden, ist es entscheidend, dass das gesamte Bargeld innerhalb des Kontos wirklich entbehrlich ist. Wenn das nicht der Fall ist, sollte der Händler so lange sparen, bis das der Fall ist.

Es sollte selbstverständlich sein, dass das Geld auf einem Tausch-konto nicht für die Schulgebühren der Kinder oder die Bezahlung der Hypothek verwendet werden sollte. Trader dürfen sich niemals er-lauben, sich vorzustellen, dass diese Leute nur Geld von all diesen anderen essentiellen Anforderungen "ausleihen". Man muss sicherlich bereit sein, den größten Teil des Geldes zu verlieren, das einer Trad-ing-Mitgliedschaft zugeordnet ist.

Gewinne zu verlieren ist eigentlich schon traumatisch genug; es ist zusätzlich noch viel mehr, wenn es sich um Geld handelt, das eigent-lich nie hätte riskiert werden dürfen.

## Tipp 7: Erstellen Sie eine Handelsmethodik, die auf Details basiert

Sich den TAG zu nehmen, um eine solide Handelsmethodik zu erstel-len, ist die Mühe wirklich wert. Es könnte verlockend sein, während der "so einfach, es ist wie das Drucken von Bargeld" Handel und In-vestitionen Nachteile, die auf dem Internet weit verbreitet sind zu denken. Aber Erkenntnisse, vielleicht nicht Emotionen oder

Hoffnung, sollten die Entschlossenheit hinter der Entwicklung eines Investitionsplans sein.

Händler, die es nicht eilig haben, etwas zu lernen, haben es in der Regel leichter, all die im Internet verfügbaren Daten zu sichten. Denken Sie darüber nach: Wenn Sie sich entschließen würden, eine neue Karriere zu beginnen, würden Sie höchstwahrscheinlich etwa ein oder zwei Jahre an einer Hochschule oder Institution studieren, bevor Sie sich überhaupt für einen Platz in dem brandneuen Bereich bewerben könnten. Erwarten Sie, dass die Entdeckung von einfachen Tipps zum Austausch mindestens genau die gleiche Zeitspanne von DAY und faktenorientierter Forschung und Recherche benötigt.

**Regel 8: Verwenden Sie in der Regel eine Vermeidungsreduktion**

Ein Stop-Loss ist eine vorher festgelegte Menge an Risiko, die ein Trader bei jedem Handel gerne in Kauf nimmt. Der Endverlust kann entweder eine Geldmenge oder ein Prozentsatz sein, aber beide Methoden begrenzen die Abdeckung des Händlers während eines Handels. Die Verwendung eines Endverlustes kann ein paar der Gefühle aus dem Handel nehmen, da wir wissen, dass wir bei praktisch jedem Handel nur einen Betrag von X verlieren werden.

Eine Stopp-Reduzierung zu ignorieren, nur weil sie zu einem gewinnenden Trade führt, ist eine schlechte Übung. Mit einem Stop-Loss auszusteigen und dadurch einen fallenden Trade zu haben, ist eigentlich trotzdem gutes Trading und Investieren, wenn es in die Regeln des Investitionsplans fällt. Während die Präferenz alle Trades mit Gewinn verlassen wird, ist es nicht vernünftig. Die Verwendung einer schützenden Endreduktion wird dazu beitragen, dass unsere Verluste und unser Risiko begrenzt werden.

## Leitlinie 9: Wissen, wann man aufhören sollte zu investieren

Es gibt zwei Hauptgründe, die einen Umtausch verhindern: eine unzureichende Handelsstrategie und ein unbrauchbarer Investor.

Unzureichende Handels- und Investitionsprogramme zeigen viel bessere Verluste als in historischen Tests vorhergesagt. Die Marktplätze können sich verändert haben, die Volatilität innerhalb eines bestimmten Börseninstruments kann sich verringert haben, oder das Handelsprogramm läuft einfach nicht wie vorhergesagt. Man wird davon profitieren, unemotional und geschäftsmäßig zu bleiben. Es könnte DAUERHAFT sein, die Handelsstrategie neu zu bewerten und ein paar Änderungen vorzunehmen oder mit einem brandneuen Handelsplan neu zu beginnen. ein nicht erfolgreicher Handelsplan ist tatsächlich ein Problem, das gelöst werden muss. Es ist nicht unbedingt die Beendigung des Handelsunternehmens.

Ein nutzloser Trader ist eine Person, die nicht in der Lage ist, sich an sein oder ihr Trading-Programm zu halten. Äußerer Stress, schlechte Angewohnheiten und das Fehlen tatsächlicher Aufgaben können bei diesem Problem eine Rolle spielen. Ein Trader, der sicherlich nicht in einer Top-Situation für den Handel ist, sollte eine Pause in Betracht ziehen, um mit persönlichen Problemen fertig zu werden, sei es Wellness oder Anspannung oder andere Dinge, die den Investor daran hindern, gut zu werden. Nachdem alle Probleme und Fragen tatsächlich bewältigt wurden, kann der Händler weitermachen.

## Regel 10: Handeln und Investieren in der Haltung halten

Es ist tatsächlich wichtig, beim Handeln und Investieren auf das Gesamtbild konzentriert zu bleiben. Ein Shedding-Trade sollte uns nicht überraschen - er ist ein integraler Bestandteil des Austauschs. Ebenso ist ein gewinnender Handel eigentlich nur ein Schritt auf dem Weg zum profitablen Handel. Es werden die kumulativen Gewinne sein, die einen Unterschied schaffen. Sobald ein Trader Gewinne und Verluste als ein Element des Geschäfts annimmt, werden Emotionen einen Einfluss auf die Funktionalität des Handels und des Investierens reduzieren. Das soll nicht heißen, dass wir uns nicht über einen besonders fruchtbaren Handel aufregen können, aber wir müssen uns daran erinnern, dass ein verlierender Handel sicherlich nicht wesentlich weniger ist.

Das Setzen von vernünftigen Zielen ist ein wesentlicher Bestandteil des Versuchs, den Austausch im Blick zu behalten. Wenn ein Trader ein winziges Handelskonto hat, sollte er oder sie nicht erwarten, riesige Renditen einzufahren. Eine 10%ige Rendite auf einer $10.000 Mitgliedschaft unterscheidet sich sehr von einer 10%igen Rendite auf einer $1.000.000 investierenden Mitgliedschaft. Funktionieren Sie nur mit dem, was Sie haben, und bleiben Sie vernünftig.

## Zusammenfassung

Das Verstehen der Bedeutung jeder dieser Handelsregeln und die Art und Weise, wie sie zusammenarbeiten, kann Händlern wirklich helfen, ein machbares Handelsgeschäft aufzubauen. Der Handel ist tatsächlich eine harte Funktion, und Händler, die tatsächlich die Kontrolle und Ausdauer haben, um diese Richtlinien zu folgen, können ihre einzigartigen Chancen auf Erfolg in einem wirklich wettbewerbsfähigen Feld verbessern.

# KAPITEL 8:
# VERSCHIEDENE ARTEN VON IN-VESTITIONEN

Fundamentaler Handel ist eigentlich eine Methode, bei der man sich auf unternehmensspezifische Anlässe konzentriert, um herauszufinden, welche Aktie man kaufen und wann man in sie investieren sollte. Das Handeln und Investieren auf Basis von Fundamentaldaten ist viel enger mit einem Buy-and-Hold-Ansatz verbunden als mit dem kurzfristigen Handel. Es gibt jedoch spezifische Fälle, in denen der Handel und das Investieren auf Basis von Fundamentaldaten in kurzer Zeit signifikante Erträge generieren kann.

**Zahlreiche Arten von Händlern**

Bevor wir uns auf den fundamentalen Handel konzentrieren, hier eine Übersicht über die wichtigsten Arten der Geldanlage:

- **Scalping**: Ein Scalper ist jemand, der Dutzende oder Hunderte von Trades am Tag tätigt und dabei versucht, einen winzigen Gewinn aus jedem Trade zu "scalpen", indem er die Geld-Brief-Streuung ausnutzt.
- **Momentum-Handel:** Momentum-Händler suchen nach Aktien, die sich signifikant in eine Richtung und in großen Mengen bewegen. Diese Händler versuchen, den Schwung zu Ihrem gewünschten Gewinn zu treiben.
- **Technischer Handel:** Komplexe Trader konzentrieren sich auf Karten und Graphen. Sie untersuchen Konturen auf Bestands- oder Indexgraphen auf Anzeichen von Konver-

genz oder Divergenz, die auf Kauf- oder Angebotsindikator-en hinweisen könnten.

- **Fundamentaler Handel:** Fundamentalisten handeln Unternehmen in Abhängigkeit von der fundamentalen Bewertung, die die Unternehmensaktivitäten untersucht, insbesondere reale oder erwartete Gewinnforschung, Aktiensplits, Umstrukturierungen oder Übernahmen.

- **Swing-Tausch:** Swing-Trader sind fundamentale Trader, die ihre jeweiligen Positionen viel länger als nur einen TAG halten. Viele Fundamentalisten handeln und investieren tatsächlich schwankend, da Änderungen in den Geschäftsgrundlagen typischerweise mehrere Tage oder auch Wochen benötigen, um eine Kostenbewegung zu erzeugen, die für den Trader ausreichend ist, um ein angemessenes Einkommen anzugeben.

Anfänger können mit jeder dieser Methoden experimentieren, sollten sich aber letztendlich für einen Markt entscheiden, der ihren einzigartigen Handelskenntnissen und -erfahrungen entspricht und für den sie generell entschlossen sind, zusätzliche Forschung, Wissen und Praxis zu betreiben.

## Grundlegende Informationen und Investieren

Viele Geldanleger kennen eine Menge gängiger monetärer Daten, die bei der fundamentalen Bewertung verwendet werden, wie z.B. Gewinn pro Aktie (EPS), Umsatz und Cash-Bewegung. Diese quantitativen Faktoren beinhalten alle Zahlen, die im Gewinnbericht, in der Kapitalflussrechnung oder in der Bilanz eines Unternehmens zu finden sind. Sie können zusätzlich die Ergebnisse von finanziellen

Prozentsätzen wie z.B. Return-on-Equity (ROE) und Financial Obligation to Equity (D/E) beinhalten. Fundamental Trader können diese quantitativen Informationen nutzen, um Investitionsoptionen zu bestimmen, wenn z.B. ein Unternehmen Gewinnzahlen veröffentlicht, die den Markt schockieren.

Zwei der am genauesten beobachteten fundamentalen Faktoren für Händler und Investoren überall sind in der Regel Gewinnmitteilungen und Analysten Verbesserungen und Herabstufungen. Sich einen Vorsprung bei solchen Informationen zu verschaffen, ist jedoch tatsächlich schwierig, da es in der Regel buchstäblich eine unglaubliche Anzahl von Augen an der Wall Street gibt, die nach genau demselben Vorteil suchen.

### Ergebnis-Ankündigungen

Ein wichtiges Element von Gewinnankündigungen ist die Vorankündigungsphase - die Zeit, in der ein Unternehmen eine Erklärung abgibt, ob es die Gewinnziele erreichen, übertreffen oder verfehlen wird. Trades finden oft schnell nach dieser Art von Ankündigung statt, weil eine kurzfristige Impulsgelegenheit höchstwahrscheinlich zur Verfügung stehen wird.

### Analysten-Hochstufungen und Herabstufungen

In ähnlicher Weise können Analysten-Upgrades und Downgrades kurzfristige Handels- und Investitionsmöglichkeiten bieten, insbesondere wenn ein bemerkenswerter Spezialist ein Inventar unerwartet herabstuft. Die Kosten Aktion in dieser Situation enthalten sein kann vergleichbar mit einem Stein Schuppen von einer Klippe, so dass der

Investor muss sicherlich schnell und flink zusammen mit kleinen Verkauf sein.

Einkommensmitteilungen und Analystenbewertungen sind in der Regel zusätzlich eng mit dem Energiehandel verbunden. Momentum-Trader scheinen nach unerwarteten Aktivitäten zu suchen, die dazu führen können, dass ein Bestand eine große Anzahl von Aktien handelt und stetig entweder nach oben oder unten geht.

Der essentielle Investor ist oft viel mehr damit beschäftigt, Informationen über spekulative Aktivitäten zu erhalten, die dem restlichen Markt möglicherweise fehlen. Um dem Markt eine Aktion voraus zu sein, können kluge Händler typischerweise ihr Verständnis der traditionellen Handels- und Investitionsgewohnheiten nutzen, die bei der Einführung von Aktienpausen, Käufen, Übernahmen und Umstrukturierungen auftreten.

**Lagerpausen**

Wenn eine 20-Dollar-Aktie im Verhältnis 1:2 gesplittet wird, ändert sich die Marktkapitalisierung des Unternehmens vielleicht nicht wirklich, aber das Unternehmen hat heute die doppelte Anzahl an ausstehenden Aktien zu einem Bestandspreis von 10 Dollar. Viele Investoren denken, dass ein Aktiensplit einen Anstieg der Marktkapitalisierung des Unternehmens bedeutet, da die Leute viel eher bereit sind, eine 10-Dollar-Aktie zu erwerben, als sie es bei einer 20-Dollar-Aktie wären. Vergessen Sie jedoch nicht, dass dies den Wert des Unternehmens im Grunde nicht verändert.

Um Aktiensplits erfolgreich zu handeln, muss ein Investor vor allem die Phase, in der sich die Aktie gerade befindet, richtig identifizieren.

Die Geschichte hat bestätigt, dass sowohl vor als auch nach der Ankündigung eines Aktiensplits eine große Bandbreite an bestimmten Handelsmustern auftritt. Preisbewunderung und damit kurzfristige Kaufgelegenheiten treten in der Regel in der Zeit vor der Ankündigung auf, während der Hochlauf vor dem Split und die Abwertung (Shorting-Gelegenheiten) in der Verzweiflung nach der Ankündigung und dem Tief nach dem Split stattfinden. Durch die korrekte Bestimmung dieser vier Phasen kann ein Split-Investor tatsächlich bei mindestens vier verschiedenen Gelegenheiten vor und nach dem Split mit vielleicht viel mehr Intraday- oder sogar stündlichen Trades in und aus derselben Aktie handeln.

## Akquisitionen, Übernahmen und vieles mehr

Das alte Sprichwort "vom Gerücht kaufen, auf die Schlagzeilen hin fördern", kann auf den Handel mit Käufen, Übernahmen und Umstrukturierungen angewendet werden. In diesen Fällen wird eine Aktie höchstwahrscheinlich extreme Kurssteigerungen in der Vermutungsperiode vor der Funktion und beträchtliche Rückgänge unmittelbar nach der tatsächlichen Ankündigung des Ereignisses erleben.

Das heißt, das alte Anlegersprichwort "Markt auf Entwicklung" muss für den cleveren Trader deutlich geschult werden. Das Spiel eines Händlers ist es, eine Aktion vor dem Markt zu sein. Daher ist es unwahrscheinlich, dass der Trader Aktien in einer spekulativen Phase erwirbt und sie bis zur tatsächlichen Aussage hält. Der Trader ist tatsächlich damit beschäftigt, ein paar der Momente in der spekulativen Phase einzufangen und könnte innerhalb und außerhalb der exakt gleichen Aktie mehrere Male handeln, da die Gerüchteköche aktiv werden. Der Händler kann eine erweiterte Position während des

Tages und kurz in die Mitte des Tages immer wachsam von Charts und Level-2-Daten für Anzeichen, wann der Ort zu verbessern halten.

Wenn die besondere Aussage gemacht wird, wird der Händler höchstwahrscheinlich in der Lage sein, die Aktie der erhaltenden Organisation sofort zu verkürzen, nachdem sie die Entwicklung ihrer Absicht, zu erhalten ausgibt, wodurch die spekulative Aufregung vor der Ankündigung endet. Selten wird eine Börsenerklärung positiv aufgenommen, daher ist das Shorten eines Unternehmens, das den Kauf durchführt, eigentlich eine doppelt gute Strategie?

Im Gegensatz dazu wird eine Unternehmensumstrukturierung wahrscheinlich positiv betrachtet, wenn sie vom Markt vielleicht nicht erwartet wurde und wenn das Inventar aufgrund interner Unternehmensprobleme bereits auf einer langfristigen Talfahrt war. Wenn z.B. ein Gremium von Administratoren plötzlich einen unpopulären CEO entlässt, kann eine Aktie unter dem Jubel über diese Nachricht eine kurzfristige Aufwärtsbewegung zeigen.

Der Handel mit dem Bestand eines Übernahmeziels ist tatsächlich ein besonderer Fall, da ein Übernahmeangebot einen damit verbundenen Preis pro Aktie hat. Ein Händler sollte am Ende vorsichtig sein, um zu verhindern, dass er Aktien zum oder in der Nähe des Angebotspreises hält, weil Aktien in der Regel kurzfristig nicht signifikant steigen, wenn diese Leute ihr eigenes enges Feld in der Nähe der Perspektive finden. Insbesondere im Falle einer gemeldeten Übernahme wären die besten Investitionsmöglichkeiten in der spekulativen Phase (oder in der Zeit, in der ein gerüchteweise vorhandener Preis pro Aktie für die Übernahme tatsächliche Preisaktivität erzeugt).

Gerüchte und Mutmaßungen sind hochriskante Handelsgeschäfte, insbesondere wenn es um Käufe, Übernahmen und Umstrukturierungen geht. Diese Ereignisse erzeugen eine starke Volatilität des Aktienkurses. Aufgrund der Aussicht auf schnelle Kostenbewegungen sind diese Ereignisse jedoch möglicherweise auch die wesentlichen profitablen fundamentalen Handelsoptionen, die angeboten werden.

## Die Grundlinie

Viele Börsenstrategen verwenden innovative Typen für Handelsgelegenheiten, die mit Ereignissen verbunden sind, die aufwärts zu und nächsten Gewinnankündigungen, Experten-Upgrades und Downgrades, Aktiensplits, Akquisitionen, Übernahmen und Umstrukturierungen führen. Diese Diagramme ähneln den Karten, die in der spezialisierten Auswertung verwendet werden, haben aber keine numerische Klasse. Die Charts sind im Allgemeinen einfache Musterkarten. Sie zeigen traditionelle Gewohnheiten des Handels- und Investitionsverhaltens, die in der Nähe dieser Aktivitäten stattfinden. Diese Muster werden im Allgemeinen als Leitfaden für Prognosen über kurzfristige Bewegungen in unseren verwendet.

Wenn fundamentale Händler die gegenwärtige Position von Aktien und die daraus resultierenden Preisbewegungen richtig bestimmen, haben diese Leute eine hohe Wahrscheinlichkeit, erfolgreiche Positionen auszuführen. Der Handel auf Basis von Fundamentaldaten kann in Fällen von Aufregung und Hype risikoreich sein, aber der kluge Händler kann das Risiko mindern, indem er einfach traditionelle Muster verwendet, um seinen eigenen kurzfristigen Handel zu steuern. Kurz gesagt, Käufer sollten ihre Nachforschungen anstellen, bevor sie einsteigen.

# KAPITEL 9:
# DAYTRADING KRYPTO

Sehr Sie sind Argumentation über Ihre Arbeit zu machen und eine ganztägige Tag arbeiten cryptocurrency Spezialist zu bekommen? Nun, bevor Sie tun, wir fühlen Sie sollten meine eigene Anleitung zuerst lesen!

Day-Trading und Investitionen cryptocurrency ist nicht für jedermann, so gibt es eine Menge zu berücksichtigen, wenn Sie wollen, um loszulegen sind. In Wirklichkeit schätzt man, dass praktisch 95 % aller Daytrader letztendlich scheitern.

In meinem eigenen "Tag tauschen Cryptocurrency" Handbuch, Ich bin dabei, Ihnen alles, was Sie wissen müssen, zu informieren. Dies wird damit beginnen, genau zu erklären, was DAY Handel ist, gefolgt von den Dingen, die Sie berücksichtigen möchten.

Danach, wenn Sie noch Interesse haben, erkläre ich Ihnen, wie genau Sie loslegen können!

Aufgrund der Schlussfolgerung der Lektüre meines eigenen Leitfadens von Anfang bis Ende, werden Sie alle Details erhalten haben, die Sie benötigen, um zu entscheiden, ob DAY Austausch von Kryptowährung zu Ihnen passt.

Worauf genau warten Sie derzeit noch? Lassen Sie uns damit beginnen, einen Weg zu finden, was genau DAY-Trading eigentlich ist!

**Day Trading Cryptocurrency: Was genau ist Day-Trading?**

Wenn Leute über den Handel sprechen, geht es um den Kauf und die Vermarktung einer Ressource mit dem Ziel, einen Ertrag zu erzielen. In der realen Welt, zum Beispiel, handeln Menschen an Börsen mit einer Vielzahl von Dingen. Dies könnte leicht Aktien und Anteile wie Apple, Währungen wie US-Dollar und auch Metalle wie Silber und Gold umfassen.

Was auch immer tatsächlich getauscht wird, das Ziel ist eigentlich das gleiche. Kaufen Sie einen wertvollen Vermögenswert und bieten Sie ihn als nächstes für länger an, als Sie dafür bezahlt haben! Das ist genau dasselbe wie das Investieren in Kryptowährung.

Es gibt verschiedene Arten von Handelszielen, die in der Regel in kurzfristigen Austausch und langfristige Investitionen unterteilt werden. Dies wird sicherlich dadurch bestimmt, wie lange Sie einen Vermögenswert halten möchten, bevor Sie ihn verkaufen.

Day exchanging ist eigentlich extrem kurzfristigen Handel, und es kann vorschlagen, einen Vorteil für nur ein paar Sekunden, um ein paar von mehreren Stunden zu halten. Das Konzept ist, dass Sie Ihren Vermögenswert vor dem Abschluss in Bezug auf den Tag zu verkaufen, auf der Suche nach einem kleinen, aber schnellen Gewinn zu machen.

Schauen wir uns kurz ein gutes Beispiel für zwei Kryptowährungs-Tagespositionen an.

**Beispiel 1:**

1. Peter kauft einige Ripple (XRP), da der Mann glaubt, dass die Kosten in ein paar Minuten steigen werden, da es gerade vor

kurzem enthüllt wurde, wenn man die Nachrichten betrachtet, dass eine große US-Bank es wahrscheinlich für ihre interkontinentalen Rückzahlungen nutzen wird.

2. Der Typ kauft 1000 XRP zu einem Preis von $0,80

3. Da jetzt viele andere Personen versuchen, es zu bekommen, steigen die Preise.

4. 10 Momente später, das Preisschild auf XRP geschieht $0.816 und Peters Funktionen beschlossen, er will auf den Markt, um einen schnellen Gewinn zu schaffen.

5. Peter kann einen Gewinn von 2 % erzielen, was 16 $ entspricht - nicht schlecht für nur ein paar Minuten "Arbeit"!

## Beispiel 2:

1. John kauft einige EOS (EOS), da er zufällig die Charts lernt und es scheint so, als ob die Kosten sicherlich helfen werden, weiter zu steigen.

2. Der Mann kauft 100 EOS zu einem Preis von $17.

3. Die Kosten steigen weiter an und erreichen innerhalb weniger Stunden $24, beginnen dann aber wieder zu sinken.

4. John führt deren EOS zu einem Preis von 21 $.

5. John neigt dazu, einen Gewinn von etwas mehr als 23 % zu machen, was sich auf etwas mehr als 391 $ beläuft!

Aber, es ist wichtig, im Auge zu behalten, dass die oben genannten zwei Trades dazu neigen, Illustrationen einer erfolgreichen Vorhersage zu sein. An einem anderen Tag hätten die Preise mühelos in die andere Richtung gehen können, was bedeutet hätte, dass sowohl Peter als auch John Geld verloren hätten.

Das Schlüsselkonzept ist, dass, wenn DAY Handel, Sie versuchen, Möglichkeiten zu finden, die ein schnelles Einkommen zu machen. Wenn Sie in der Regel erwägen, zu einer Kryptowährung für eine längere DAY zu halten, das ist langfristige Handel genannt.

Spaß Tatsache: Ein Schlagwort, das Sie eine Menge in die Krypto Raum hören wird, ist eigentlich "HODL". Dies ist wirklich ein Rechtschreibfehler des Begriffs "halten", als jemand, wenn ein Tippfehler in einem Forum produziert und es hat auch seit gefangen um als Krypto-Community Tendenz. Es buchstäblich einfach Methoden, um Geld oder Token für ein paar Jahre zu halten und widerstehen zu versuchen, es zu verkaufen.

Es gibt eine Vielzahl von Methoden, mit denen Einzelpersonen heutzutage handeln, aber die beiden wichtigsten basieren entweder auf Vermutungen oder auf Chartauswertungen.

Eine Vermutung liegt immer dann vor, wenn ein Händler das Gefühl hat, dass ein Preis aufgrund eines bestimmten Ereignisses sicher nach oben oder unten geht. In dem obigen Beispiel von Peter, kaufte er Ripple, weil er eine positive Entwicklung Geschichte bemerkt. Es gab eindeutig kein Versprechen, dass die Kosten nach oben gehen würden, aber er spekulierte, dass dies am Ende auf seinem oder ihrem eigenen Standpunkt basieren würde.

Einige andere DAY Handel cryptocurrency Methoden häufig Gebrauch gemacht wird, ist Chart-Auswertung. Dies ist, wenn Händler lernen die Kosten Bewegung einer bestimmten cryptocurrency und versuchen, sich vorzustellen, welche Art und Weise es sicherlich geht, vor allem auf der Grundlage der historischen Kosten bewegt. Bei der

Untersuchung von Charts, Sie können schauen, wie eine Kosten bewegt sich alle paar Sekunden, Momente oder auch viele Stunden.

So, jetzt verstehen Sie, wie es funktioniert, der dann Teil meiner eigenen "Day Trading und investieren Cryptocurrency" Leitfaden wird sicherlich auf das, was Sie verstehen sollten, bevor der Erwerb begonnen zu überprüfen.

## DAY Trading Cryptocurrency: Was Sie zuerst wissen sollten

Im obigen Abschnitt, Ich habe schnell erwähnt, genau das, was DAY Handel Kryptowährung wirklich ist und ein paar der Krypto-Handel Techniken Menschen nutzen. Dieser Abschnitt wird sicherlich über die mentale Seite des Investierens zu sprechen, das ist möglicherweise die wichtigste Sache zu beginnen, darüber nachzudenken.

## Volatilität

Zunächst einmal gibt es einen wesentlichen Unterschied zwischen dem DAY-Tausch von Kryptowährungen und dem DAY-Handel und der Investition in reale Vermögenswerte. Der Hauptgrund für diese könnte Volatilität sein. Volatilität tritt auf, wenn die Kosten für einen wertvollen Vermögenswert bewegt sich nach oben oder unten sehr schnell, was bedeutet, dass es oft ein guter Erfolg für die einzelnen oder alternativ ein großer Fehler sein kann.

Zum Beispiel, wenn Sie DAY Marketing Aktien in Bezug auf die NYSE (New York Inventory Exchange), ist es extrem unwahrscheinlich, dass die Kosten so viel in einem vierundzwanzig Stunden Dauer ändern würde. Einfach deshalb, weil es sich in der Regel um sichere Unternehmen handelt, die schon seit einigen TAGEN funktionieren. Natürlich Ausbildung, Preise dennoch bekommen nach oben oder unten, aber im Vergleich zu Kryptowährungen, es würde in der Regel nur durch eine kleine Menge sein.

Umgekehrt, die Preise der Kryptowährungen sind besonders volatil. Es ist vielleicht nicht seltsam für jede Kosten des Geldes zu steigen oder fallen um viel mehr als 10%-50% in einer einsamen DAY. Unter einigen Bedingungen sogar noch mehr. Zum Beispiel, im Februar 2018, eine Kryptowährung namens E-Coin im Wert von deutlich mehr als 4000% in nur 24 mehrere Stunden erhöht, nur um direkt wieder rechts nach unten zu fallen, in dem es begann.

Jeder, der die Münze zu Beginn des Tages gekauft hat, würde viel Geld verdienen, aber die Personen, die sie zu ihrem höchsten Preis gekauft haben, könnten fast ihre gesamte finanzielle Investition verloren haben.

**Verluste in Kauf nehmen**

Die E-Coin Beispiel ist, warum Sie verstehen sollten, dass Day-Trading Bitcoin zusammen mit anderen Kryptowährungen wird wahrscheinlich nicht immer Go-to-Strategie. Sie müssen bereit sein, Verlierer zu erkennen, wenn sie passieren, da dies ein Bestandteil des Handels ist. Vielleicht sind die vielen erfolgreichen Händler während der Welt schaffen Verluste, da es schwierig ist, immer die richtige Vorhersage zu machen.

Denken Sie daran, dass Sie niemals versuchen dürfen, Ihren Verlusten nachzujagen".

Die Verfolgung von Verlusten ist die Arbeit, bei der ein Investor einen schlechten Verlust erfährt und sie versuchen, ihn zurück zu machen, wenn Sie wirklich große Risiken eingehen.

Dies gilt als der Schlüsselfaktor, warum der größte Teil der Händler ist erfolglos. Sie haben zu nehmen, die Sie sicherlich Verluste an einem gewissen Punkt machen können!

### Übung macht bekanntlich den Meister

Wenn Sie wollen sogar das Gefühl, über die Einzahlung von Geldern in Ihrem Austausch Konto, es ist wichtig, die Sie zuerst üben. Obwohl keiner der wichtigsten Kryptowährung Börsen bieten eine Demo-Mitgliedschaft, ein großer Ort zu beginnen würde am Ende sein Coins2Learn.

Coins2Learn bietet Handels- und Investitionssimulation, die Sie unter Verwendung von gefälschtem Geld austauschen können. Das Programm ist wirklich gut für Neulinge und sie liefern sogar Tipps und nur, wie man erfolgreich zu sein.

Mit einem Klick auf diesen Backlink gelangen Sie zu deren Website!

Wenn Sie ein weitaus besseres Verständnis dafür haben, wie die Märkte funktionieren, wird die nächste Aktion sein, die tatsächliche Sache zu tun. Obwohl die Verwendung einer Demonstration Simulation ist groß für in der Lage, Handel funktioniert, es bereitet Sie nicht für die reale Welt Verluste.

Das ist der Grund, warum Sie mit wirklich niedrigen Beträgen beginnen sollten. In der Tat, die Beträge sollten nicht größer sein, als Sie sich wirklich leisten können, zu verlieren. An diesem TAG der DAY trading cryptocurrency Karriere, werden Sie über die Ebenen und Tiefs in Bezug auf die Märkte und eine Menge wichtiger zu lernen, die Steigerung Ihrer Fähigkeiten und Verständnis.

## Ziele

Wenn Sie tatsächlich entschieden haben, die Art und Weise die Marktplätze arbeiten und Sie auch das Gefühl, Sie sind bereit, mit einem echten Einkommen zu investieren beginnen, an diesem Punkt müssen Sie sich einige Ziele zu etablieren. Dies ist von entscheidender Bedeutung, genau wie Sie sich darauf vorbereiten, dies als Ihre Teil-Tag oder ganz-Tag Aufgabe durchzuführen, müssen Sie Erwartungen haben, wie viel Sie hoffen, zu produzieren.

Wie wir zuvor gesprochen, Day Trader drehen, um schnelle, kurzfristige Erhöhungen zu machen, die als 1% pro Handel reduziert werden kann. Diese Händler werden eine enorm große "Bankroll" haben, was bedeutet, dass sie dennoch anständiges Geld schaffen können, auch für den Fall, dass prozentuale Gewinne klein sind.

Beachten Sie: Eine Bankroll ist die Gesamtmenge an Bargeld, die dem Händler tatsächlich zur Verfügung steht.

Erfahrene Trader werden kaum jemals eine Chance von deutlich mehr als 1% ihrer einzigartigen Gesamtbankroll eingehen. Das bedeutet, wenn Sie $1.000 zu investieren haben, Sie nie mehr als $10 auf jedem Handel zu erkennen. Obwohl dies wie ein kleiner Betrag fühlt, auf lange Sicht, wird dies Sie gegen pleite gehen abzuschirmen.

Dies wird Ihnen zusätzlich ermöglichen, ein kontinuierliches Einkommen aufzubauen, indem Sie Ihre allgemeine Bankroll erweitert-exprimieren.

## Verlierer stoppen

Ein weiteres wesentliches Element zu DAY Handel und Investitionen cryptocurrency ist, dass Sie Ihr Selbst ein Ende Reduktion setzen. Ein Stop-Loss tritt auf, wenn Sie einen Preis eingeben, die Sie brauchen, um sofort Ihren Handel verlassen.

Wenn Sie zum Beispiel Ethereum zu einem Preis von $700 gekauft haben, könnten Sie sich selbst eine Endreduktion von 10% setzen. Dies bedeutet, dass, wenn die Kosten für Ethereum bewegte sich nach unten zu $630, das Programm würde sofort verkaufen Sie Ihre finanzielle Investition. Dies schützt weg von Ihnen eine abrupte Abnahme im Preis, oder Sie waren vielleicht nicht an Ihrem Computer, um es selbst zu tun.

Sie können auch eine "Limit-Verkaufsauftrag" tun, was bedeutet, dass Ihr eigener Handel kann am Ende sofort geschlossen werden, wenn Ihr Geld schlägt eine bestimmte höhere Kosten. Wann immer wir die oben Ethereum Instanz verwendet, Sie könnten eine 10% Einschränkung Verkaufsauftrag setzen, was bedeuten kann, dass, wenn die Kosten erreicht $770, das Programm würde sofort Ihren Handel schließen.

## Erwägen Sie eine Alternative

Jetzt wissen Sie über die meisten Dinge Bescheid, die Sie davon abhalten könnten, ein effektiver Tagesinvestor zu werden, aber Sie sollten im Hinterkopf behalten, dass dies nicht die gerechte Wahl ist. Wenn

Sie glauben, dass Sie einfach nicht das emotionale Bedürfnis, den TAG oder die Geduld haben, um ein Tagesinvestor zu sein, können Sie normalerweise über langfristige Investitionen als Alternative nachdenken.

Langfristige Handel ist eigentlich viel weniger stressig, wie, wenn Sie eine Münze kaufen Sie leicht verlassen kann es über einen längeren Zeitraum von DAY zu wachsen. Zum Beispiel, wenn Sie einige Dash Münzen in sehr frühen gekauft 2017, wenn sie sicherlich waren gut im Wert von etwa $15 jeder nach der bis Dezember des gleichen Jahres gewartet, wenn sie über $1,500 getroffen, Sie würden einen Gewinn von 10,000% machen!

Dies könnte erreicht worden sein, ohne dass Sie den ganzen Tag an Ihrem PC bleiben müssen, um nach Kursbewegungen zu suchen. Die gleichen Anlagestrategien können Sie auch leicht anwenden, wie z. B. das Setzen von Stop-Losses oder Markt-Limit-Orders.

Nichtsdestotrotz, wenn Sie spezifisch sind, dass Sie ein Kryptowährung DAY-Investor sein müssen, dann wird der nächste Teil meines eigenen Leitfadens sicherlich demonstrieren Sie genau, wie Sie loslegen können!

DAY Trading und Investieren in Cryptocurrency: Wie genau man anfängt

Jetzt verstehen Sie, was DAY investieren Kryptowährung fordert, weil sehr gut, was Sie beachten wollen, ich bin jetzt wahrscheinlich, um Ihnen zu erklären, wie man loslegen!

Der erste Schritt, wenn es um einfache Tipps für den Tageshandel mit Kryptowährungen geht, erfordert, dass Sie sich an einen großen Austausch wenden. Ein cryptocurrency Austausch ermöglicht es einem zu kaufen und bieten Münzen 24 Stunden am Tag. Sie sollten darüber nachdenken, welche Art von cryptocurrencies Sie neigen zu suchen, um in zu bekommen beteiligt.

Wenn Sie ganztägig Daytrading betreiben wollen, dann lohnt es sich tatsächlich, einen Handel zu wählen, der viele unterschiedliche Paarungen notiert hat.

Hinweis: Eine Paarung ist die beiden Münzen, die ausgetauscht werden. Zum Beispiel, wenn Sie dachten, dass die Kosten von Ethereum würde bis gegen die Kosten von Bitcoin zu erhöhen, Sie müssten dann eine BTC/ETH Paarung zu finden!

Es ist auch wichtig, eine Änderung zu finden, die viel Austauschbarkeit beinhaltet. Dies wird sicherstellen, die Sie in der Regel am Ende mit einem Verbraucher oder Verkäufer abgestimmt werden können, normalerweise, Sie können nicht die Fähigkeit haben, Ihre eigenen Handel zu schließen, sobald die Preisgestaltung rutscht!

Ein ausgezeichneter Ort, um zu beginnen, würde am Ende Binance sein, da sie Hunderte von Handels- und Investitionssets angeboten haben und darüber hinaus, sie bekommen eine der größten Handels- und Investitionsvolumen auf dem Markt. Um einen Halt über zusätzliche Informationen über die Einrichtung eines kostenlosen Kontos bei Binance zu bekommen, sehen meine eigene Anleitung hier!

Wenn Sie eine Mitgliedschaft mit einem Austausch geöffnet haben, ist es DAY, einige Mittel zu setzen. Die Mehrheit der Kryptowährung

Börsen versuchen, nicht zu ermöglichen, dass Sie mit einer Debit- / Kreditkarte oder Bank Mitgliedschaft einzahlen, jedoch einige tun.

Für den Fall, dass der Handel, die Sie verwenden möchten, wird vielleicht nicht nehmen realen Geld Einlagen, dann sind die Chancen, Sie können sehr zuerst zu Coinbase bekommen einige Bitcoin oder Ethereum zu kaufen und nach, dass es um übertragen. Um herauszufinden, noch mehr Details genau, wie eine Kryptowährung bei Coinbase unter Verwendung einer Debit- / Kreditkarte zu kaufen, siehe meine eigene Anleitung hier!

Seien Sie sicher, um genau zu schauen, wie viel Sie planen, zu hinterlegen. Niemals übersehen, dass die Kryptowährung Märkte tatsächlich volatil sind, daher gibt es immer eine Chance, die Sie loswerden können Ihre gesamte finanzielle Investition. Beginnen Sie mit kleineren Beträgen zuerst.

Wenn Sie eingerichtet sind und einige Gelder eingezahlt haben, nehmen Sie sich eine Weile Zeit, um die verschiedenen Attribute auf dem Investment-Display zu verstehen. Jeder Austausch wird ein Stück von Informationen haben, so ist es eigentlich eine kluge Idee, zu lernen, Preisbewegungen zu bewerten.

Es gibt einen sehr guten Einsteiger-Ratgeber bei CryptoPotatoe, der Ihnen genau zeigt, wie man Karten liest und wie man dann die Preisentwicklung beurteilt. Sie werden in der Lage sein, ihre kostenlosen Leitfaden hier zu besuchen.

Wie Sie sicherlich innerhalb der vorhergehenden Screenshot sehen, ist der Händler an der Preisbewegung von USD/BTC wollen. Die grünen Balken deuten darauf hin, dass der Preis nach oben gegangen ist, während die roten Balken bedeuten, dass die Kosten nach unten eliminiert hat.

Beherrschen, wie diese Ressourcen Aufgaben sind von entscheidender Bedeutung, da es Ihnen zu ermöglichen, zu identifizieren, wenn es eine große Möglichkeit, dass eine Münze tatsächlich steigen oder fallen wird. Dennoch, sobald wieder einmal, es gibt keine Garantie, dass Ihre Prognose wird geeignet sein, daher in der Regel sicher sein, bereit zu sein, einen Handel zu beenden, wenn Situationen schlecht gehen!

**Fazit**

Das ist die Beendigung meines "Day investing Cryptocurrency"-Leitfadens! Wir wissen, dass wir Ihnen eine Menge und viele Informationen gegeben haben, aber wir glauben, dass es wichtig ist, dass Sie definitiv die meisten der potenziellen Risiken verstehen.

Wenn Sie meinen Leitfaden von Anfang bis Ende gelesen haben, müssen Sie jetzt wirklich verstehen, ob der DAY-Handel und das Investieren am besten für Ihre Bedürfnisse ist, sowie wie man mit Bitcoin handelt und wie genau man Kryptowährung als Ganzes austauscht.

Während Sie wahrscheinlich beobachtet haben, gibt es Tonnen von Aktionen zu berücksichtigen, bevor Sie Ihre Austausch Karriere beginnen. In der Tat, es wird eine sehr lange DAY nur nehmen, bevor Sie neigen dazu, in der Lage sein, erfolgreich zu handeln, genau wie Sie die Dinge richtig durchführen, müssen Sie Situationen allmählich aufbauen.

Obwohl Verluste in der Regel nie eine gute Sache sind, wird es Ihnen wahrscheinlich helfen, zu lernen, nie wieder den gleichen Fehler zu machen, wenn Sie sie in den ersten Tagen des Handels erleben!

Daher, was glauben Sie über DAY Handel cryptocurrency? Wird es etwas sein, das Sie in Betracht ziehen werden, oder mögen Sie wirklich den Klang der langfristigen Investitionen eher? Sie wollen viele Tage zu begehen, wenn Sie wahrscheinlich zu tun, aber es kann wirklich wert sein, wenn Sie sehr erste Million gemacht haben!

Achten Sie nur darauf, dass Sie nie mehr einsetzen, als Sie leicht abwerfen können, und dass Sie deshalb nie den Verlusten hinterherlaufen.

**Wie man mit Cryptocurrency handelt**

Haben Sie Angst, etwas zu verpassen? Das Folgende ist ein schneller Vorschlag, damit Sie den Handel und das Investieren von Cryptocurrency leicht bekommen;

1. Bestimmen Sie, ob Sie die Kryptowährung besitzen möchten oder nur eine Vermutung haben, dass ihr Wert nach oben oder unten gehen wird.
    a. wenn Sie die Währung erwerben möchten, benötigen Sie eine Börse - versuchen Sie Hodly - Es ist eine einfache, leicht zu bedienende Software
    b. Wenn Sie mit den Kosten spekulieren möchten, benötigen Sie einen Makler. Schauen Sie sich die Liste oben an oder verwenden Sie die Makler-Webseite für eine vollständige Liste.
2. Finanzieren Sie Ihre eigene Mitgliedschaft

3.  Kaufen Sie die gewünschte Cryptocurrency oder eröffnen Sie einen Handel auf deren Preis.

Herzlichen Glückwunsch, Sie sind heute generell ein Kryptowährungshändler! Denken Sie daran, Sie können durch den Erwerb oder Kauf von Kryptowährungen auf einem Händler-Demokonto arbeiten. Leider, Sie können nicht auf einen Handel üben.

Bei der Investition in Kryptowährungen geht es in der Regel darum, auf den Preis zu spekulieren, anstatt einige der echten Münzen zu besitzen. Infolgedessen sind Agenten, die Forex und CFDs anbieten, normalerweise ein viel leichterer Einstieg für Anfänger, verglichen mit der Alternative, echtes Geld über eine Börse zu kaufen.

### Wie man Makler prüft

Welche Kryptowährung Plattform, die Sie entscheiden, zu tun, die Investitionen in ist unter den vielen wesentlichen Entscheidungen, die Sie machen werden. Der Austausch wird als ein elektronisches Budget für Ihre cryptocurrencies arbeiten, so tauchen Sie nicht in ohne Berücksichtigung der Faktoren unten zuerst.

Einige Broker sind auf Krypto-Trades spezialisiert, andere weniger. Andere wiederum bieten spezifische Produkte an. IQ Choice, zum Beispiel, liefert traditionelle Krypto-Handel über Fx oder CFDs - aber auch liefern Kryptowährung Multiplikatoren. Diese bieten eine verbesserte Kontrolle und infolgedessen Risiko und Belohnung. Innovative Elemente wie diese können die Unterscheidung sein, wenn ein freies Konto Kryptowährung Tag investieren beginnen.

### Apps & Programm

DAY-Händler müssen kontinuierlich in abgestimmt werden, wie die Reaktion nur ein paar bloße Sekunden verspätet zu großen Nachrichten Aktivitäten könnte in der Unterscheidung zwischen Gewinn und Reduktion führen. Das ist, warum zahlreiche Agenten bieten heute einfach zu bedienen Kryptowährung zelluläre Apps, um sicherzustellen, dass Sie auf dem Laufenden bleiben können, ob Sie wirklich auf der Praxis sind, oder Ihre eigenen sechsten Kaffee des Tages zu produzieren.

Die cryptocurrency Handel und Investitionen System, das Sie abonnieren wird wahrscheinlich sein, für die Sie eine Menge von Tagen jeden Tag investieren, so suchen Sie eine, die Ihre Investitionen Design und Anforderungen passt. Exchanges wie Coinbase bieten eingehende Plattformen, wegen ihrer Global Digital Ressource Exchange (GDAX). Es ist immer wirklich wert, ein Testkonto zuerst einzurichten, um sicherzustellen, dass die Änderung die technischen Methoden und Quellen hat, die Sie benötigen.

**Sicherheit**

Überprüfen Sie ständig Bewertungen, um sicherzustellen, dass der Kryptowährungshandel sicher ist. Wenn Ihr Bankkonto gehackt wird als auch Ihr digitales Geld transportiert, sie werden dauerhaft beseitigt werden. Daher während sichere und komplizierte Anmeldeinformationen neigen dazu, die Hälfte der Schlacht zu sein, die andere Hälfte kann durch den Handel Computer-Software gekämpft werden.

**Gebühren**

Jeder Handel liefert unterschiedliche Prozentsätze und Gebühren-strukturen. Als DAY-Trader, der ein hohes Volumen an Trades macht, kann schon ein begrenzter Preisunterschied das Einkommen ernsthaft senken. Sie werden drei Hauptgebühren finden, die Sie vergleichen können:

- **Exchange-Gebühren** - dies kann nur sein, wie viel Sie in Rechnung gestellt werden, um ihre einzigartige Krypto-währung Software zu verwenden. Welche Währung und Münzen, die Sie handeln, kann die Rate beeinflussen.

- **Handelsgebühren** - Dies ist, wie viel Sie für den Austausch zwischen Währungen zu ihrem Wechselgeld berechnet werden. Eine Marker-Gebühr ist eigentlich der Preis für die Abgabe eines Angebots an den Markt. Eine Taker-Gebühr wird der Preis der Annahme eines Angebots von jemandem sein.

- **Einzahlungs- und Abhebungsgebühren -** dies ist sicherlich, wie eine Menge von Ihnen berechnet werden, wenn Sie ein-zahlen und abheben müssen Bargeld aus dem Wechselgeld. Sie werden in der Regel sehen, dass es günstiger ist, Ihre Ressourcen zu setzen. Denken Sie auch daran, dass einige Wechselstuben keine Gutschriften zulassen. Die Ver-wendung von Debit/Kredit wird in der Regel mit einer 3,99% Gebühr ankommen, ein Kreditgeber-Konto wird in der Regel eine 1,5% Gebühr anfallen.

**Letztes Wort zu Brokern**

Dies ist keine Entscheidung, die man einfach auf die leichte Schulter nimmt. Machen Sie die Berechnungen, lesen Sie Bewertungen und testen Sie die Änderung und Software sehr zuerst. Coinbase ist weithin als gerade über die vertrauenswürdigsten Börsen betrachtet, aber der Handel mit Kryptowährung auf Bittrex ist auch eine vernünftige Option. CEX.IO, Coinmama, Kraken, und Bitstamp sind auch beliebte Möglichkeiten.

**Marktpreise**

**Cryptocurrency Handel für Anfänger**

Bevor Sie einen Agenten wählen und verschiedene Plattformen testen, finden Sie ein paar einfache Dinge, um den Kopf zuerst zu bekommen. Verstehen und akzeptieren diese drei Dinge geben Ihnen die größte Möglichkeit, erfolgreich zu sein, wenn Sie in der Krypto-Handelsfeld bewegen.

- **Finden Sie heraus, was wächst** - Bitcoin, Ethereum und Litecoin top die Liste für Handelbarkeit und Einfachheit der Nutzung. Jedoch, Sie finden auch Zcash, Das, Ripple, Monero und mehrere mehr, um eine Aufmerksamkeit auf zu halten. Führen Sie die Forschung und entdecken vollständig, was auf der nach oben und konzentrieren Sie Ihren Fokus dort.

- **Umfassen Sie die Volatilität** - Kryptowährungen sind notorisch volatil. Das Preisschild auf Bitcoin, zum Beispiel, ging von $3,000 bis zu $2,000 nach dem sprang bis zu fast $5,000, alle innerhalb 3 Monate in 2017. Während dies schlägt vor, die Gefahr ist hoch, es bedeutet zusätzlich die Möglichkeit für den Umsatz ist auch groß. Es ist immer praktisch, um die Volatilität mit dem Austausch verbunden zu untersuchen Sie sich entscheiden, mit zu gehen.

- **Verstehen Sie Blockchain** - Sie müssen die technischen Schwierigkeiten nicht verstehen, aber ein grundlegendes Verständnis kann Ihnen helfen, auf Nachrichten und Ankündigungen zu antworten, die Ihnen helfen, zukünftige Preisbewegungen vorherzusagen. Es ist eigentlich im Wesentlichen eine ständig wachsende Liste von sicheren Aufzeichnungen (Hinders). Die Kryptographie erhält die Beziehungen, nach denen speichert alle von ihnen öffentlich. Diese Leute handeln als ein allgemeines öffentliches Hauptbuch, Ausschneiden Vermittler wie Banken.

## Geldbörsen

Wenn Sie die jeweilige Kryptowährung besitzen möchten, sollten Sie sie speichern, anstatt auf die Kosten zu spekulieren.

Es gibt im Allgemeinen eine große Auswahl an Budget-Anbietern, aber Sie werden auch Bedrohungen finden, die weniger bekannte Budget-Unternehmen oder Börsen nutzen. Alle von uns empfehlen einen Dienst namens Hodly, die tatsächlich von verwalteten Makler unterstützt wird:

## Strategie

Sobald Sie sich für einen Händler entschieden haben, mit Ihrem System vertraut sind und Ihr Bankkonto finanziert haben, können Sie mit dem Handel und der Investition beginnen. Sie benötigen einen sehr guten Ansatz mit einem effektiven Cash-Management-Methode ausgekleidet zu verwenden, um Erträge zu schaffen. Hier ist eigentlich ein gutes Beispiel für eine klar geschnittene Kryptowährung Strategie.

## Swing Trading und Investieren

Diese geradlinige Strategie erfordert einfach Wachsamkeit. Das Konzept ist, dass Sie die Aufmerksamkeit für eine Korrektur in der Entwicklung halten, nach denen die "Schaukel" aus der Korrektur und gerade zurück in die Tendenz zu fangen. Eine Korrektur ist eigentlich einfach, wenn sich Kerzen oder Kostenbalken überschneiden. Sie werden feststellen, beliebte Kosten gehen schnell, aber Korrekturen, umgekehrt, wird wahrscheinlich nicht.

Sagen wir, auf Ihrem Kryptowährungs-Chart bei 250-Minuten-Kerzen, die Sache ist 25 Kerzen, wo die Kosten weiterhin innerhalb einer 100-Punkte-Sortiment sein. Für den Fall, dass der Preis kontrahiert, um eine tägliche Aktion von nur 20 Bereichen, Sie würden ehrlich neugierig und bewusst sein. Sie sollten viele Überschneidungen sehen. Dies sagt Ihnen, dass es eine wesentliche Möglichkeit gibt, dass der Preis in das Muster weitergeht.

Sie müssen dann wirklich verkaufen, wenn die allererste Kerze sich unter die kontrahierende Auswahl der früheren mehreren Kerzen bewegt, und Sie könnten einen Stopp bei weitem die neueste kleine Bewegung groß setzen. Es ist schnell, klar-cut und effektiv.

## Tipps

Trotz des richtigen Händlers, der richtigen Software, des richtigen Geldes und der richtigen Herangehensweise gibt es eine Vielzahl von allgemeinen Tipps, die helfen können, Ihre Gewinnspanne zu erhöhen und Verluste zu reduzieren. Aufgelistet sind hier einige hilfreiche Kryptowährung Ideen in Ihrem Kopf zu tragen.

## Nachrichten verwenden

Kurzfristige cryptocurrencies sind unglaublich empfänglich für einschlägige Entwicklung. Wann immer Nachrichten diese Arten von als Bundesregierung Regeln oder vielleicht das Hacken einer Kryptowährung Änderung kommt durch, Preise neigen dazu, zu stürzen.

Auf der anderen Seite, wenn ein großes Unternehmen ankündigt, dass es die Verwendung einer Währung in sein Unternehmen integrieren wird, können die Kurse schnell ansteigen. Wenn Sie sich über alle Neuigkeiten bewusst sind und schnell reagieren können, haben Sie tatsächlich einen Vorteil gegenüber den anderen Ländern in der Branche.

## Technische Bewertung

Analysieren Sie historische Preiskarten, um informierende Muster zu bestimmen. Die Aufzeichnung hat tatsächlich eine Praxis der Wiederholung selbst, wenn Sie in einem Design schärfen können Sie möglicherweise potenzielle Preis Bewegungen antizipieren, die Sie mit dem Vorteil, den Sie benötigen, um einen Intraday-Gewinn zu machen. Um mehr Informationen über das Aufspüren und Nutzen von Gewohnheiten zu erhalten, sehen Sie hier.

## Studie Metriken

Dies ist einer der wichtigsten Tipps für Kryptowährungen. Durch die Betrachtung der Vielzahl von Wallets vs die Anzahl der energetischen Wallets und die aktuelle Austauschvolumen, können Sie leicht versuchen, eine bestimmte Währung einen aktuellen Wert zu geben. Dann können Sie gut informierte Entscheidungen in Abhängigkeit von den aktuellen Marktkosten treffen. Je genauer Ihre Prognosen sind, desto größer ist die Möglichkeit des Einkommens.

## Handel auf Marge

Wenn Sie eine bestimmte Kostenbewegung vorhersehen, erlaubt Ihnen der Handel auf Marge, Geld zu erwerben, um Ihren möglichen Gewinn zu erhöhen, falls die Vorhersage eintritt. Exchanges haben unterschiedliche Marge Anforderungen und liefern unterschiedliche Kosten, daher die Durchführung der Forschung Initiative ist eigentlich ratsam. Bitfinex und Huobi sind ein paar viel mehr populäre Marge Plattformen.

Beachten Sie, dass der Handel oder die Spekulation mit Margin die Dimensionen der potentiellen Verluste zusammen mit dem möglichen Gewinn erhöht.

## Regeln & Steuern

Der digitale Marktplatz ist ziemlich brandneu, so dass Länder und Gremien sind scrambling in Kryptowährung Gebühren und Regeln zu tragen, um diese neuen Währungen zu verwalten. Wenn Sie nicht achtsam unter diesen sind, bevor Sie investieren, Sie können möglicherweise finden Sie sich in einem Ort der kostspieligen Mühe Voraus zusammen mit dem Bereich.

## Regeln

Viele Regierungen sind sich im Allgemeinen unsicher, als was sie Kryptowährungen einstufen sollen: als Währung oder als Eigentum. Die USA haben 2014 Regeln für das Investieren in Kryptowährungen eingeführt, die bedeuten, dass digitale Währungen unter das Dach des Wohneigentums fallen werden. Händler werden dann als Händler eingestuft und müssen sich an komplexe Offenlegungsanforderungen halten. Fakten, die entdeckt werden könnten, indem Sie auf die IRS beobachten 2014-21.

## Gebühren

Zusätzlich zu der Möglichkeit, Offenlegungsprozeduren anzufechten, können brandneue Regeln zusätzlich die Einkommenssteuerpflichten beeinflussen. Die USA, die "Eigenschaft" Entscheidung bedeutet, dass das Einkommen wird heute als Kapitalleistungen Einkommensteuer (15%), anstelle von normalen Einkommensteuer (bis zu 25%) betrachtet werden. Jedes Land Kryptowährung Besteuerung Bedürfnisse sind sehr unterschiedlich, und zahlreiche wird sich ändern, wie diese Menschen zu Ihrem wechselnden Industrie anzupassen. Bevor Sie mit dem Handel beginnen, führen Sie Ihre Forschung und entdecken, welche Art von Einkommensteuer Sie zahlen und wie viel.

## Spinnen

Wenn Sie derzeit eine Methode haben, die wirklich funktioniert, neben einem Kryptowährung Handel und Investitionen Roboter kann eine Überlegung wert sein. Wenn Sie die Strategie programmiert haben, ist der Bot sicher zu bekommen, um zu arbeiten, automatisch Investitionen durchführen, wenn die vorher festgelegten Kriterien neigen dazu, erfüllt werden. Es gibt zwei Vorteile.

Zuallererst wird es Ihnen helfen, ernsthaft TAG zu sparen. Sie müssen nicht den ganzen Tag auf Charts schauen und nach Gelegenheiten jagen. Die Handelsabgabe sollte erhöht werden, da keine manuellen Eingaben erforderlich sind.

Zweitens erlaubt Ihnen das automatische Softwareprogramm, über zahlreiche Währungen und Besitztümer an einem Tag zu tauschen.

Dies bedeutet größere potenzielle Einnahmen und das alles, ohne dass Sie eine aufwendige Einarbeitung vornehmen müssen.

## Gefahren

Having said that, Bots sind nicht alle gewöhnlichen Segeln. Wenn Sie vermeiden möchten, Ihr Einkommen zu Computersystem Kollisionen und unvorhergesehene Marktaktivitäten zu verlieren, dann werden Sie auf jeden Fall, jedoch erfordern, um den Bot zu einem Niveau zu halten.

Diese Menschen können zusätzlich kostspielig sein. Zwar gibt es mehrere Möglichkeiten wie BTC Roboter, die kostenlose 60-Tage-Studien bieten, Sie werden sicherlich in der Regel eine Monat-zu-Monat-Abonnement Kosten, die in Ihren Gewinn verbrauchen wird. Sie sind in der Lage, zusätzlich am Ende teuer zu sein, um einzurichten, wenn Sie brauchen, um jemanden zu senden, um Ihre eigenen Bot Programm. Darüber hinaus werden Sie zahlen wollen, um Ihren Roboter aktualisiert haben, wie der Markt ändert.

Also, während Bots können wirklich helfen, Ihren Abschluss des Tages cryptocurrency Einkommen zu erhöhen, Sie werden keine kostenlose Fahrten im Leben finden und Sie müssen sich der Risiken bewusst sein. Vielleicht nächste, sie sind die größte Ressource, wenn Sie derzeit eine etablierte und effektive Ansatz haben, das kann nur am Ende sein computerisiert.

## Bildung

Die nützlichste cryptocurrency trading Führer, den Sie in der Lage sein, auf zu bekommen, ist die einzige, die Sie selbst geben können, mit einer Demonstration Mitgliedschaft. Erstens, Sie sind Sie gehen, um die Möglichkeit zu erhalten, Ihre mögliche Brokerage und System zu testen, bevor Sie kaufen.

Zweitens sind diese in der Regel das wunderbarste Ziel, um Fehler zu korrigieren und Ihre Kunst zu schaffen. Sie werden in der Regel am Ende mit künstlichen Geld zu handeln, daher Fehler werden nicht Kosten Sie die schwer verdienten Kapital. Sobald Sie Ihre Strategie ausprobiert und eventuelle Falten ausgebügelt haben, beginnen Sie anschließend mit der Ausführung von Positionen mit echtem Geld.

Online gibt es auch eine Vielzahl von Kryptowährung Intraday-Handel Klassen, sowie eine Vielzahl von Bücher und ebooks. Die größere Menge an Informationen, die Sie verdauen, die viel besser bereit, Sie werden sein, während die bessere Chance, die Sie haben werden, einen Vorteil über den Markt zu erhalten.

**Entscheidende Bereiche**

Wirklich das Gefühl, der als Ihr Leitfaden für DAY Handel cryptocurrency und Sie werden fast alle der Hindernisse viele Händler fallen auf zu vermeiden. Bei der Auswahl Ihrer eigenen Broker und System, betrachten die Einfachheit der Nutzung, Sicherheit zusätzlich zu ihrer Gebühr Konstruktion. Sie werden eine breite Palette von Techniken finden, die Sie für den Handel und die Investition von Cryptocurrency im Jahr 2017 verwenden können. Für welche Sie sich auch entscheiden, stellen Sie sicher, dass die technische Analyse und die Nachrichten wichtige Funktionen spielen. Schließlich, halten bewusst regionale Variationen in Regeln und Gebühren, Sie nicht möchten, dass Sie Gewinn auf unerwartete Gesetze fallen.

# KAPITEL 10:
# TECHNISCHE UND FUNDAMEN-
# TALE ANALYSE

Die technische Analyse ist das Studium vergangener Marktdaten, um die Richtung möglicher Kursbewegungen vorherzusagen. Die Strategie wird als Teilbereich der Wertpapieranalyse neben der fundamentalen Bewertung betrachtet. Genau hier alle von uns Blick auf genau, wie die technische Analyse in DAY Handel zu verwenden.

Sie steht oft im Gegensatz zur Fundamentalanalyse, die sowohl auf mikroökonomischer als auch auf makroökonomischer Ebene eingesetzt werden kann. Die Fundamentalanalyse auf Mikroebene besteht aus der Untersuchung von Gewinnen, Ausgaben, Einkommen, Besitz und Schulden, Geldkonstruktion und "weichen" Bereichen (Qualität des Verwaltungsteams, Wettbewerbsposition).

Die fundamentale Bewertung auf Makroebene beinhaltet die Untersuchung oder Vorhersage der wirtschaftlichen Entwicklung, der steigenden Lebenshaltungskosten, der Kreditrunden, der Zinstrends, der Geldströme zwischen den Ländern, der Arbeits- und Referenzauslastung und deren Zyklizität, der demographischen Entwicklungen, der Hauptbank und der politischen Verfahren und Verhaltensweisen, der geopolitischen Dinge, der Verbraucher- und Geschäftstrends und der "weichen" Informationen (z.B. senDAYnt oder Vertrauensumfragen).

Einige Händler können sich auf die eine oder andere konzentrieren, während andere beide Strategien einsetzen, um ihre Handels- und Trading-Entscheidungen zu treffen.

Die meisten großen Bankunternehmen und Brokerhäuser haben tatsächlich Gruppen, die sich sowohl auf die fundamentale als auch auf die spezielle Bewertung konzentrieren. Insgesamt gilt: Je mehr Qualitätsinformationen man benötigt, um die Chancen zu verbessern, desto besser sind in der Regel die Handels- und Investitionseffekte.

Technische Analysten werden im Allgemeinen oft als Chartisten bezeichnet, was die Verwendung von Charts mit Kosten- und Volumeninformationen zur Ermittlung von Trends und Mustern zur Bewertung von Wertpapieren widerspiegelt. Preisgewohnheiten können Unterstützung, Widerstand, Trendlinien, Candlestick-Muster (z. B. Kopf und Schultern, Umkehrungen), übertragende Durchschnitte und spezielle Signale hinzufügen.

Für fortgeschrittene Charting-Funktionen, mit denen sich die technische Analyse viel einfacher umsetzen lässt, empfehlen wir TradingView.

## Annahmen in der technischen Analyse

Obwohl einige Händler und Investoren sowohl die fundamentale als auch die spezialisierte Analyse nutzen, neigen die meisten dazu, in das eine oder andere Lager zu fallen oder sich zumindest auf eine der beiden weitaus mehr zu verlassen, wenn sie Handels- und Investitionsentscheidungen treffen.

Technische Experten sind aufgrund von zwei Hauptwerten auf die Methodik angewiesen - (1) Kostenaufzeichnungen haben die Tendenz, zyklisch zu sein und (2) Preise, Menge und Volatilität neigen dazu, in bestimmten Trends zu arbeiten.

**Lassen Sie uns jeden einzeln durchgehen:**

## Zyklizität der Industrie

Da der menschliche Instinkt genau das ist, was er ist, mit allgemein geteilten Verhaltensmerkmalen, bietet die Industrieaufzeichnung eine Neigung, sich allein zu wiederholen. Die Reihe der Gelegenheiten ist sicherlich nicht wahrscheinlich, sich vollständig zu wiederholen, aber die Muster neigen dazu, typischerweise vergleichbar zu sein. Diese könnten die Art des langfristigen oder kurzfristigen Kostenverhaltens nutzen.

Langfristig gesehen besteht bei Konjunkturzyklen natürlich die Gefahr, dass sie sich selbst wiederholen, was durch einen Boom der Kreditwürdigkeit vorangetrieben wird, bei dem die Verschuldung eine Zeit lang unhaltbar über die Erträge steigt und irgendwann zu monetärem Unbehagen führt, wenn nicht genügend Geld zur Verfügung steht, um diese finanziellen Verpflichtungen zu bedienen. Dies führt in der Regel zu einem langsamen, progressiven Anstieg von Aktien und anderen risikobehafteten Investitionen (z. B. Carry Trading) während der Expansion und einem messerscharfen Absturz bei einem wirtschaftlichen Abschwung.

Techniker gehen implizit davon aus, dass die Marktteilnehmer aufgrund des kollektiven, gemusterten Charakters dazu neigen, das Verhalten der Geschichte zu wiederholen. Wenn das Verhalten definitiv wiederholbar ist, impliziert dies, dass es erkannt werden könnte, indem man sich den vorherigen Preis und die Menge an Informationen ansieht und mit der Vorhersage möglicher Preismuster vertraut ist. Wenn Händler Gelegenheiten ausfindig machen können, bei denen das Verhalten wahrscheinlich dupliziert wird, können sie Trades identifizieren, bei denen das Risiko/Ertragsverhältnis zu ihren Gunsten verläuft.

Daher gibt es die eingebaute Erwartung in der komplexen Analyse, dass die Kosten eines Marktes alle Informationen, die einen spezifischen Markt beeinflussen, diskontieren. Während fundamentale Ereignisse die Finanzbereiche beeinflussen, wie z. B. Entwicklungs- und Wirtschaftsdaten, wenn diese Details bereits in den Preisen von Vermögenswerten bei der Markteinführung reflektiert wurden oder werden, wird sich die spezialisierte Analyse stattdessen darauf konzentrieren, Kostenstile und den Grad, in dem Marktteilnehmer bestimmte Informationen bewerten, zu identifizieren.

Zum Beispiel, wenn alle von uns CPI Inflation Informationen kamen in einem Zehntel eines Anteils mehr als genau das, was in den Markt vor der Entwicklung Start eingepreist wurde, könnten wir zurück aus genau, wie überempfindlich der Markt wird, dass Details durch genau zu beobachten, wie Asset-Preise reagieren unmittelbar nach.

Wenn ich Inventar-Futures gehen nach unten X%, der US-Dollar-Verzeichnis verbessert Y%, zusammen mit 10-Jahres-US-Treasury produzieren Anstieg Z%, sind wir in der Lage, ein Gefühl auf der Grundlage, wie viele monetäre Eingänge beeinflussen bestimmte Marktplätze zu erhalten. Die Kenntnis dieser Sensitivitäten kann für

Stressbewertungszwecke als eine Art des Gefahrenmanagements wichtig sein. Wenn sich beispielsweise die Preise unerwartet um 1% nach oben bewegen, können wir die Datenfaktoren in Bezug auf die überraschende Inflationsanzeige nutzen, um zu entscheiden, wie die Sammlung beeinflusst werden kann.

## Kosten, Volumen und Volatilität verlaufen in unterschiedlichen Trends

Eine weitere Annahme, die der technischen Analyse (und allen Arten von Wertpapieranalysen im weiteren Sinne) zugrunde liegt, ist die Tatsache, dass sich die Kosten nicht in Bezug auf einen "Random Walk" bewegen, oder basierend auf keinem offensichtlichen oder logischen Muster. Vielmehr bewegen sie sich nach Trends, die sowohl erklärbar als auch vorhersehbar sind.

Zum Beispiel, wenn wir alle Blick auf ein Diagramm im Zusammen-hang mit dem EUR/USD von Mitte 2013 bis Mitte 2017, können wir genau herausfinden, wie spezialisierte Bewertung eine Aufgabe ges-pielt, indem Sie auf Hilfe und Widerstand im Kontext des Trends. Na-chdem der Euro aufgrund einer Divergenz im Finanzplan Mitte 2014 begonnen hatte, gegen einen Dollar abzuwerten, hätten spezialisierte Analysten bei einem Pullback zu Widerstandsniveaus im Kontext des Abwärtstrends (im Bild unten mit Pfeilen gekennzeichnet) kleine Trades eingehen können. Nachdem der Trend verblasst war und der Markt in eine Konsolidierung eintrat, könnte sich ein Techniker entschieden haben, sich zu entspannen und den Bereich zu spielen und begann mit Longs zu helfen, während er alle vorher bestehenden kurzen Positionen schloss.

## Attribute

Ursprünglich war die technische Analyse vor allem ein Fall von "Lesen des Bandes" oder die Interpretation der sukzessiven Zirkulation und Größe von Preis- und Betragsinformationen durch einen Aktienticker. Als die Personal Computer in den siebziger Jahren immer umfangreicher wurden, wurden die Informationen in Datenform erstellt und wurden zum Standard-Forschungspunkt eines Technikers.

Die Popularität von Informationsgewohnheiten und Keulen- (oder später Candlestick-) Auswertung war die typischste Form der Analyse, dicht gefolgt von Regressionsanalyse, gehenden Durchschnitten und Kostenkorrelationen. Heute ist die Zahl der technischen Indikatoren sehr viel zahlreicher. Jeder, der über entsprechende Programmierkenntnisse verfügt, kann Kosten- oder Betragsinformationen in einen spezifischen Indikator von großem Interesse umwandeln.

Obwohl die technische Analyse allein nicht in der Lage ist, die Zukunft vollständig oder genau vorherzusagen, ist sie hilfreich, um Trends, Verhaltensweisen und voraussichtliche Missverhältnisse von Angebot und Bedarf zu ermitteln, aus denen sich Handelsmöglichkeiten ergeben könnten.

## Analytische Techniken

Es gibt mehrere Techniken, um eine komplexe Auswertung anzugehen. Die grundlegendste Technik ist durch einen Standard-Candlestick-Kursführer, der die Kurshistorie sowie die Kauf- und Verkaufsversuchscharakteristiken der Kosten innerhalb eines bestimmten Zeitraums aufzeigt.

## (Wöchentliche Candlestick-Kostendaten dieses S&P 500)

Andere verwenden einen Kostenchart zusammen mit technischen Indikatoren oder nutzen bestimmte Formen komplexer Auswertungen, wie z. B. die Elliott-Trendtheorie oder Harmonics, um Handelskonzepte zu erstellen. Manche nutzen Elemente aus mehreren Methoden. An einem TAG müssen Händler dem Konzept des "Informationsüberschusses" widerstehen oder Charts mit vielen Indikatoren und Linien zu überladen, dass es beginnt, die eigene Fähigkeit, den Chart zu überprüfen, negativ zu beeinflussen.

Händler können eine subjektive Sichtweise auf den Austausch von Telefonanrufen einnehmen, was verhindert, dass aufgrund der Einzigartigkeit jedes Szenarios nach einer restriktiven, hauptsächlich auf Regeln basierenden Methode gehandelt werden muss.

Andere Leute können in Trades nur dann einsteigen, wenn bestimmte Regeln gleichmäßig implementiert werden, um die Objektivität des Investierens zu verbessern und emotionale Voreingenommenheiten davon abzuhalten, seine Effizienz zu beeinflussen.

### Formen von Diagrammen

### Kerzenleuchter

Candlestick-Karten sind in der Regel die typischste Form der Chartdarstellung in der heutigen Software. Grün (oder an DAYs weiß) ist in der Regel vertraut mit darstellen bullish Kerze Lichter, wo der aktuelle Preis ist größer als die Mündung Preis. Rot (oder an manchenDAYs schwarz) ist eigentlich beliebt für bearish Kerzen, genau dort, wo der aktuelle Preis unter den Anfangskosten ist.

Sie zeigt den exakten Abstand zwischen Anfangs- und Endpreisen (dem Körper dieser Kerze) und die gesamte Tagesauswahl (von der Spitze des Dochtes bis zum Boden dieser Kerze).

(Candlesticks, die Auf- und Abwärtsbewegungen aufzeigen, wenn Sie den S&P 500 Index betrachten)

## Öffnen-Hoch Tief-Schließen

Ein Candlestick-Chart ist eigentlich vergleichbar mit einem Open-High-Low-Close-Datensatz, der auch als Club-Chart bezeichnet wird. Aber alternativ zum menschlichen Körper der Kerze, der den tatsächlichen Unterschied zwischen dem Eröffnungs- und dem Schlusskurs anzeigt, werden diese Beträge durch horizontale Tick-Markierungen dargestellt. Der Eröffnungspreis Tick Faktoren auf die verbleibenden (um zu zeigen, dass es aus dem letzten entstanden), obwohl die anderen Kosten Tick Punkte auf der rechten Seite.

## Zeile

Eine Bereichsführung verbindet Informationspunkte unter Verwendung einer Linie, typischerweise vom Endpreis jeder DAY-Periode.

## Bereich

Ein Flächendiagramm ist im Grunde genommen genau dasselbe wie ein Liniendiagramm, unterstützt durch den schattierten Bereich darunter. Dies wird meist ergänzt, um die Preisbewegung in Übereinstimmung mit einer Reihe von Daten schneller zu visualisieren.

## Heiken-Ashi

Heiken-Ashi-Diagramme verwenden Candlesticks, während das Topfmedium, sondern nehmen eine andere mathematische System der Kosten. Anstatt die gemeinsame Behandlung von Kerzen aus grundlegenden Open-High-Low-Close-Kriterien umgewandelt, sind die Preise geglättet zu viel besser anzeigen trending Preis Aktion in Bezug auf diese Methode:

- Open = (Open des vorherigen Balkens + Close des vorherigen Balkens) / 2
- Nah = (Öffnen + Hoch + Minimal + Schließen) / 4
- High = Höchster Wert von High, Start oder Close
- Low = billigste von Low, Open, oder near

**Gemeinsame Begriffe und Bedingungen**

**Durchschnittlicher wahrer Bereich** - Die Anordnung über einen bestimmten Zeitraum des TAGES, typischerweise jeden Tag.

**Ausbruch** - Wenn die Kosten ein Segment der Hilfe oder des Gewichts durchbrechen, häufig aufgrund eines bemerkenswerten Anstiegs des Einkaufs- oder Verkaufsvolumens.

**Zyklus** - Tage, an denen zu erwarten ist, dass die Kursbewegung einem bestimmten Muster folgt.

**Dead cat bounce** - Wenn die Kosten in einer abwärtsgerichteten Branche sinken, kann es zu einem Preisanstieg kommen, bei dem die Käufer in dem Glauben kommen, der Vorteil sei preiswert oder der Verkauf übertrieben. Wenn jedoch die Verkäufer den Markt weiter nach unten zwingen, kommt es zu einer vorübergehenden Kaufwelle, die als "Dead Pet Bounce" bezeichnet wird.

**Dow-Theorie** - Untersucht die Beziehung zwischen dem Dow Jones Industrial Average (ein Index, der aus 30 multinationalen Konzernen der USA besteht) und dem Dow Jones Transport Average. Befürworter der Theorie gehen davon aus, dass, wenn sich einer von allen auf eine bestimmte Art und Weise entwickelt, erwartet wird, dass die weiteren folgen. Viele Händler überwachen den Transportsektor, da dieser einen Einblick in die Gesundheit des Wirtschaftsklimas geben kann. Eine große Menge an Produktlieferungen und Geschäften ist eigentlich ein Indiz dafür, dass die Wirtschaft auf einer soliden Basis steht. Ein identisches Indiz wird der Baltic Dry Index sein.

**Doji** - Ein Kerzentyp, der sich durch wenig oder gar keine Veränderung zwischen dem verfügbaren und dem nahen Preis auszeichnet und Unentschlossenheit auf dem Markt anzeigt.

**Elliott-Trend-Theorie** - Die Elliott-Trend-Theorie besagt, dass die Märkte zyklische Intervalle von Optimismus und Pessimismus durchlaufen, die prognostiziert werden können und daher reif für den Handel mit Optionen sind.

**Fibonacci-Prozente** - Zahlen, die als Richtwert zur Bestimmung von Unterstützung und Widerstand verwendet werden.

**Harmonik** - Der harmonische Tausch basiert auf der Idee, dass sich Kostengewohnheiten von selbst wiederholen und dass die Wendepunkte auf dem Markt durch Fibonacci-Sequenzen erkannt werden können.

**Momentum** - Der Preis der Änderung der Kosten in Bezug auf den TAG.

**Kostenaktivität** - Die Bewegung des Preises, wie sie in einem Diagramm einer bestimmten Branche grafisch dargestellt wird.

**Gewicht** - Ein Kostenbetrag, in dem ein Übergewicht an Angebotsanweisungen zu finden ist, wodurch der Preis von diesem Niveau nach unten abprallt. Genügend Kaufaktivität, typischerweise vom erhöhten Betrag, ist häufig erforderlich, um ihn zu durchbrechen.

**Retracement** - Eine Umkehrung in die Richtung des vorherrschenden Musters, die wahrscheinlich nur vorübergehend ist, oft zu einem Standard der Unterstützung oder des Widerstands.

**Unterstützung** - Ein Preisbetrag, bei dem ein höheres Ausmaß an Kaufaufträgen platziert werden kann, was den Preis dazu veranlasst, von diesem Niveau nach oben zu springen. Der Grad wird wahrscheinlich nicht halten, wenn es genügend Verkaufsaktivität gibt, die die Kaufaufgabe überwiegt.

**Trend** - Kostenbewegung, die in einem einzigen Kurs über einen längeren Zeitraum DAY anhält.

### Technische Bewertungsindikatoren

Technische Indikatoren beinhalten eine mathematische oder arithmetische Verschiebung von Kosten- und/oder Volumendaten, um mathematische Beschreibungen von Auf-/Abwärtsbewegungen, Unterstützungs- und Gewichtungsgraden, Momentum, Trend, Abweichungen von einer zentralen Tendenz, Ratio(s), Korrelation(en), unter verschiedenen anderen Abgrenzungen zu liefern. Einige Zeichen beschreiben zusätzlich senDAYnt, wie z. B. Short-Interesse, implizite Volatilität, Put/Call-Verhältnisse, "Angst" oder "Gier" und so weiter.

Technische Indikatoren werden in einige Hauptkategorien eingeteilt, darunter preisbasiert, volumenbasiert, breit gefächert, Overlays und nicht-chartbasiert.

**Preisbasiert**

**Average Directional Index (ADX)** - Misst die Tendenzenergie auf einer absoluten Wertbasis.

**Regular Directional Movement Rank (ADXR)** - stuft den Preis der Veränderung in einer Entwicklung ein.

**Produktkanal-Index (CCI)** - identifiziert brandneue Trends oder zyklische Probleme.

**Coppock-Kurve** - Momentum-Zeichen, ursprünglich gedacht, um Sohlen in Aktienindizes als Element einer langfristigen Handelsstrategie zu erkennen.

**MACD** - Stellt das Verhältnis zwischen zwei einzelnen gleitenden Durchschnitten dar; konzipiert als Momentum-Following-Indikator.

**Momentum** - Die Änderungsrate der Kosten in Bezug auf den TAG.

**Übertragender Durchschnitt** - Ein gewichteter Durchschnitt von Preisen, um das Muster über eine Serie von Werten anzuzeigen.

**Relative Energy Index (RSI)** - Momentum-Oszillator, der auf eine Skala von 0-100 standardisiert ist, um den Preis der Veränderung über einen bestimmten TAG-Zeitraum zu bestimmen.

**Stochastischer Oszillator** - zeigt den gegenwärtigen Preis des Wertpapiers oder des Familienmitglieds des Verzeichnisses in Richtung der hohen und niedrigen Preise aus einem benutzerdefinierten Bereich. Wird verwendet, um überkaufte und überverkaufte Marktbedingungen zu bestimmen.

**Trix** - Kombiniert, um Trends und Momentum zu erkennen.

**Volumenbasiert**

**Funds Flow Index** - gibt den Geldfluss in und aus einem Bestand über eine bestimmte Dauer an.

**Negative Menge Index** - Entwickelt, um zu verstehen, wenn die "Smart Cash" aktiv ist, unter der Erwartung, dass die Smart Cash ist eigentlich die Mehrheit der energetischen auf Low-Volumen Tage eher als aktiv auf High-Volumen DAYs. Der Indikator konzentriert sich auf die Tag-zu-Tag-Ebene, wenn das Volumen tatsächlich vom Vortag nach unten ist.

**On-Balance-Volumen** - Verwendet das Volumen, um nachfolgende Änderungen der Kosten zu antizipieren. Die Befürworter des Indikators gehen davon aus, dass, wenn sich das Volumen mit einem schwachen Effekt im Bestand ändert, die Kosten höchstwahrscheinlich folgen werden.

**Positiver Mengenindex** - Dieser Indikator wird in der Regel zusammen mit dem negativen Mengenindex verwendet. Er wird erstellt, um zu zeigen, wann institutionelle Anleger aktiv sind, unter der Annahme, dass sie eher kaufen oder vermarkten, wenn das Volumen reduziert ist. Konzentriert sich auf TAGE, an denen die Menge gegenüber dem vorherigen TAG tatsächlich gestiegen ist.

**Williams** Akkumulation/Distribution - erscheint bei Divergenzen zwischen Schutz (oder Index) Kosten und Volumenbewegung. Dies wurde entwickelt, um zu erkennen, wann Händler dazu neigen, sich zu sammeln (kaufen) oder zu zerstreuen (verkaufen). Wenn z.B. die Kosten dazu neigen, ein neues Tief zu bilden, und der Indikator nicht zusätzlich ein einzigartiges Tief bildet, kann dies als ein Zeichen dafür verwendet werden, dass eine Akkumulation (Kauf) stattfindet.

## Tiefe

Breitensignale entscheiden darüber, wie stark oder oberflächlich eine Branchenbewegung tatsächlich ist.

**Advance-Decline Line** - Misst, wie viele Aktien in einem Index gestiegen sind (an Wert gewonnen haben) im Vergleich zu der Anzahl der Aktien, die gefallen sind (an Wert verloren haben). Wenn ein Verzeichnis zum Preis erworben hat, aber nur 30% in Bezug auf die Aktien sind tendenziell nach oben, aber 70% sind nach unten oder natürlich, das ist ein Hinweis darauf, dass der Kauf ist eigentlich sehr wahrscheinlich nur in bestimmten Sektoren auftreten, anstatt positiv in Richtung der gesamten Branche.

Wenn 98 % der Aktien steigen, aber nur 2 % fallen oder natürlich bei einer Markteröffnung, ist das ein Zeichen dafür, dass der Markt viel trendloser sein könnte und die "Reversion zum Mittelwert"-Anlagetechniken von DAY effektiver werden könnten. Wenn sich jedoch ein einseitiger Anstieg/Abfall fortsetzt, könnte dies ein Hinweis darauf sein, dass der Markt in einen Trend übergehen könnte.

**Arms Index (aka TRIN)** - Kombiniert die Anzahl der Aktien, die sich durch ihren Betrag in Bezug auf die Methode verbessern oder verringern:

(Anzahl der aufsteigenden Aktien / Anzahl der absteigenden Aktien) / (Anzahl der aufsteigenden Aktien/Betrag der absteigenden Aktien) ein Wert unter 1 wird als bullisch angesehen; ein Wert über 1 wird als bearisch angesehen. Das Volumen wird tatsächlich in der Anzahl der umgetauschten Aktien und nicht in der Höhe der Dollarbeträge berechnet, was ein zentraler Fehler des Indikators ist (begünstigt Aktien mit reduziertem Preis pro Aktie, die in höherer Menge gehandelt werden können). Es ist dennoch immer noch auf dem Boden von der New Yorker Inventar Exchange angezeigt.

**McClellan-Oszillator** - Nimmt ein Verhältnis der Aktien, die sich verbessern, minus der Aktien, die sich in einem Index verschlechtern, und verwendet zwei individuelle gewichtete Durchschnitte, um einen Wert zu ermitteln. Wird am besten verwendet, wenn der Preis zusammen mit dem Oszillator im Allgemeinen divergiert. Wenn zum Beispiel der Preis ein neues Tief bildet, der Oszillator jedoch ein neues Hoch bildet, könnte dies eine Einstiegsmöglichkeit darstellen. Wenn jedoch der Preis ein neues Hoch bildet, der Oszillator jedoch ein neues Tief bildet, könnte dies eine Vermarktungsmöglichkeit darstellen.

### Überlagerungen

Overlay-Signale werden im gesamten Urkostendiagramm positioniert.

**Bollinger Bands** - Verwendet einen einfachen gleitenden Durchschnitt und zeichnet zwei Konturen mit zwei regelmäßigen

Abweichungen darüber und darunter, um einen Bereich zu bilden. Wird oft von Händlern verwendet, die einen feindlichen Reversionsansatz verwenden, bei dem Kosten, die über oder unter die Gruppen gehen, tatsächlich "gestreckt" werden und möglicherweise erwartet wird, dass sie innerhalb der Bänder zurückkehren.

**Kanal** - Zwei synchrone Trendkonturen, die zur Vorstellung einer Konsolidierungsroutine einer bestimmten Richtung gebildet werden. Ein Ausbruch über oder unter eine Station kann als Hinweis auf einen innovativen neuen Trend und eine potenzielle Handelschance interpretiert werden.

**Fibonacci-Linien** - ein Gerät für Hilfe und Opposition, das im Allgemeinen durch das Plotten des Signals durch die großen und reduzierten eines aktuellen Trends erzeugt wird.

**Ichimoku-Wolke** - Entwickelt als "All-in-One"-Indikator, der Unterstützung und Widerstand, Momentum, Trend und stimulierende Handels- und Investitionssignale liefert.

**Going typical** - Eine Trendlinie, die sich aufgrund von brandneuen Kosteneingaben ändert. Zum Beispiel würde ein 50-tägiger grundlegender übertragender Durchschnitt die durchschnittlichen Kosten der letzten 50 Börsentage abbilden. Schnelle übertragende Durchschnitte gewichten den Bereich viel stärker in Richtung neuer Preise.

**Parabolic SAR** - gedacht, um kurzfristige Umkehrmuster in der Branche zu finden. Im Allgemeinen nur für beliebte Bereiche empfohlen.

**Pivot-Details** - Werte von Service und Widerstand, die aus den gestrigen verfügbaren, großen, niedrigen und geschlossenen Werten ermittelt werden. Wird typischerweise von DAY-Händlern verwendet, um potenzielle Umkehrgrade zu lokalisieren, wenn Sie sich den Markt ansehen.

**Trendbereich** - Ein schräger Bereich, der aus zwei oder mehr Spitzen oder Tälern auf dem Kostenführer gebildet wird. Ein Rest über oder unter einer Tendenzlinie kann ein Hinweis auf einen Ausbruch sein.

**Nicht-Chartbasiert**

Vielleicht sind nicht alle komplexen Analysen von der Charttechnik oder arithmetischen Veränderungen der Kosten abhängig. Einige technische Analysten hängen von senDAYnt-basierten Umfragen von Käufern und Unternehmen ab, um zu bewerten, wohin der Preis gehen könnte.

Wenn der Glaube der Investoren in die eine oder andere Richtung stark ist, können Umfragen als konträrer Indikator funktionieren. Wenn der Markt sehr optimistisch ist, könnte dies am Ende als ein Signal verwendet werden, dass fast jeder vollständig verwendet wird und ein paar Käufer bleiben in Bezug auf die Seitenlinie, um die Preise weiter nach oben zu zwingen. Dies könnte darauf hindeuten, dass die Kosten eher bereit sind, nach unten zu tendieren. Oder zumindest ist die Gefahr, einen Käufer zu bekommen, tatsächlich größer, als wenn der Glaube in die andere Richtung geneigt wäre.

# KAPITEL 11: VERSCHIEDENE AUS-TAUSCHARTEN

**Die vier Haupthandelsformen**

Abhängig von Ihren individuellen Präferenzen, finden Sie vier Hauptaustauschdesigns, die zum Austausch des Forex-Marktplatzes verwendet werden können.

Jedes Design hat seine Stärken und Nachteile, sehr sicher sein, dass Sie die nur wählen, die am besten Ihre eigenen geistigen Eigenschaften oder vielleicht werden Sie nicht die Fähigkeit, das Beste aus Ihrem Handel zu machen haben.

Die primären Handelsarten sind in der Regel Scalping, Daytrading, Swaytrading und Positionshandel.

**Skalieren**

Scalping wird als der dynamischste Handelsstil in der Liste angesehen, da es bedeutet, mehrere Trades am Tag zu beginnen und sie gleich danach zu schließen. Scalper mögen schnelles Trading und wollen nicht den ganzen Tag oder Tage auf ein Trade-Setup warten. Das ist der Grund, warum Scalper auf kurzfristigen DAY-Frames handeln, z.B. auf den 1-Minuten- oder 5-Minuten-Frames.

**Day-Trading**

Der DAY-Handel basiert auf größeren DAY-Frames, wie dem 1-Stunden- oder 4-Stunden-DAY-Frames. Day-Trader zielen darauf ab, ihre eigenen Trades für den gesamten Handelstag zu halten und schließen ihre Trades oft am Ende des TAGES. In den USA ansässige Broker stufen Sie in der Regel als Daytrader ein, wenn Sie mindestens drei Positionen pro Tag an fünf aufeinanderfolgenden TAGEN platzieren. Wir werden in Kürze die wichtigsten Methoden vorstellen, die Daytrader für den Handel auf dem Markt nutzen.

### Swing Trading und Investieren

Sway-Trading ist abhängig von längerfristigen DAYframes und Trades werden in der Regel für ein paar Tage zur Verfügung gestellt. Im Gegensatz zu Daytradern sind Swingtrader in der Regel über Nacht Marktrisiken ausgesetzt, die ihre eigenen Positionen gegen alle tauschen könnten. Es ist nicht ungewöhnlich, dass Swing-Trader ihre jeweiligen Investitionen über das Wochenende halten.

### Positionshandel und Investieren

Schließlich ist das Positions-Investieren der am längsten andauernde Börsenstil in unserer gesamten Aufzeichnung. Place Trader halten ihre eigenen Positionen über Monate oder sogar viele Jahre. Da die Fundamentaldaten über solch lange TAGES-Zeiträume eine entscheidende Rolle spielen, wollen Place Trader eine gute Kenntnis der Betriebswirtschaft und der Marktdynamik haben, die die Wechselkurse beeinflussen.

_____

_____

## Day-Trading und Investing-Fähigkeiten

Nun, da Sie mit den primären Handelsstilen vertraut sind und die primären Charakteristika des DAY-Trading kennen, ist es für Sie an der Zeit, herauszufinden, wie genau DAY-Händler den Markt austauschen. Es gibt drei wesentliche Daytrading-Techniken, die sich alle bewährt haben: (1) Breakout-Trading, (2) Trend-Following und (3) Counter-Trend-Trading.

**Lassen Sie uns jede einzelne von ihnen anhand von Beispielen beschreiben.**

## 1 Ausbruchshandel

Wie der Titel schon andeutet, ist Breakout-Investing davon abhängig, das Kauf- oder Angebotsmomentum direkt nach einem Ausbruch zu erwischen. Breakout-Trader hängen in der Regel von Chartmustern und Trendlinien ab, um den Markt zu bewerten und darauf zu warten, dass der Preis über oder unter lebenswichtige spezialisierte Grade ausbricht.

Da Breakout-Trader den Ausbruch erfassen möchten, sobald er eintritt, verwenden sie oft Pending-Orders, die einfach über oder unter dem möglichen Ausbruchspunkt platziert werden. Die Verwendung von Pending-Aufträgen ist eigentlich auch TAGES-effizient, da man nicht vor dem eigenen Bildschirm warten muss, um den Handel zu starten - die Pending-Aufträge werden automatisch ausgeführt, wenn die Kosten den vorher festgelegten Grad erreichen.

Der obige Chart zeigt ein typisches Breakout-Trade-Setup, das auf einer bullischen Keilführungsroutine basiert. Breakout-Trader sollten über wesentliche Verbesserungen in der Branche auf dem Laufenden sein, da die Entwicklung oft den Rest wichtiger komplexer Beträge auslösen kann.

## 2 Trendfolgendes Handeln

Die nächste beliebte Day-Trading-Strategie ist eigentlich nach Trend-Following. Der Austausch muss nicht komplex sein, und Trend-Following-Positionen sind wohl die einfachste und eine Menge lohnende von allen. Bill Dunn ist eigentlich ein berühmter Trend-Following-Händler genau, die deutlich kommt zurück in den US-Dollar gegenüber dem japanischen Yen-Paar über 1995, einfach durch den Einsatz eines Trend-Following-Methode gemacht.

Durch die Verwendung von Trendlinien hat Dunn sowohl den Abwärtstrend Anfang 1995 als auch den anschließenden Aufwärtstrend im Sommer des gleichen Jahres im USD/JPY-Paar erfasst.

Trendfolgende Händler verwenden einfache technische Mittel wie zum Beispiel Trendlinien und Kanäle, um die gegenwärtige Tendenz zu identifizieren und Entwicklungsumkehrungen zu erkennen. Sobald der Preis in der Nähe einer Trendlinie erreicht, und auch die folgenden Kosten-Aktion-Programme, dass die Trendlinie respektiert wird, würde Entwicklung-nach-Händler in der Richtung für die Entwicklung eingeben.

Die obigen Daten zeigen ein einfaches trendfolgendes Setup. Da der Preis aufeinanderfolgende höhere Niveaus und höhere Tiefs bildet, die Merkmale eines Aufwärtstrends sind, würde ein trendfolgendes Individuum darauf warten, dass der Preis die steigende Trendlinie erreicht und einen langen Platz eröffnen, für den Fall, dass diese Trendlinie zeigt, dass sie hält.

**Blättern:**

Awesome help guide to Candlestick Patterns (Sie werden am Ende erstaunt sein!)

Stellen Sie sicher, dass Sie Candlestick-Charts erkennen können

Vorteile und Nachteile von automatisierten Handelsmethoden

## Gegen den Trend tauschen

Zu guter Letzt ist der Counter-Trend-Handel zusätzlich eine prominente Daytrading-Methode. Da dieser DAY-Trading-Stil jedoch das Starten von Trades in den entgegengesetzten Verlauf des fundamentalen Musters beinhaltet, sind Counter-Trend-Trades normalerweise riskanter als ihre Ausbrüche von Muster-folgenden Alternativen.

Counter-Trend-Händler verwenden in der Regel mean-reverting Strategien, um einen Handel zu starten. Im Wesentlichen können die Kosten Auf- und Abschwünge machen, auch wenn der Markt beliebt ist, und diese Art von Individuum möchte nur Nutzen aus den Bewegungen nehmen.

Wenn sich die Kosten während eines Aufwärtstrends auch viel nach oben bewegen, werden sich Händler, die gegen den Trend handeln, dem Geldpaar zuwenden. Ähnlich, für den Fall, dass der Preis bewegt sich auch viel nach unten während eines Abwärtstrends, diese Händler werden darauf abzielen, in das Währungspaar zu investieren.

Alternativ können Counter-Trend-Trader die Fibonacci-Tools nutzen, um das Ausmaß einer Veränderung zu bewerten und zusätzlich das mögliche Gewinnziel zu bestimmen. Die folgenden Daten zeigen, wie Sie Fibonacci-Retracements nutzen können, um einen Gegentrend-Handel auf Basis von Preiskorrekturen einzugehen.

Starke Aufwärts- und Abwärtstrends finden in der Regel Unter-stützung an den unteren Fib-Anteilen, wie dem 23,6 % und 38,2 % Grad. Schwächere Trends können die meisten Mittel auf den 61,8% Fibonacci Betrag korrigieren.

**Schlusswort**

DAY-Trading ist ein beliebtes Handelsdesign in der Forex-Industrie. Es erlaubt Händlern, Positionen innerhalb des Morgens zu platzieren, halten alle von ihnen in den Tag und schließen Sie sie wegen der Schlussfolgerung des Austauschs Tag, zu verstehen, ob diese Leute einen Gewinn oder einen Verlust produziert, wenn es heute kommt. Während DAY-Handel ist nicht so schnell wie Scalping, es erlaubt Platzierung mehr Positionen während ein paar Tage als Swing Händ-ler tun würde, und natürlich Situation Händler.

Es gibt im Allgemeinen drei Hauptmethoden für den DAY-Handel: Breakout-Trading, Trend-Following-Trading und Counter-Trend-Trading. Während trendfolgende Trades in der Regel die einfachste und lohnendste dieser drei sind, hängt Ihre Handelsfunktionalität letztendlich von Ihrer Erfahrung und Ihrem Marktverständnis ab.

# AKTIENMARKT-INVESTIEREN FÜR ANFÄNGER

Tools, Taktik, Geldmanagement, Disziplin und Siegermentalität.
Wie Sie Ihre erste Aktie kaufen und auf Anhieb Geld verdienen

*Michael Blanco*

# TABELLE DER INHALTE:

# Kapitel 1: Einführung in den Aktien-markt

In Wirklichkeit sind wir alle Finanzspezialisten. Wenn wir das Wort Finanzspezialisten hören, denken wir vielleicht an einen hoch-fliegenden Wall-Street-Broker in einem blau-gestreiften Anzug. Das ist zweifellos eine Art von Finanzspezialist, aber auch der Unternehmer, die Familie, die versucht, etwas für die Schule ihrer Kinder beiseite zu legen, und die Zweitbesetzung, die versucht, genug Kleingeld für das Abendessen zusammenzukratzen. Wir alle müssen mit dem Geld umgehen, das wir verdienen, und wir alle möchten am Ende so viel Geld haben, wie man vernünftigerweise erwarten kann. Das Thema des Aufbaus von Reichtum während Ihres Lebens wird wirklich auf zwei Fragen hinauslaufen?

1) Sind Sie bereit, jedes Jahr zu sparen?

2) Wenn Sie sparen, wo legen Sie das Geld hin?

**Theoretisch**

Wir sollten akzeptieren, dass Sie 20 Jahre alt sind und gerade eine Beschäftigung als freier Mann annehmen, Ihren Jugendtraum (welch-es Kind wäre nicht gerne ein freier Mann, richtig?). Ihr Lohn ist mick-rig, dennoch setzen Sie sich das Ziel, jedes Jahr 1.000 Dollar zu sparen und auf ein Rentenkonto zu legen. Sie arbeiten und legen für die nächsten 50 Jahre etwas zur Seite, bis Sie kündigen.

Macht es wirklich einen Unterschied, wo ich das Geld hinlege, ich meine, es sind nur tausend Dollar pro Jahr? Nun, Sie haben ein paar Möglichkeiten, wie wäre es, wenn wir bewerten.

1). Te Bankkonto (auch genannt die "Unter der Matratze" Ansatz). Te müheloseste und "sicherste" Sache ist, dass Sie das Geld einfach in echtes Geld legen könnten. Angenehm und sicher! Es wird nie weggehen und es wird auch nicht überall hingehen. Normale jährliche Rendite: 0%

Kumulierte Summe in 50 Jahren: $50.000

2). Anleihen oder Immobilien. Die überwiegende Mehrheit gibt an, dass sie den größten Teil ihres Ruhestandsvermögens dadurch erhalten, dass sie Mittel in ihr Haus investieren und beobachten, wie es an Wert gewinnt. Oder dann wiederum in Anleihen zu investieren. Beide Alternativen entwickeln sich in Übereinstimmung mit der Expansion, die im Großen und Ganzen etwa 3% pro Jahr beträgt. Normale jährliche Rendite: 3%. Kumulierte Summe in 50 Jahren: $116.000

3). Der Aktienmarkt. Beängstigend, nicht wahr? Es geht hin und her. Es gibt Zeiten, in denen sie in einem kurzen Zeitraum um 20 % fallen kann, was Raserei und beängstigende Eigenschaften hervorruft. Doch nach einiger Zeit entwickelt sich die Finanzbörse mit, wie schnell sich Unternehmen entwickeln. In jeder mehrjährigen Zeitspanne beschafft Ihnen die Wertpapierbörse 8-10% Rendite. In Wahrheit haben die S&P 500 (die größten 500 Unternehmen in den USA) im Laufe des einzigen verbleibenden Jahrhunderts jedes Jahr 9,8% zurückgegeben.

Normale jährliche Rendite: 9,8 % Kumulierter Betrag in 50 Jahren: $1.359.199

Macht es also wirklich einen Unterschied, wo Sie Ihr Geld anlegen? Glauben Sie es lieber! Es hat einen signifikanten Effekt. Um ehrlich zu sein, je mehr Bargeld Sie frühzeitig in die Finanzbörse stecken können, desto mehr kann der verstärkende Effekt des "Anhäufens von Mitteln" oder "Intensivierens" zu Ihren Gunsten wirken.

"Das Anhäufen von Geldern ist das achte Wunder der Welt" - Albert Einstein

Im Moment erkenne ich, was Sie denken. Wenn ich von 3% auf 10% Rendite komme, was bringt mir dann eine zusätzliche Million Dollar, wenn ich 20% Rendite bekomme? Warren Buffett, der unglaubliche Finanzspezialist, hat zum Beispiel 30% Rendite über einen Zeitraum von 30 Jahren erzielt. (genannt die gefeierten "30/30").

4). Den Markt schlagen. Dies ist nicht einfach, es ist nicht für jedermann, außer angenommen, Sie nehmen ein paar Stunden aus jeder Woche, und Sie bekommen Ihre Arbeit getan, und setzen Ressourcen in einige ungewöhnliche Organisationen durch die Finanzbörse, und gewinnen eine außergewöhnliche 20% Rendite für jedes Jahr. Dies ist eine extrem außergewöhnliche Rendite (sogar 12% jedes Jahr ist eine ernsthafte Leistung), aber erlaubt einfach akzeptieren, dass Sie bei der Entdeckung von unglaublichen Aktien groß sind.

Normale jährliche Rendite: 20%

Kumulierte Summe in 50 Jahren: $109.826.119 (Ja, das sind über $100 Millionen Dollar)

Das ist ein gigantisches Vermögen für einen Freiberufler, der nur 1.000 Dollar pro Jahr spart. Jetzt wissen Sie also, warum Sie den Lebensgefährten Ihres Vaters vor einem Jahr schadenfroh sagen hörten, dass er mit seinem Risikoportfolio "den Markt geschlagen" hat. Te Kontrast irgendwo im Bereich von 3% und 10% mag wenig erscheinen, aber es hat eine signifikante Wirkung in Richtung Aufbau Reichtum.

Frühzeitiger Beginn

Akkumulierte Dividenden sind ein unglaublicher Effekt, und je FRÜHER Sie mit dem Sparen beginnen, desto mehr wird es für Sie arbeiten. Betrachten Sie das obige Modell mit dem Freeman, aber anstatt mit 20 Jahren mit dem Sparen zu beginnen, beginnt er lieber mit 40 Jahren zu sparen. Anstatt mit $1,3 Millionen auszusteigen, wird er mit nur $190k aussteigen. Werfen Sie einen Blick auf die untenstehenden Ergebnisse, wenn er Ressourcen in die Wertpapierbörse steckt:

Angefangen, jedes Jahr 1.000 $ zu sparen bei

im Alter 40 = $190.773 (im Alter 70)

im Alter 30 = 535.682 $ (im Alter 70)

im Alter 20 = $1.359.199 (im Alter 70)

Und danach, nehmen wir an, Sie treten der Young Investors Society bei und beginnen mit 15 Jahren mit der Einzahlung. Was bringen Ihnen zusätzliche 5 Jahre?im Alter von 15 = $2.224.948 (im Alter von 70)

Beachten Sie, dass der Unterschied bei rund einer Million Dollar liegt, wenn Sie nur mit

5 Jahre früher!

Zusammengefasst sind die ZWEI KRITISCHEN FAKTOREN von COMPOUND INTEREST:

5). Erwerben Sie eine hohe Rendite (zum Beispiel die Finanzbörse)

6). Früh beginnen

Außerdem sollten Sie sich daran erinnern, dass wir alle Spekulanten sind, egal wie!

WAS BEDEUTET ES WIRKLICH, IN DEN AKTIENMARKT ZU IN-VESTIEREN?

Fragen:

1. Was ist eine "Aktie"?

2. Was ist die Wertpapierbörse?

Die begleitende Verbindung ist ein unglaubliches Video, das eine "Aktie" und die "Finanzbörse" erklärt, wenn es nicht zu viel Mühe macht, Lektion 1 (Was ist der Aktienmarkt) und Lektion 2 (Was sind Aktien) von unserem Komplizen, Wall Street Survivor, zu überblick-en.

Daraus können Sie ersehen, dass das Einbringen von Ressourcen in die Finanzbörse "kein Scherzgeschäft" ist, gleichzeitig ist es tenden-ziell ein lustiges Spiel. Denken Sie immer daran, dass, wenn Sie kaufen partizipiert an einer Organisation, werden Sie einer ihrer Ei-gentümer!

Anfragen ZU BEACHTEN:

1. Ich verstehe nicht, was es bedeutet, eine "Aktie" zu kaufen?

2. Aus welchem Grund geht der Aktienmarkt überall hin?

$190k. Werfen Sie einen Blick auf die Ergebnisse unter Annahme, dass er Ressourcen in die Wertpapierbörse steckt:

Angefangen, jedes Jahr 1.000 $ zu sparen bei

im Alter 40 = $190.773 (im Alter 70)

im Alter 30 = 535.682 $ (im Alter 70)

im Alter 20 = $1.359.199 (im Alter 70)

Und danach, nehmen wir an, Sie treten der Young Investors Society bei und beginnen mit 15 Jahren mit der Einzahlung. Was bringen Ihnen zusätzliche 5 Jahre? im Alter von 15 = $2.224.948 (im Alter von 70)

Beachten Sie, dass die Sache, auf die es ankommt, fast eine Million Dollar im Gegensatz zu dem Fall ist, dass Sie nur beginnen

5 Jahre früher!

Zusammengefasst sind die ZWEI KRITISCHEN FAKTOREN von COMPOUND INTEREST:

5). Erwerben Sie eine hohe Rendite (zum Beispiel die Finanzbörse)

6). Früh beginnen

Denken Sie außerdem daran, dass wir alle Finanzspezialisten sind, auf jeden Fall!

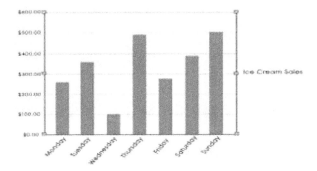

# Kapitel Zwei: Auswahl eines Maklerbüros

## WHAT BEDEUTET ES WIRKLICH, IN DEN AKTIENMARKT ZU INVESTIEREN?

Fragen:

1. Was ist eine "Aktie"?

2. Was ist die Wertpapierbörse?

Die nebenstehende Verbindung ist ein unglaubliches Video, das eine "Aktie" und die "Wertpapierbörse" erklärt. Es wäre ideal, wenn Sie Lektion 1 (Was ist der Aktienmarkt) und Lektion 2 (Was sind Aktien) von unserem Komplizen, Wall Street Survivor, begutachten.

Daraus können Sie ersehen, dass das Einbringen von Ressourcen in die Wertpapierbörse "kein Scherzgeschäft" ist, gleichzeitig kann es sehr wohl ein lustiges Spiel sein. Denken Sie immer daran, dass, wenn Sie kaufen partizipiert an einer Organisation, werden Sie einer ihrer Eigentümer!

Anfragen ZU BEACHTEN:

1. Ich verstehe nicht, was es bedeutet, eine "Aktie" zu kaufen?

2. Aus welchem Grund geht der Aktienmarkt hier und dort?

Alle Organisationen haben Eigentümer. Eine kleine Organisation, die von einer einzelnen Person gegründet wurde, kann nur diese Person als einzigen Eigentümer haben. Riesige Unternehmen, die Aktien haben (Aktien, die von der gesamten Bevölkerung ausgetauscht werden), haben zahlreiche Eigentümer.

Um den Kauf und Verkauf dieser Angebote durch die Allgemeinheit zu verbessern und zu sortieren, nutzen Organisationen die Wertpapierbörse. Die Richtlinien der US-Regierung schreiben nämlich vor, dass eine Organisation, wenn sie eine bestimmte Anzahl von Eigentümern erreicht hat, sich der Welt öffnen muss. Dies soll der mittlerweile großen Anzahl von Eigentümern die Möglichkeit geben, ihre Anteile an der Organisation umso effektiver zu kaufen und zu verkaufen.

Betrachten Sie es einfach einmal so. Wir sollten uns vorstellen, dass Ihre Verwandtschaft oder ein lieber Gefährte eine kleine Organisation gründet. Die Person macht sich wirklich gut, braucht aber mehr Bargeld (Geld), um zu wachsen. Die betreffende Person bittet Sie, ein Teilhaber des Unternehmens zu werden, indem Sie einen Teil Ihrer Investitionsmittel einbringen. Sie stimmen zu. Versuchen Sie nur ein paar Tage später, Ihre Teilhaberschaft an dem Unternehmen zu verkaufen? Höchstwahrscheinlich nicht! Es sollte etwas sehr Ähnliches sein, wenn Sie sich entscheiden, die Aktien einer offenen Organisation zu kaufen. Der Hauptunterschied besteht darin, dass das Unternehmen Ihrer Verwandten oder Ihres Partners ein privates Unternehmen mit nur zwei Investoren ist, während es in einem offenen Unternehmen mit Aktien an der "Finanzbörse" viel mehr Eigentümer gibt.

"Ohne ein sparsames Vertrauen in die Zukunft kann niemand etwas beitragen. Um ein Finanzspezialist zu sein, sollte man ein Anhänger eines überlegenen Morgens sein" Benjamin Graham.

Aktion: FINDEN DES LAGERS

Das Einbringen von Ressourcen in eine Aktie ist der Kauf eines Teils der Organisation.

Suchen Sie im Internet, um die Marken mit der Organisation (Aktie) zu koordinieren, die sie behauptet. Welche Aktie Ticker (Modell AAPL für Apple) okay Kauf für den Fall, dass Sie benötigt, um Ressourcen in die Entwicklung der begleitenden Elemente setzen?

ESPN

Ausbeute

YouTube

DEN MARKT ZU SCHLAGEN

Zu Beginn möchte ich Sie mit Warren Buffett bekannt machen. Mr. Buffett ist seit den späten 1950er Jahren der absolut beste Finanzspezialist.

Wir sollten die Bühne bereiten. Wir schreiben das Jahr 1984. In letzter Zeit war eine sich entwickelnde Übereinkunft aufgetaucht, dass die Wertpapierbörse völlig produktiv sei, genannt

"Effektive Markttheorie". Im Grunde genommen erklärten Gelehrte und Spekulanten, dass es für jemanden unverständlich sei, zuverlässig Aktien herauszupicken, die den allgemeinen Markt normal schlagen würden, in Anbetracht der Tatsache, dass ab jetzt alles bewertet wurde. Die Columbia Business School ermöglichte eine epische

Diskussion als Herausforderung zwischen Michael Jensen, einem Pädagogen von der University of Rochester und einer der Hauptstimmen des Efficient

Markttheorie versus Warren Buffett, gefeierter Stock-Picker. Jensen machte den Anfang. Er behauptete, dass, wenn man eine Münze mehrmals wirft, es jemanden gibt, der zufällig mehrmals hintereinander Kopf erhält, was jedoch nicht bedeutet, dass diese Person über Fachwissen verfügt. Er betrachtete die Auswahl von Aktien als einen "Münzwurf".

An diesem Punkt sprach Buffett. Er sagte: "Wir sollten uns vorstellen, dass wir eine Münzwurf-Challenge haben. Und dass wir natürlich einige glückliche Gewinner und Verlierer haben könnten. Wie wäre es, wenn wir an diesem Punkt davon ausgehen, dass jeder der Sieger in jeder Hinsicht etwas teilt.

Ziehen Sie die Möglichkeit in Betracht, dass jeder der Sieger der Münzwurf-Challenge aus Omaha stammt oder ein ungewöhnliches Verfahren hat. Wären Sie nicht daran interessiert, herauszufinden, was diese hohe Gruppierung von Siegern ausmachte? Bufett untersuchte daraufhin die Wagnisausführung von neun fruchtbaren Finanzspezialisten, die zufällig alle eine ähnliche Vorgehensweise trainierten und alle ähnliche Erzieher hatten, nämlich Benjamin Graham und David Dodd. Er nannte sie "die Superspekulanten von Graham und Doddsville". Buffett wurde nach seiner umwerfenden Rede eindeutig zum Sieger erklärt. Niemand konnte die Zahlen oder die Argumentation in Frage stellen. Das vernünftige Ende ist, dass man bei der Auswahl von Aktien fruchtbar sein kann, und es erfordert, den Spekulationsstandards von Graham und Dodd und Buffett zu folgen.

Buffett verweist auf Benjamin Graham und David L. Dodd. Gemeinsam verfassten Graham und Dodd 1934 das Buch Security Analysis. Dieses Buch, das nach einigen Versionen immer noch gedruckt wird, hat seit der absoluten Erstproduktion zahlreiche unglaubliche Finanzspezialisten beeinflusst. Außerdem verfasste Benjamin Graham 1949 The Intelligent Investor. Mr. Buffett las dieses Buch zum ersten Mal im Jahr 1950 und hält es für "das mit Abstand beste Buch, das zu irgendeinem Zeitpunkt über das Investieren geschrieben wurde." Benjamin Graham wird als der Vater des bedeutenden Wertbeitrags angesehen, also fangen wir hier an. Während Sie den Artikel lesen, notieren Sie sich die Schlüsselideen, auf die verwiesen wird. Einige sind ein paar Mal wieder aufgewärmt.

Anfragen ZU BEACHTEN:

1. Was sind die regelmäßigen Qualitäten von effektiven Finanzspezialisten?

2. Für den Fall, dass es eine unverwechselbare Formel für den Erfolg von Unternehmungen gibt, aus welchem Grund vermuten Sie, dass so viele wenige Personen sie verfolgen?

DIE SIEBEN GOLDENEN REGELN

Um bei irgendetwas erfolgreich zu sein, muss man sich an eine Menge Regeln halten. Große Regeln sind die Ansammlung von vielen Jahren Wissen, zusammengefasst in den wenigen Teilen, die wirklich wichtig sind. Effektive Fußballspieler gewinnen, weil sie Strafen ausweichen und aufgrund der Art und Weise, wie sie trainieren. Effektive Schüler bekommen An's aufgrund der Art und Weise, wie sie lernen.

Putting Ressourcen in den finanziellen Austausch ist das gleiche, dann wieder, eigentlich, wenn Sie in Bezug auf die Einbringung Sie profitieren - eine große Menge an Bargeld vorherrschen. Nehmen Sie zum Beispiel Warren Buffett; er begann mit $10.000 und verwandelte es in ein Gesamtvermögen von $60.000.000.000 (Das sind 60 BILLIONEN!) . Doch er ist nicht der Einzige. Dwindle Lynch, Bill Ruane, Walter Schloss, Bill Miller, Charlie Munger, Joel Greenblatt und zahlreiche andere haben vergleichsweise außergewöhnliche Spekulationsrenditen erwirtschaftet, zuverlässig und über einen langen Zeitraum hinweg. Der Stil jedes fruchtbaren Reservenchefs war geringfügig einzigartig, doch wenn Sie sie alle sorgfältig studieren, werden Sie anfangen, signifikante Designs zu sehen. Wir haben diese Beispiele in Sieben Goldene Regeln zusammengefasst.

Auf diese Weise, richtig away, hier sind die Sieben Goldenen Regeln des erfolgreichen Investierens mit dem Ziel, dass Sie es in der Finanzbörse hämmern können.

Der Versuch, die Finanzbörse zu timen oder alles zu verspielen, um "Ihr Bargeld in einem Jahr zu verdoppeln", ist im besten Fall eine Hypothese, zumindest aber eine Wette. Sie sollten Ihr Geld einfach nach Vegas bringen und es dort verlieren. Diejenigen, die die Finanzbörse effektiv erforschen können, sind keine Theoretiker oder Kartenhaie, sie sind Spekulanten. Finanzspezialisten wissen, dass sie den Markt schlagen können, da sie auf unerwartete Weise denken, sie denken brillanter und sie denken längerfristig.

"Time skyline exchange" impliziert, dass wenn Spekulanten herausfinden, wie sie langfristig denken und über die tägliche und vierteljährliche Aufregung hinwegsehen können, können sie einen echten Höhenflug erleben. Im Jahr 1964 war American Express ein außergewöhnliches Unternehmen, aber die Aktie wurde wegen einer Schutzverlegenheit in die Knie gezwungen. Das Unternehmen musste eine riesige Anzahl von Dollars an Bußgeldern zahlen, weil es versehentlich Fässer mit Pflanzenöl gebilligt hatte, die sich als Wasser herausstellten. Das war der Zeitpunkt, an dem Warren Buffett begann, die Aktie zu kaufen. Die besten Finanzspezialisten sehen über vorübergehende Probleme hinweg und behalten die langfristige Perspektive im Auge.

"Kaufen Sie einfach etwas, das Sie mit großer Freude halten würden, wenn der Markt für eine lange Zeit stillsteht." - Warren Buffett

Große Unternehmen machen gute Investitionen

Einzelpersonen müssen verstehen, dass beitragen ist nicht Pflege für eine Wette auf, ob die Cowboys wird die spread gegen die Packers in der großen Veranstaltung abdecken zu setzen. Beitragen ist nicht der Versuch, die vierteljährliche offizielle Erklärung eine Mikrosekunde vor dem anderen Individuum zu bekommen. Es geht nicht einmal darum, zu versuchen, vorauszusehen, welche Aktie Ihrer Meinung nach am meisten steigen wird. Basic Investing ist der Kauf eines unverwechselbaren Teils eines Unternehmens, oder eines Teils dieses Unternehmens. Was mehr ist, ist Ihr Venture-Portfolio (die Ansammlung aller verschiedenen Angebote, die Sie besitzen) nur in der gleichen Klasse wie die Gesamtheit der Organisationen in diesem Portfolio.

Für den Fall, dass Sie Teile von großen Organisationen zu vernünftigen Kosten kaufen, werden Sie mit einem ausgezeichneten Portfolio mit weniger Risiko enden. So einfach ist das.

Großartige Organisationen sind solche, die einen außergewöhnlichen Spielraum haben, den andere nicht duplizieren können. Großartige Organisationen sind solche, die außergewöhnliche Kapitalrenditen erwirtschaften.

Großartige Organisationen müssen nicht eine Tonne anschaffen, da sich ihr Geschäft selbst finanziert.

"Es ist viel besser, ein großartiges Unternehmen zu einem vernünftigen Preis zu kaufen als ein vernünftiges Unternehmen zu einem großen Wert" Warren Buffett

"Es ist viel besser, eine großartige Organisation zu einem vernünftigen Preis zu kaufen als eine vernünftige Organisation zu einem großen Preis"

## REGEL 3: KAUFEN SIE MIT EINER SICHERHEITSMARGE

So gut wie jeder erfahrene Finanzexperte begann seine Berufung mit Benjamin Grahams "Der kluge Investor". Warren Buffett nannte es "bei weitem das beste Buch, das jemals geschrieben wurde." Was macht es so ungewöhnlich? Ein Grund ist, dass es die bedeutende Idee "Edge of Safety" vorstellte.

Im Beitrag, ein Rand des Wohlbefindens ist geformt, wenn man kauft eine Spekulation auf nicht so viel wie sein Wert, während die Verwendung traditionalist Verdächtigungen. Die Möglichkeit eines Vorteils des Wohlbefindens besteht darin, dass Sie ein Unternehmen zu einem Wert kaufen müssen, der niedrig genug ist, dass Ihre Einschätzung völlig daneben liegen könnte und Sie nicht viel verlieren würden.

# Kapitel 3: Investieren in Aktien

## MACHEN SIE IHRE EIGENEN HAUSAUFGABEN UND BE-SITZEN SIE, WAS SIE WISSEN

Es gibt keine brauchbare Alternative für Ihre ganz eigene Arbeit. Der Kauf einer Aktie aufgrund der Tatsache, dass CNBC sie verschrieben hat, oder mit der Begründung, dass Ihr Onkel sie vorgeschlagen hat, oder dass die Aktiengrafik großartig aussieht, ist eine sichere Methode, Geld zu verlieren.

Fruchtbare Spekulanten begreifen, was sie besitzen. Sie kaufen Lieferungen von Organisationen mit Elementen, die sie Vertrauen in haben. Effektive Spekulanten gehen die zusätzliche Meile zu brechen die Finanzen der Organisation, um sicherzustellen, dass sie nicht etwas fehlt. Denken Sie daran, ein large Teil der ungewöhnlichen Erhöhungen in der Finanzbörse gemacht kommen, nachdem ein Lager abgewiesen wird oder nachdem es gerade viel gestiegen ist, aber du wirst nicht have die Überzeugung, mit ihm zu bleiben, es sei denn, Sie wirklich wissen, die Organisation.

"Sie müssen erkennen, was Sie beanspruchen und warum Sie es besitzen." - Peter Lynch

## REGEL 5: FOLGEN SIE NICHT DER HERDE, BLEIBEN SIE RUHIG UND RATIONAL

Die Entscheidung des gewöhnlichen Käufers wird in der Regel stark von den Menschen um ihn herum beeinflusst: Kaufen, wenn andere kaufen, verkaufen, wenn andere verkaufen. Schockierenderweise ist dies eine Formel, die zweifelsohne nach hinten losgehen wird. Die besten Finanzspezialisten sind diejenigen, die gegen diese Neigung ankämpfen und dem Drang widerstehen können, durch einen Sturm in Panik zu geraten und durch ein Luftloch unbeteiligt zu bleiben.

Der bedeutendste Finanzspezialist der Welt, Warren Buffett, hat alles gesagt, was gesagt werden muss: "Sei furchtbar, wenn andere geizig sind, und sei unersättlich, wenn andere furchtbar sind!"

REGEL 6: LEGEN SIE NICHT ALLE EIER IN EINEN KORB,

Wie dem auch sei, HABEN SIE NICHT ZU VIELE KORBEN, WEDER

Expansion ist eine der grundlegendsten Maßnahmen für Ihr Portfolio, damit, falls eine Aktie·explodiert, nicht das ganze Schiff untergeht. So sehr wir auch vermuten, dass wir keinen Fehler machen werden, wir werden es doch. In der Tat, sogar die Chefs tun das und das ist der Grund, warum wir nicht alle unsere Investitionen an einem Ort fest-machen können.

Es gibt Kapazität in der Erweiterung.

In jedem Fall empfiehlt look in, dass 90% der Verbreiterung Vorteile können in vielen Märkten mit einer Anordnung von ein wenig mehr als 20 Aktien erhalten werden. Je mehr Sie darüber hinausgehen, des-to weniger denken Sie über jedes Wagnis nach (siehe Regel Nr. 4). Ih-re ersten und zweitbesten Gedanken sind in jedem Fall besser als Ihr 100. bester Gedanke, daher ist es zwar wichtig, dass Sie sich breiter aufstellen, aber machen Sie das Beste aus Ihren besten Gedanken! Warren Buffett

"Wir versuchen, auf den Kauf von ein bisschen von beidem zu ver-zichten, wenn wir nur lauwarm über das Geschäft oder seine Kosten sind. An dem Punkt, an dem wir von der Attraktivität überzeugt sind, setzen wir auf den Kauf vorteilhafter Summen".

## REGEL 7: NIE AUFHÖREN ZU LERNEN

Vielleicht ist der wichtigste Standard ist zu lernen, herauszufinden, zusätzliche, und danach weiter zu lernen. Te Spaß, was über den Beitrag ist, dass die Geschäftsbereiche sind ständig einzigartig, was mehr ist, Organisationen sind immer Anzeichen von Veränderungen zeigen.

Lernen Sie ständig über Organisationen, lernen Sie ständig von anderen außergewöhnlichen Finanzspezialisten, und lernen Sie ständig aus Ihren eigenen Fehlern. Bescheidenheit und Lernbegeisterung sind zwei Attribute, die man bei der Gesamtheit der unglaublichen Finanzspezialisten findet. Tatsächlich schreibt sogar Warren Buffett seinem Komplizen Charlie Munger zu, dass er ihm beigebracht hat, dass es klüger ist, ein unglaubliches Unternehmen zu einem vernünftigen Preis zu kaufen als ein vernünftiges Unternehmen zu einem außergewöhnlichen Preis.

"Die Runde des Lebens ist die Runde des ewigen Lernens. Jedenfalls ist es so, dass man gewinnen muss." - Charlie Munger

Achte BONUSREGEL Wenn Sie viel Geld verdienen, finden Sie eine sinnvolle Möglichkeit, es zurückzugeben.

Bill und Melinda Gates haben mit ihrem Vermögen sehr viele Menschen aus der Not geholt. Warren Buffett hat das Gleiche mit seinen Milliarden getan. Für den Fall, dass Sie durch die von YIS angeleiteten Ideen Millionen oder sogar Milliarden von Dollar verdienen, vertrauen wir darauf, dass Sie es nutzen werden, um die Welt ein Stück zu verbessern. Was mehr ist, unabhängig davon, ob Sie keine Millionen machen, können Sie bedeutende Ansätze entdecken, um Ihrem Ort etwas zurückzugeben. Geben, sollte mit Geld möglich sein, aber zusätzlich mit Ihrer Zeit, Ihrer Lebenskraft und Ihren Fähigkeiten. Bei YIS vertrauen wir darauf, dass es möglich ist, wirklich das Beste aus unseren Unternehmungen zu machen. Das ist der Grund, warum wir Ressourcen in Sie stecken.

SCHLUSSFOLGERUNGEN

Warren Buffett und zahlreiche andere haben klargestellt, dass es wirklich denkbar ist, an der Finanzbörse exzellente Gewinne zu erzielen, wenn man sich an ein paar einfache Richtlinien hält.

Investieren ist einfach, aber schwierig. Die Goldenen Regeln des Investierens sind allgemein bekannt, aber nach und nach schwer zu befolgen. Indem Sie Mittel in eine Aktie investieren, besitzen Sie einen Teil eines Unternehmens.

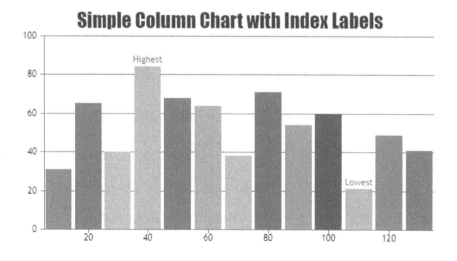

# Kapitel 4: Day- und Swing-Trading

## DER WERT EINER AKTIE

Präsentation

Stellen Sie sich vor, vor Ihnen steht eine Kiste mit zwölf Krapfen. Welchen Betrag würden Sie für einen Krapfen bezahlen? Für den Fall, dass jeder der Donuts in der Kiste gleichwertig ist, würde man sagen, dass einer mehr wert ist als der andere? Betrachten Sie die Möglichkeit, dass die Welt einen Zuckermangel hat und dies die letzte Schachtel Krapfen auf dem Planeten ist, ohne die Möglichkeit, für das folgende Jahr welche zu machen. Erhöht die Knappheit die Wertschätzung des Großen? Was ist mit dem Fall, dass Sie gerade eine Kiste Krapfen gegessen haben und keine weiteren mehr essen können, sinkt dann der Wert, den Sie für einen Krapfen bezahlen würden? Der Behälter mit 12 Doughnuts spricht zu einer Organisation. An dem Punkt, an dem Sie die Organisation trennen, hat jeder eine Chance, einen Teil der Donuts oder einen Teil der Organisation zu beanspruchen. Wie dem auch sei, Einzelpersonen können unkontrollierbar verschiedene Kosten für einen ähnlichen Donut bezahlen. Wenn Sie also die Kosten für eine Kiste Donuts erhöhen müssen, was ist dann der beste Ansatz? Eine Strategie ist es, Menschen davon zu überzeugen, dass dies die köstlichsten Krapfen auf dem Planeten sind und dass es sie nur vorübergehend gibt.

Mehr oder weniger ist dies die Art und Weise, in der der Markt funktioniert. Die Finanzbörse besteht aus Individuen, die sich für etwas begeistern oder von etwas müde sind, je nachdem, wie sie sich fühlen.

Was offensichtlich ist, ist, dass der Markt hin und wieder verrückt spielt!

Schauen Sie sich das nebenstehende Video an, um zu sehen, wie der unglaubliche Finanzspezialist Warren Bufett auf die Frage reagiert: "Was tun Sie, wenn der Markt fällt?" Wie nutzt Warren Buffett ein gesundes Urteilsvermögen darüber, wann die Dinge "günstig" sind? Stimmen Sie ihm zu?

Bereich 1

Aus welchem Grund FLUCHTEN die AKTIENPREISE SO VIEL?

Öffnen Sie eine beliebige Haushaltszeitung wie das Wall Street Journal. Gehen Sie zum Abschnitt über die Aktienkurse, wählen Sie eine beliebige Organisation aus und werfen Sie einen Blick auf die hohen und niedrigen Aktienkurse des Vorjahres. (oder auf der anderen Seite gehen Sie zu yahoo.finance) Ok, wie wäre es, wenn wir hier sehen. Wir haben GM. Sie stellen Fahrzeuge und Lastwagen her.

Im Laufe der letzten Wochen wurden ihre Aktien zwischen $28/Aktie und $39/Aktie gehandelt. Sie haben 1,6 Milliarden (Mrd.) Aktien außergewöhnlich, mit dem Ziel, dass impliziert, dass die Marktschätzung von GM war so niedrig wie $ 45bn und so hoch wie $ 62bn. Das ist ein Unterschied von $17 Mrd. in der Wertschätzung. Gegenwärtig ändert sich im Fahrzeuggeschäft im Allgemeinen nicht so viel. Sie verkaufen jedes Jahr mehr oder weniger 5% mehr Fahrzeuge. Ein Chevy Silverado ist ein Chevy Silverado und sie machen sich keine Gedanken darüber, wie man Treibstoff gegen Wasser tauschen kann oder wie man zum Mond reisen kann. Es ist im Wesentlichen ein ähnliches Geschäft in diesem Jahr wie vor einem Jahr.

Wie um alles in der Welt kann also der Wert um 17 Milliarden Dollar schwanken? Mehr noch, warum passiert das bei jeder einzelnen Organisation an der Finanzbörse?

War das vergangene Jahr ein ungewöhnliches Jahr der Wertschwankungen? Wahrscheinlich nicht. Gibt es etwas, das der Markt realisiert, von dem wir nicht die leiseste Ahnung haben? Nein. Wie auch immer, was ist die Erklärung? In der Tat lässt sie sich meist in vier kurzen Worten zusammenfassen: "DER MARKT DREHT DURCH!"

## MR. MARKT

Geben Sie mir die Chance, Ihnen eine Geschichte zu offenbaren. Es ist eine Geschichte, die der unglaubliche Finanzspezialist Benjamin Graham erzählt hat. Es geht um einen Kollegen von Ihnen, genannt Mr. Market. Stellen Sie sich vor, Sie besitzen zusammen ein Unternehmen. In der Gegenwart ist Mr. Market ein Held, aber er erlebt wilde emotionale Episoden. Eines Tages wacht er auf, und der Himmel ist blau und er fühlt sich extrem gut. Also bietet er Ihnen an, Ihren Anteil an dem Geschäft für viel mehr als den Wert zu kaufen. Am nächsten Tag wacht er auf, und der Himmel stürzt ein, er hat eine dringende Neigung, und er schreit, dass die Welt untergehen wird. Er bietet Ihnen an, alle seine Anteile an der Organisation für die Hälfte dessen zu verkaufen, was Sie dafür bezahlt haben. Sie nehmen es an! Am nächsten Tag bietet Mr. Market einen Wert an, der weder bemerkenswert hoch noch phänomenal niedrig ist, also bleiben Sie einfach untätig. Die Bewertung des Unternehmens änderte sich im Allgemeinen nicht von einem Tag auf den anderen - was sich änderte, waren die flüchtigen Gedankengänge von Mr. Market.

Um es deutlich zu sagen: Mr. Market ist ein launischer Mann.

Heißt das also, dass wir wegen dieser wilden Ausschläge vorerst keine Mittel in die Börse stecken sollten? Ungeachtet dessen, was man erwarten könnte! Die Tatsache, dass uns ab und zu Schnäppchen angeboten werden, sollte uns unglaublich anspornen. Wir werden wahrscheinlich 1) unterscheiden, was das Unternehmen wert ist und 2) darauf warten, dass Mr. Market einen schrecklichen Tag hat und wir es mit einem enormen Abschlag bekommen. Benjamin Graham betrachtete dies als einen "Vorsprung an Sicherheit". Man könnte dies mit dem Kauf von Dollars für fünfzig Pennies vergleichen.

Na gut, denken Sie jetzt. Das ist doch gut so. Vertrauen Sie darauf, dass der Markt verrückt spielen wird und kaufen Sie unter dem angemessenen Wert. Wie dem auch sei, man könnte sagen, es gibt ein Problem: Wie könnten wir sicher sein, dass wir die Einschätzung eines Unternehmens auch nur annähernd kennen?

Wie können wir sicher sein, dass unsere Zahlen (a.k.a. wilde Vermutungen) auch nur annähernd richtig sind? Gibt es nicht eine riesige Menge an gewieften Individuen und PC-Projekten, die sich zurückhalten, um einen Deal zu ergattern, wenn er zugänglich wird? Schockierenderweise nicht so viele, wie Sie vielleicht vermuten.

FRAGE ZU BERÜCKSICHTIGEN:

1. Betrachten Sie etwas, das Sie ein wirklich executioner Schnäppchen auf, dass Sie zuvor gekauft haben, wie waren Sie bereit, diese Anordnung zu bekommen? Wie ist das mit der Wertpapierbörse?

Segment 2

# WAS IST DER WERT EINES UNTERNEHMENS?

Wir werden möglicherweise Ressourcen in eine Organisation stecken, wenn der Wert, den wir heute bezahlen, im Grunde nicht genau dem Wert entspricht, den wir morgen erhalten werden.

Modell: Der Lehrer wählt wahllos eine Schülerin oder einen Schüler aus. Der Lehrer hält einen 10-Dollar-Greenback hoch und fragt die Zweitbesetzung: "Wie hoch ist der Wert dieses Scheins?" 10 Dollar. Die Lehrkraft hält zehn 1-Dollar-Scheine hoch. Sie stellt eine ähnliche Frage: "Wie hoch ist der Wert dieser Dollarscheine?" Zehn Dollar. Der Erzieher bietet der Schülerin an, ihr den 10-Dollar-Schein für die zehn 1-Dollar-Scheine zu verkaufen. Vielleicht nimmt er das Angebot an, vielleicht aber auch nicht.

Ten Teacher bietet an, die 10 Dollar für nur fünf 1-Dollar-Noten zu verkaufen. Offensichtlich sollte er es annehmen. Stellen Sie die Frage an den Rest der Klasse überall: "Wie viele von euch würden das kaufen?" Drehen Sie sich um. Ansatz, die 10-Dollar-Note für zwanzig 1-Dollar-Noten zu verkaufen? Wie viele würden das annehmen? Keiner von ihnen.

Die besten Finanzspezialisten können $10 Greenbacks ergattern, wenn der Markt gerade mal $5 für sie bereithält. Doch wie ist dies denkbar? Es ist denkbar in Anbetracht der Tatsache, dass 1) der Wert ist zweifelhaft, Figur und 2) der Markt ist unvernünftig.

Denken Sie daran, dass der Markt verrückt spielt. Ist das etwas, wofür man dankbar sein sollte, oder eine schreckliche Sache für Sie? Im Allgemeinen ist es eine ausgezeichnete Sache. Für den Fall, dass alle Finanzspezialisten ihre Spekulationsentscheidungen in Bezug auf objektive und moderate Einschätzungen des inneren Wertes treffen würden, wäre es schwer, an der Wertpapierbörse zu profitieren. Glücklicherweise sind die Mitglieder an der Finanzbörse Menschen, die von der konsumierenden Wirkung von Gefühlen abhängig sind.

Zahlreiche Finanzspezialisten werden sich der Werbung um Aktien hingeben, oder Einzelpersonen werden auf ein Muster aufspringen, da sie hoffnungsvolle Perspektiven haben, dass sie den Rahmen schlagen können. Als jugendliche Finanzspezialist Wunderkinder, werden wir konsequent aufgeben Gefühle Kauf Aktien abhängig von dem, was sie extrem wert sind.

Wie auch immer, woher sollen wir wissen, was die Einschätzung der Organisation ist?

Wir sollten Apple nehmen. Was ist die Schätzung des weltgrößten Unternehmens für Kunden-Gadgets? Die Schätzung eines jeden Unternehmens ist die gegenwärtige Schätzung des gesamten zukünftigen Geldes, das die Organisation machen wird, abzüglich des Geldes, das sie beisteuern muss, um das in Gang zu bringen. In Ordnung, das ist ein ziemlich bedeutendes Stück, bleiben Sie bei mir.

Wir sollten akzeptieren, dass Apple heute jedes Jahr 200 Millionen (Mio.) Artikel zu einem normalen Preis von je 1.000 Dollar verkauft. Sie machen also 200 Milliarden Dollar pro Jahr an Geschäften. Wie dem auch sei, um diese 200 Mio. Artikel herzustellen, verbrauchen sie 700 Dollar pro Gerät, um sie zu planen und herzustellen und 100 Dollar, um die Hardware zu kaufen. Also bringen sie 200 Dollar pro Gerät nach Hause, oder 40 Milliarden Dollar. OK, $40 bezahlen, um in einem Jahr $40 zu bekommen? Eigentlich nicht, es sei denn, Sie glauben, dass Apple auch im nächsten Jahr noch profitabel sein wird. Also gut, wie wäre es, wenn wir annehmen, dass Apple 5 % mehr Geräte zu ähnlichen Kosten von 1.000 Dollar verkauft. In einem Jahr machen sie $44 Mrd., im nächsten Jahr $48,4 Mrd., usw. Die Schätzung von Apple zu diesem Zeitpunkt wird alles unter dem Strich. Wie wäre es, wenn wir annehmen, dass Apple dieses Muster für die nächsten 40 Jahre beibehalten kann. Te Gesamtsumme der Gewinne, die in die Zukunft gehen, beträgt zum jetzigen Wert etwa 675 Milliarden Dollar. Nicht furchtbar, oder? Gap, dass durch die Menge der Angebote außergewöhnlich, und wir haben die Schätzung der Angebote bei etwa $ 111 Dollar pro Aktie.

Jährlicher Gewinn

Verkaufte Artikel 200 Millionen X Durchschnittspreis$1.000 pro Stück = Umsatz $200 Milliarden

- Produktkosten $160 Mrd. ($700 + $100 X 200 Mio.) Nutzen $40 Mrd. (oder $200 pro Gadget)

# Kapitel 5: Investitionsstategien

FRAGE ZU BERÜCKSICHTIGEN:

1. Wie viel Gewinn würde Apple machen, wenn es jedes Jahr 500 Millionen Artikel zu ähnlichen Kosten und einem ähnlichen Nutzen für jedes Gadget verkaufen würde?

So haben wir erstens die Marktbedeutung dessen, was eine Organisation wert ist, und zweitens haben wir Tipps und Täuschungen von anderen Spekulanten-Wunderkindern. Die Schätzung, was eine Organisation wirklich wert ist, beruht auf nur zwei Fragen:

1) Wie hoch ist der Nutzen für die Entwicklung und

2) Wie lange sind diese Leistungen überschaubar?

Das sind die beiden Dinge, die darüber entscheiden, wie viel Wert Ihnen als Eigentümer des Unternehmens auf lange Sicht zurückgegeben wird. Inwieweit wird dies andauern?" ist wahrscheinlich die wichtigste Frage, die Sie sich selbst stellen können, wenn Sie versuchen herauszufinden, was eine Organisation wert ist.

Gegenwärtig werden selbst die besten Spekulanten Ihnen offenbaren, dass sie bei der Einschätzung von Organisationen bei vielen, zahlreichen Ereignissen völlig daneben lagen. Sie werden zusätzlich zugeben, dass für die Hälfte der Organisationen zur Verfügung, sie haben ehrlich gesagt keine Ahnung, was die echte Schätzung der Organisation ist. Warum? Weil das letztendliche Schicksal zahlreicher Organisationen zu zweifelhaft ist, um es auch nur annähernd vorhersagen zu können.

Für den Fall, dass Sie nicht die geringste Ahnung haben, inwieweit diese Vorteile andauern werden, können Sie nicht einschätzen, was die Organisation wert ist. Für die meisten Organisationen ist es eine wilde Überlegung, inwieweit diese Vorteile andauern können, da sie keine echten Schutzmaßnahmen haben. Sie haben keinen finanziellen Kanal. Glücklicherweise gibt es einige ungewöhnliche Organisationen, die einen bedeutenden Kanal um ihren Palast haben, von dem wir wissen, dass er nicht effektiv weggekämpft werden kann. Indem wir Ressourcen in diese großartigen Organisationen stecken, können wir wesentlich mehr Bestätigung haben, dass sie sowohl heute als auch morgen einen anständigen Wert haben werden.

Das sind die Organisationen, bei denen wir sicher sein können, dass wir auf jeden Fall im richtigen Bereich sind, wenn wir ihre langfristige Wertschätzung einschätzen. Wenn also Mr. Market in einem seiner schrecklichen Gemütszustände zu uns kommt und uns Teile von extrem außergewöhnlichen Organisationen mit einem Preisnachlass verkaufen will, sagen wir: "Sicher! Gebt mir alles, was ihr habt!"

Bereich 3

VERSTEHEN DER TERMINOLGIE

Der Wert eines Unternehmens - sein Gesamtwert - wird als Marktkapitalisierung bezeichnet, und darüber hinaus wird er durch den Aktienkurs des Unternehmens ausgedrückt. Die Marktspitze (alles in allem in der Regel angedeutet) ist gleichbedeutend mit dem Aktienwert verdoppelt durch die Menge der Aktien bemerkenswert.

Zum Beispiel, eine Aktie mit einem $5 Aktienkosten und 10 Millionen bietet bemerkenswert / Austausch ist im Wert von $50 Millionen ($5 x

10 Millionen). Für den Fall, dass wir dies einen Schritt weiter machen, können wir sehen, dass eine Organisation, die einen $10 Aktienkosten und eine Million bietet bemerkenswert (werben Top = $10 Millionen) ist nicht genau eine Organisation mit einem $5 Aktienkosten und 10 Millionen bietet außergewöhnliche (werben Top = $50 Millionen) wert.

So sind die Aktienkosten ein Familienmitglied und entsprechende Schätzung des Wertes einer Organisation, was mehr ist, spricht gerade zu den Kursänderungen im Markt oben an irgendeinem zufälligen Punkt in der Zeit. Jede Kursänderung der Aktienkosten führt zu einer entsprechenden Kursänderung des Wertes einer Organisation. Dies ist die Motivation, warum Spekulanten so besorgt sind über Aktienkosten und jegliche Entwicklungen, die passieren können, da sogar ein $0,10 Rückgang in einer $5 Aktie ein $100.000 Unglück für Investoren mit einer Million Angeboten bringen kann.

Anfragen ZU BEACHTEN:

1. Wie hoch ist die Marktkapitalisierung eines Unternehmens mit einem Aktienpreis von 20 $/Aktie, das zudem 10 Millionen außergewöhnliche Angebote hat?

2. Wie hoch ist die derzeitige Marktkapitalisierung von Apple? Welche Anzahl von Angeboten haben sie bemerkenswert und wie hoch ist der Aktienkurs?

Die folgende legitime Anfrage lautet: Wer legt die Lagerkosten fest und wie werden sie ermittelt? Grundsätzlich werden die Lagerkosten einer Organisation bestimmt, wenn eine Organisation zu einem

Schnäppchenpreis an die breite Bevölkerung geht, ein Ereignis, das als Erstverkauf von Aktien bezeichnet wird.

Dies ist der Punkt, an dem ein Unternehmen einer Spekulationsbank viel Geld dafür zahlt, dass sie mit sehr komplexen Rezepten und Bewertungssystemen entscheidet, welche Anzahl von Angeboten zu welchen Kosten an die Menschen im Allgemeinen abgegeben werden.

Eine Organisation, deren Wert mit 100 Millionen Dollar veranschlagt wird, muss beispielsweise 10 Millionen Angebote zu 10 Dollar pro Angebot abgeben oder sie muss 20 Millionen zu 5 Dollar pro Angebot abgeben.

Wie wir in dem Modell mit Apple festgestellt haben, ist der Wert einer Organisation davon abhängig, wie sehr die Organisation später ihren Gewinn entwickeln kann. An dem Punkt, an dem eine Organisation mehr Dinge verkauft oder einen anderen Markt betritt oder Kanten verbessert, kann sie Nutzen entwickeln.

## DIE "GO-TO"-METHODE ZUR BEWERTUNG EINES UNTERNEHMENS: KGV

Ein Ansatz, um die Bewertung eines Unternehmens zu bestimmen, ist das Kurs-Gewinn-Verhältnis

Verhältnis oder P/E Ratio.

Das Wertgewinnverhältnis kann wie folgt ermittelt werden:

Marktwert pro Aktie (Aktienkurs)/Gewinn pro Aktie. Nehmen wir zum Beispiel an, dass ein Unternehmen derzeit zu einem Kurs von

$43 pro Aktie gehandelt wird und der Gewinn im letzten Jahr $1,95 pro Aktie betrug. Das Kurs-Gewinn-Verhältnis für die Aktie könnte dann als $43/$1,95, also etwa 22x, ermittelt werden.

Grundsätzlich zeigt das Wert-Gewinn-Verhältnis an, wie lange ein Finanzspezialist bei dem derzeitigen Einkommen durchhalten muss, um sein gesamtes Bargeld wiederzuerlangen. Für den Fall, dass das KGV 22x ist, heißt das, dass Sie bei diesem Einkommensniveau 22 Jahre brauchen, um den Betrag zu erhalten, für den Sie die Aktie für $43 gekauft haben. Wenn alles gesagt ist, empfiehlt ein hohes KGV, dass Finanzspezialisten später eine höhere Gewinnentwicklung erwarten, im Gegensatz zu Organisationen mit einem niedrigeren KGV. Ein niedriges KGV kann zeigen, dass ein Unternehmen entweder derzeit unterschätzt wird oder dass man mit einem Verfall der Gewinne des Unternehmens rechnet.

Stellen Sie sich ein KGV als den Wert vor, den Sie für eine Aktie bezahlen.

Letztendlich gibt es mehrere allgemeine Richtlinien für das Kurs-Gewinn-Verhältnis (KGV):

Das normale KGV über das letzte Jahrzehnt liegt bei 15x. Ein normales Unternehmen, sollte etwa 15x wert sein.

Extrem außergewöhnliche Unternehmen (außergewöhnliche Renditen mit vorhersehbarer Einkommensentwicklung) werden im Allgemeinen mit einem KGV von 20-25 gehandelt.

Schlechte Unternehmen, deren Erträge unregelmäßig sind und niedrige Renditen erwirtschaften, werden größtenteils mit einem KGV von unter 10 gehandelt.

Ein Unternehmen sollte zu einem Kurswert gehandelt werden, der in etwa dem entspricht, zu dem sich die Einnahmen später entwickeln werden. Organisationen, die jedes Jahr 30 % Gewinn erzielen, sollten zu einem Kurs von 30x P/E gehandelt werden. Unternehmen, die sich jährlich um 15% entwickeln, können zu einem Kurs von 15x P/E gehandelt werden. Unternehmen, die sich nicht entwickeln, können zu einem Kurs von 5-10x P/E gehandelt werden.

An dem Punkt, an dem das Berufsleben eines Individuums beginnt, beginnt ein konstantes Gehalt mit ihm. Dieses Gehalt wird für wesentliche Bedürfnisse ausgegeben und nach einiger Zeit wird es sich erhöhen. Entlang dieser Linien, die Fähigkeit zu ersparen und diese Reserve Fonds in Spekulationen wird mehr Einkommen zu produzieren und halten Sie den Kauf Einfluss der Person, die Bargeld, die zurück mit der Expansion in den Kosten fallen kann.

Dies ist der Ort, die Anforderung für die, wie man diese Reserve Mittel in Spekulationsfahrzeuge Inkremente, um die Person bei der Verwirklichung seines Lebens Ziele zu helfen.

Ein unglaublicher Zyklus beginnt mit dem Abschluss seiner Ausbildung und dem Eintritt in die Arbeitsvermittlung, wo er ein Einkommen oder einen Lohn aus seiner Arbeit als

Vergütung oder Lohn. Es ist typisch für ein Individuum, sein Gehalt zwischen Nutzung und Sparen aufzuteilen. Typischerweise verbrennt ein Individuum den größten Teil seines Gehalts für seine Nutzungsbedürfnisse, z. B. Nahrung, Kleidung, Bequemlichkeit, ein Fahrzeug, Lehrmittel, Wellness- und Stimulationsverwaltungen ... und so weiter. Im Zuge der Befriedigung dieser Bedürfnisse wird der Rest angesammelt und eingespart. Zu Beginn einer Berufung ist die Bezahlung normalerweise niedrig. Nach einiger Zeit verbessert sich das Gehalt und der Einzelne beginnt stetig, seine Investitionsmittel zu erhöhen und sie in verschiedenen Gebieten zu verwenden, um sein Gehalt mehr und mehr aufzubauen. Mit der Vergrößerung der Reservefonds der Person beginnt sich ihr Reichtum zu entwickeln. Reichtum wird als die aggregierten Reservefonds charakterisiert.

Der Einzelne sucht, Reichtum in Unternehmungen zu stecken, die substanzielle und monetäre Ressourcen beinhalten, die ihm ein höheres Einkommen und Gehalt und die Gewissheit bringen, dass sein Barkaufeinfluss aufrechterhalten wird und nicht zurückfällt, wenn die Kosten steigen. Unverwechselbare Unternehmensressourcen umfassen Land, Gelände, Waren und andere. Haushaltsmittel wiederum umfassen Bankguthaben, gemeinsame Rücklagen, Aktien, Wertpapiere, Fremdkapital und andere. Diese Unternehmungen produzieren mehr Einkommen, das dem Gehalt der Person hinzugefügt wird, das er so verwendet, um jede zukünftige Nutzung zu unterstützen. Ein Individuum erweitert seine Unternehmungen und gleicht sie aus, um das Erreichen seiner Ziele zu garantieren. Sein momentanes Ziel (bis zu einem Jahr) kann der Kauf eines Fahrzeugs, einer Eigentumswohnung oder die Gründung einer kleinen Familie sein. Mittelfristig (ein Jahr bis zu fünf Jahren) können sich die Ziele in die Gründung einer Familie, die Erziehung von Kindern, die Ausbildung von Kindern und die Gründung eines privaten

Unternehmens oder einer kleinen Unternehmung ändern, die das Gehalt der Person erhöhen könnte.

Auf lange Sicht könnten sich die Dinge in eine Vorwegnahme des Ruhestands ändern, um ihm und seiner Familie ein überdurchschnittlich gutes Leben zu garantieren und den Hinterbliebenen nach seinem Ableben ein ausreichendes Erbe zu hinterlassen. Ein Individuum sollte seinen Reichtum nutzen, um seine Ziele durch geeignete Spekulationen zu erreichen, die in Übereinstimmung mit dem Kapital gehen, das er braucht, um die bemerkenswerteste denkbare Rendite für sich selbst zu überprüfen.In Venture, ist es klar, dass die höhere Gefahr, desto höher die Gewinne und Vorteile. Andererseits, je geringer das Risiko, desto geringer der Gewinn und Nutzen. Dennoch gehen die Menschen mit dem Risiko auf eine unerwartete Weise um. Einige riskieren ihr Geld im Vertrauen auf hohe und schnelle Gewinne, während andere im Allgemeinen das Risiko meiden und Wohlbefinden und Wachsamkeit bei ihren Unternehmungen bevorzugen. Darüber hinaus unterscheiden sich die Menschen in ihrer Fähigkeit, geduldig zu sein und sich zurückzuhalten, um geringere Renditen, wachsende Gefahren oder Unglücksfälle zu erleben, die vorläufig auftreten können. Um die Risiken von Unternehmungen so weit wie möglich zu verringern, sollte man seine Interessen in monetäre und unverwechselbare Ressourcen differenzieren, auf die man sich vorher nur bezogen hat. Dieser Gedanke kann sich in dem Sprichwort widerspiegeln: "Setze nicht alle deine Investitionen an einem Ort fest".

Individuen aus der Allgemeinheit lassen sich monetär in zwei Gruppierungen einordnen: Individuelle Spekulanten und Sparer.

Singuläre Spekulanten sind die Personen, die Organisationen und Stiftungen gründen und verschiedene Unternehmungen aufbauen wollen, aber vielleicht nicht über das entsprechende Vermögen verfügen, um dies zu tun. Singuläre Sparer wiederum sind die Individuen, die das Geld haben, aber nicht das Verlangen, das Lernen oder die Kapazität haben, es unabhängig von jemand anderem einzubringen. Im Allgemeinen gehören Sparer zu verschiedenen Gesellschaftsschichten, z.B. zu den Arbeitern, Angestellten und Rentnern, die einen Teil ihres Gehalts sparen können. Finanzspezialisten werden im Allgemeinen ihr erspartes Vermögen nutzen, um sie bei der Gründung von Organisationen zu unterstützen.

Sie teilen das Unternehmenskapital in Anteile oder Bits auf, wobei jedes Bit als Angebot bezeichnet wird. Sie bieten diese Angebote zum Kauf an, da jeder Sparer einige dieser Angebote innerhalb der Grenzwerte seines Reservefonds kauft. Dadurch wird er zum Investor und Mitglied im Kapital der Organisation. Auf diese Weise wird er zu einem Teil der Verwaltung und der Entscheidungen entsprechend seiner Beteiligung am Kapital der Organisation. In anderen Fällen möchten die Finanzspezialisten die Verwaltung und die grundlegende Führung der Organisation nicht mit den Sparern teilen. Infolgedessen werden sie in der Regel das Geld der Sparer erhalten, indem sie das, was sie brauchen, von ihrem Unternehmensvermögen in Anteile aufteilen, die als Wertpapiere oder Sukuk bekannt sind.

Sparer kaufen diese Wertpapiere innerhalb der Punkte der Begrenzung dessen, was sie brauchen und wie viel Investitionsmittel sie haben. Eigentlich tun sie dies in der Erwartung für kommt zurück aus dem Halten dieser Anleihen, und nachher ihren Wert zurückfordern, wenn ihre Entwicklung erwartet wird.

Der Finanzmarkt: ein Markt, auf dem Schutzmaßnahmen ausgetauscht (verkauft und gekauft) werden.

Zu den Schutzmaßnahmen gehören: Aktien, Anleihen und darüber hinaus der Geldwechsel. Wie dies angedeutet wird, werden die Haushaltsmärkte in Wertpapierbörsen, Wertpapiermärkte und Geldmärkte unterteilt. Aktien sind Eigentumsinstrumente an einem Stück des Kapitals des Garantiegebers, während Anleihen als Verpflichtungsinstrumente auf die Substanz, die sie gab, angesehen werden. An dem Punkt, an dem Sie eine Aktie kaufen, werden Sie ein Mitglied oder ein Investor in der Organisation. Dann wiederum, für den Fall, dass Sie eine Anleihe kaufen, werden Sie ein Kreditgeber für diese Organisation. Sparer kaufen Aktien aus zwei Gründen: Erstens, um einen Teil der von der Organisation produzierten Gewinne zu erhalten. Dies wird als Gewinn bezeichnet.

Zweitens können die Kosten für diese Bestände steigen, weil sie aufgrund der Entwicklung der Organisation und der Ausweitung ihres Einkommens mehr Anklang finden. Dementsprechend erhöht sich die Schätzung der Aktien, die der Finanzspezialist besitzt. Dies wird als Kapitalerhöhung bezeichnet. Aktien werden gekauft und verkauft, die in einer verwalteten und legalen Weise verfügbar sind, so dass die Verkäufer ihre Privilegien nicht verlieren. Typischerweise wird jede dieser Aktivitäten durch geldbezogene Geschäftsfirmen durchgeführt, die von einer Marktaufsichtsbehörde, im Königreich

Saudi-Arabien ist dies die Capital Market Authority (CMA), zugelassen sind.

Es gibt verschiedene Arten von Aktien, die ausgetauscht werden können. Es gibt Aktien, die ihrem Inhaber das Privileg geben, zur Hauptversammlung der Organisation zu gehen und dort seine Meinung zu äußern, wenn die Organisation überwacht wird.

Darüber hinaus gibt es zusätzliche Aktien: Sie sind kostenlose Angebote, die den Inhabern von Stammaktien gewährt werden, um ihren Anteil an der Organisation zu erhöhen und um das Kapital der Organisation zu vergrößern. Was die Vorzugsaktien betrifft, so geben sie ihrem Besitzer das Privileg und die Notwendigkeit, seine Privilegien von der Organisation zu erwerben. Es gibt zwei Hauptarten von Finanzbörsen: den Hauptmarkt und den Nebenmarkt.

Der Primärmarkt: a Markt, wo Aktien gegeben werden, das ist der Punkt, an dem eine Organisation gegründet wird und ihre Aktien den Verkäufern anbietet, nur weil, oder wenn das Kapital einer aktuellen Organisation erhöht wird.

Zu dem Zeitpunkt, zu dem diese Aktien auf dem Markt erfasst werden, kann der Hauptkäufer der Aktie diese auf einem Tauschmarkt verkaufen, der als optionaler Markt bezeichnet wird. Am Ende des Tages werden die Aktien zuerst auf dem Hauptmarkt gegeben und verkauft und danach auf dem optionalen Markt getauscht (gekauft und verkauft).

# Kapitel Sieben: Bindungen

Elemente des Finanzmarktes:

Haushaltsvitrinen im Allgemeinen und Finanzbörsen im Besonderen haben eine außerordentliche Bedeutung, da sie verschiedene Funktionen für die Volkswirtschaft erfüllen. Diese Verwaltungen umfassen das Folgende:

- Ermutigung zum Sparen: durch die Bereitstellung von Feldern zur Nutzung oder Einbringung von Rücklagen, insbesondere für diejenigen, deren Gehalt höher ist als ihre Kosten, und die mehr Zeit benötigen, um sich auf Unternehmungen zu konzentrieren, die sie beginnen müssen. In der Folge gibt das Einbringen von Ressourcen in die Wertpapierbörse kluge Spekulationsmöglichkeiten, die die Sparer dazu drängen, ihre Reservefonds zu erweitern, das Beste aus den Risikoeröffnungen auf dem Markt zu machen und den Organisationen genügend Geld zu geben, um Spekulationen zu machen und ihr Geschäft fortzusetzen.

- Risikominderung: Das Einbringen von Mitteln in die Finanzbörse vermindert die Gefahr des Verlustes von Reservemitteln und Bargeld, wenn der Sparer selbst diese in andere Zonen einbringt, in denen er mehr Erfahrung benötigt. Darüber hinaus kann eine der Gefahren der Unternehmung, fehlende Liquidität, ausgelöscht werden, da der Finanzspezialist seine Angebote effektiv und schnell verkaufen kann. Er kann sie ebenfalls zu jedem Zeitpunkt austauschen, wenn Bargeld benötigt wird.

- Erhöhung der monetären Entwicklung; die Finanzierung von Unternehmen und Unternehmungen, die an der Wertpapierbörse registriert sind, trägt zur Schaffung von mehr Produkten und Unternehmen bei und unterstützt die monetäre Entwicklung. Dies führt zu einer Erweiterung der Berufungsmöglichkeiten für Arbeitssuchende.

Darüber hinaus trägt die Auswahl von Anteilen an Aktien in expliziten Aktivitäten und Organisationen dazu bei, das Bargeld und die Investitionsfonds in Richtung progressiv erreichbarer und produktiver Aufgaben zu steuern.

Qualitäten von Finanzmärkten:

Im Großen und Ganzen haben geldbezogene Märkte verschiedene besondere Eigenschaften, die sie von anderen üblichen Märkten wie Waren- oder Landmärkten und anderen unterscheiden. Der Handel und Kauf in herkömmlichen Märkten ist für Produkte und Unternehmungen in einer physischen wesentlichen Weise zugänglich, zusätzlich bieten sie Vorteile für die Personen, die sie verschlingen. In Schutzmärkten gibt es jedenfalls keinen zwingenden Grund, unverwechselbare Sukuk oder Schutzmaßnahmen zu haben... und so weiter angesichts der Tatsache, dass die Aufgaben durch PC-Systeme ausgeholfen werden. Außerdem werden Protektionen wie Wertpapiere und Aktien nicht ohne Zutun von irgendjemandem verschlungen, sondern verwendet, um Renditen und Vorteile zu erhalten, die aus Unternehmungen entstehen. Jeden Tag Austausch in haushaltspolitischen Märkten sind enorm im Gegensatz zu anderen Märkten . Sie können in geldbezogenen Märkten Milliarden übersteigen, während sie in anderen Märkten nicht über Millionen hinausgehen können. Das Gesetz verlangt von den Verkäufern auf dem Schutzmarkt manchmal, dass sie über einen geldbezogenen Händler kaufen und verkaufen. In gewöhnlichen Märkten gibt es jedoch keine Verpflichtung, die Dienste eines Vertreters in Anspruch zu nehmen.

Produktivität der Finanzmärkte

Die Produktivität von geldbezogenen Märkten impliziert, dass die Kosten eines Wertpapiers (Aktie oder Wertpapier) durch alle zugänglichen Daten über die Wirtschaft, die Bereiche und die Organisationen, die dieses Wertpapier geben, aufgelöst werden. Geldbezogene Märkte sind produktiv, wenn die Kosten

von Aktien und ausgetauschten Schutzmaßnahmen effektiv gelöst werden. Der korrekte Preis eines Wertpapiers, unabhängig davon, ob es sich um eine Aktie oder eine Anleihe handelt, ist derjenige, der alle zugänglichen Daten in einer günstigen Weise über dieses Wertpapier widerspiegelt. Um sagen zu können, dass ein monetärer Markt tüchtig ist, muss er einige Highlights haben. Zum Beispiel sollten alle wichtigen Daten zur Beurteilung einer Aktie oder Anleihe und zur Entscheidung über den richtigen Preis für alle Anbieter zugänglich sein. Ein echter Fall davon sind die Daten über Organisationen und ihren Nutzen, Änderungen in den Führungskräften oder die Daten über Mitbewerber, die von ihnen getroffenen Vereinbarungen und andere Daten, die die Kauf- und Verkaufsentscheidungen beeinflussen. Auch sollten Verkäufer in der Lage sein, legitime Untersuchungen der erhaltenen Daten zu bekommen, um eine Entscheidung über den richtigen Preis für die Aktien oder Anleihen zu treffen. Händler und Käufer sollten aufgrund ihres hohen geldbezogenen Limits nicht in der Lage sein, die korrekten Marktkosten nach oben oder unten zu beeinflussen oder Einschränkungen der Verkaufs- und Kaufmöglichkeiten für jeden Makler zu jeder Zeit zu erzwingen.

Grundlegende Konzepte: Nominalwert, Buchwert und Marktwert :

Ein Finanzspezialist musste eine Kunststofforganisation aufbauen. Im Zuge der Überlegungen zu den Kosten des Unternehmens stellte er fest, dass das Kapital der Organisation zehn Millionen Riyals betragen muss. Da er diese Summe nicht hat, ging er zur Kasse der Sparer, um sich an der Gründung der Organisation zu beteiligen. Wegen des enormen Umfangs des benötigten Kapitals hat er es in Millionenangebote aufgeteilt. Jedes ist 10 Riyal wert. Die zehn Riyals werden in dieser Situation als angeblicher Wert des Angebots bezeichnet. Da der normale Nutzen der Aufgabe hoch ist, bestätigte eine sich entwickelnde Anzahl von Sparern, zu diesem Unternehmen beizutragen und die gegebenen Aktien zu kaufen. Das notwendige Kapital wurde aufgebracht und die Organisation wurde aufgebaut. Gegen Ende des ersten Jahres hat die Organisation einen Nutzen von 2.000.000 Riyals geschaffen, zum Beispiel zwei Riyals Nutzen für jeden Teil der Angebote der Organisation. Die Unternehmensleitung traf sich, um eine der nebenstehenden Möglichkeiten zu wählen:

Gewinne an Investoren ausschütten, einen Teil des Gewinns weitergeben und den Rest behalten oder den Gewinn des laufenden Jahres auf keinen Fall ausschütten. Wenn die Wahl darauf fällt, den Gewinn oder einen Teil davon zu behalten, wird der gehaltene Gewinn natürlich zur Finanzierung von Erweiterungen und Spekulationen des Unternehmens oder für Vorkehrungen und Vorräte zur Bewältigung etwaiger Krisen verwendet. Für den Fall, dass die Aneignung nicht gemacht wird, beträgt die Schätzung der Organisationsressourcen für diese Situation zwölf Millionen Riyals. Dies beinhaltet Grundstücke, Strukturen, Geräte, Ausrüstung, Schöpfungslieferungen, die in der Organisation zugänglich sind, ihr Bargeld in der Kasse und in den Büchern, und so weiter... . An dem Punkt, wenn die Leistungen der Organisation auf zwölf Millionen Riyals steigen, wird der Buchwert eines einzelnen Angebots zwölf Riyals. (12 Millionen Riyals ÷ eine Million Aktien = 12 Riyals).

Angeblicher Wert: Der Wert des Angebots, wenn die Organisation eingerichtet wird.

Buchwert: Was Investoren zu erhalten hoffen, wenn die Organisation ausgetauscht würde. Der Buchwert kann ermittelt werden, indem die Vorteile der Organisation durch die Menge der Angebote isoliert werden.

Anordnungen: Beträge des Nutzens, die vom Einkommen der Organisation zurückgehalten oder abgeschnitten werden, um in einem der bestimmten Teile der realen Verwendungen verworfen zu werden, (z.B. Kauf neuer Hardware oder Grundstücke, um die Organisation zu erweitern) oder für potentielle Krisenkonsumationen, (z.B. Feuer, höhere Erzeugungskosten oder verminderter Organisationsgewinn).

Gewinn pro Aktie: Gewinne, die auf jede Aktie entfallen. Es ist nicht einschränkend, dass die Erträge in echtem Geld sein müssen. Sie können zusätzliche Angebote sein, die an die Investoren verteilt werden. Diese Gewinne oder sogar zusätzliche Angebote werden möglicherweise ebenfalls nicht ausgeschüttet, sondern reinvestiert, wodurch die Marktbewertung der Angebote des Unternehmens steigt.

All out Return on Stock: Rendite der Aktie zusätzlich zum Kapital-gewinn. Marktwert: die Schätzung des Angebots auf dem Markt. Sie wird beeinflusst durch den Bestand (die Menge der Aktien, die für Spekulanten zugänglich sind) und das Interesse (die Menge der Aktien, die Finanzspezialisten kaufen wollen). Der Spekulant kann die Markteinschätzung eines Angebots über die Website der saudischen Börse (Tadawul) erkennen, ungeachtet anderer Methoden für eine breite Kommunikation.

Marktkapitalisierung: Sie wird ermittelt, indem man die Anzahl der Aktien eines Unternehmens mit dem aktuellen Marktpreis der Aktie multipliziert.

Die Organisation hat sich weiterentwickelt, die Arbeit ausgedehnt und die Anzahl der Kunden hat sich erweitert. Gegen Ende des folgenden Jahres, seine Aktien wurden in einem IPO in der Wertpapierbörse zu einem Preis von fünfzehn Riyals gleitet. Aufgrund der großen Bekanntheit der Organisation, die Marktkosten der Aktie hat sich auf fünfundzwanzig Riyals auf dem primären Austausch Tag gestiegen. Am Ende des day, die Marktschätzung von jedem Angebot stieg um zehn Riyals aus dem Angebot Kosten.

Universal-Börsen

Die Zeitungen und Medien sind voll von Nachrichten über die weltweiten Finanzbörsen. Wie es schon gesagt wurde: die Welt hat sich globalisiert, wo die Nachrichten zwischen ihren Versammlungen effektiv und grundsätzlich verbreitet werden. Die bedeutendsten Nachrichten, die über diese Geschäftsbereiche verbreitet werden, sind die Präsentationsdateien, deren Idee wir an dieser Stelle charakterisieren werden, indem wir einen Teil der universellen und territorialen Aufzeichnungen wie die nebenstehenden betrachten:

# Kapitel 8: Offene Investmentfonds

Wertpapierbörse Index:

Eine Zahl, die die Wertentwicklung aller in einem Markt erfassten Aktien zusammenfasst und zum größten Teil die Normalität dieser Kosten anspricht. Aktien sind in ihrer Kursdarstellung der Aufzeichnung nicht angenähert. Das Sprechen zu den Aktien einer Organisation stützt sich auf ihr Gewicht im Markt, das durch die Markteinschätzung der Organisation, geteilt durch die Markteinschätzung jeder einzelnen aufgezeichneten Organisation im Markt, geschätzt wird. Die Aktienkosten steigen und fallen aufgrund des organischen Marktes. An dem Punkt, wenn das Interesse für einige Unternehmensaktien übersteigt die Halde, die Kosten für diese Aktie steigt und damit der Markt Rekord Inkremente mit der Rate sprach von dieser Aktie in der Datei.

Die Wichtigkeit des Indexes:

Der finanzielle Austausch Rekord spiegelt den Zustand der nationalen Wirtschaft im Großen und Ganzen und die monetäre Präsentation der aufgezeichneten Organisationen auf dem Markt speziell. Wenn das Interesse an der Schaffung von Unternehmen aufgrund des finanziellen Aufschwungs gestiegen ist, müssen die Geschäfte und Einnahmen dieser Unternehmen ebenso steigen wie ihre Gewinne für die Investoren, was wiederum die Kosten für ihre Aktien und die gesamte Marktliste in die Höhe treibt. Für diese Situation wird die Marktliste grün. Wie dem auch sei, wenn die Ausstellung auf dem Markt abnimmt, ändert der Zeiger seine Schattierung auf rot.

## Ein Teil der globalen Indizes:

Weltweite geldbezogene Märkte haben zwei Arten von Dateien: Allgemeine Aufzeichnungen, die die Marktumstände insgesamt messen, und Segmentlisten, die die Marktumstände nach einer bestimmten Abteilung messen, z. B. Bankwesen, Maschinenbau, ländliche Gebiete, Korrespondenz und andere Bereiche. In den nebenstehenden Schwerpunkten behandeln wir die wichtigsten weltweiten und provinziellen Aufzeichnungen.

U.S. Marktindizes:

- DOW Jones: ist ein bedeutender Datensatz, der aus vier Unterdateien besteht, von denen die bekannteste die Dow Jones Industrial Average ist. Die Schätzung der Liste wird abhängig von den Lieferungen der dreißig größten modernen Organisationen in den Vereinigten Staaten von Amerika bestimmt.

- Standard and Poor's 500 (S&P 500): Es beinhaltet die Lasten der wichtigsten 500 Organisationen in ein paar Regionen, einschließlich: Herstellung, Transport, Versorgungsunternehmen, Bargeld, Banken, Schutz, Innovation und Verwaltungen. Diese Organisationen sprechen zu etwa 80% der Marktschätzung von Angeboten, die an der New Yorker Börse ausgetauscht werden.

York Stock Exchange.

- NASDAQ: ist die größte unter allen US-Listen. Sie enthält die Lasten von 3.200 Organisationen, in der Regel mechanisch.

Europäische Marktindizes :

- Vereinigtes Königreich : Financial Times 100: (FT-100) diese Liste enthält die 100 bedeutendsten Aktien britischer Unternehmen im Londoner Schaufenster, die 70% des Gesamtkapitals der gelisteten Unternehmen ausmachen.

- Frankreich

CAC 40: diese Datei enthält die Lieferungen der vierzig bedeutendsten französischen Organisationen im Pariser Schaufenster.

- Deutschland

DAX: diese Datei enthält die Lieferungen der 30 kritischsten Organisationen, die 70% der Markteinschätzung der Organisationen, die in Frankfurt advertise eingetragen sind, sprechen.

Asiatische Marktindizes :

- Japan

Nikkei Index : enthält die Werte von 225 Organisationen, was etwa 70% der Marktbewertung der an der Tokioter Börse eingeschriebenen Organisationen entspricht.

- Andere asiatische Indizes :

1. Südkorea: KCS-Index

2. Hongkong : HANG SENG Index

3. Malaysia: KLSE Index

4. China : Shanghai Index

Marktindizes für den Mittleren Osten:

Die Wertpapierbörse des Mittleren Ostens ist ein sich entwickelnder Markt aufgrund der außergewöhnlichen Fähigkeit der finanziellen Entwicklung in den arabischen Nationen. Der saudische Aktienhandel wird als der größte Markt in allen arabischen Nationen angesehen.

Es spricht für etwa 33% der Kapitalschätzung aller arabischen Märkte zusammen. Abgesehen von Saudi-Arabien gibt es verschiedene andere bedeutende arabische Haushaltsmärkte, zum Beispiel:

- Die Vereinigten Arabischen Emirate: (Dubai und Abu Dhabi Märkte ).

- Oman: MSM - Kuwait: KSE

- Ägypten: CMA - Bahrain: BSE

- Marokko: MASI - Katar: CBQ

Die saudische Börse - Historischer Hintergrund

Der saudische Aktienhandel ist einer der kürzlich angesiedelten Entwicklungsmärkte. Die Verwaltung des Marktes begann, als die erste Geschäftseinheit (die Arab Automobile) im Königreich Saudi-Arabien im Jahr 1354H (1953) gegründet wurde.

Im saudischen Schaufenster begann der Austausch von Aktien zwischen Verkäufern und Käufern sofort und schnell.

Mit der konsequenten Entwicklung wurde im Jahr 1422H (2002) ein elektronischer Rahmen, bekannt als "Tadawul", vorangetrieben

. Der Rahmen erlaubt es, Aktien sofort einzutragen, auszutauschen, zu verrechnen und abzurechnen. Es ist legitim mit saudischen Geschäftsbanken verbunden und erhält Anfragen zum Verkauf und Kauf von Aktien. Zu diesem Zeitpunkt führt es den Austausch und die Bewegung von Aktienbesitz in einer computerisierten und exakten Weise aus. In 1424H (2004), das Kapitalmarktgesetz (CML) Billigung des Geldes im Zusammenhang Markt hat sich herausgestellt und die wesentlichen Highlights war es, die Kapitalmarktbehörde zu bauen, um die Elemente der Verwaltung des Marktes zu akzeptieren, erstellen Sie es, sortieren Sie die Ausgabe von Schutzmaßnahmen, es zu kontrollieren, sichern Finanzspezialisten, erreichen Eigenkapital, Produktivität, Geradlinigkeit, Verwaltung und Kontrolle der Offenbarung von Daten und andere. Der Rahmen beinhaltet ebenfalls die Gründung einer Geschäftsmöglichkeit für den Austausch von Wertpapieren unter dem Namen "The Saudi Capital Market".

Attribute des Finanzmarktes:

Die saudische Finanzbörse ist neu im Vergleich zu den Geschäftssektoren der geschaffenen Nationen, zum Beispiel den USA, Japan oder den EU-Staaten. Es wird durch die bescheidene Anzahl der aufgezeichneten Organisationen auf dem Markt angesichts der enormen Größe der saudischen Wirtschaft dargestellt. Das Volumen der Börsen auf dem Markt wird im Allgemeinen als begrenzt angesehen, im Gegensatz zu der Menge der ausgegebenen Aktien.

Dies kann als ein angespannter Markt charakterisiert werden, der große Schwankungen bei den Aktienkosten hervorruft. Verschiedene Elemente und Faktoren wirken sich auf die Kosten der verfügbaren Börsenwerte aus. Sie umfassen lokale monetäre Bedingungen, finanzielle Entwicklung, ebenso wie die Themen, die die Wirtschaft die schlechten Auswirkungen von wie Expansion und Arbeitslosigkeit erleben kann. Die Produktivität der Unternehmen und die aktuellen Fortschritte in den weltweiten Finanzbörsen wirken sich darauf aus, ebenso wie die monetären Ansätze der Haushalte, was die Verwendung und den Einsatz der Regierung für Verwaltungen und Unternehmen angeht, ungeachtet des Maßes an Bargeld und Liquidität in der Wirtschaft. Die Organisationen, die in der

Die saudischen Wertpapierbörsen werden an die zugehörigen fünfzehn Segmente weitergegeben:

Jede Abteilung hat eine Datei, die die Präsentation schätzt, indem sie die Kosten der Aktien der Organisationen in diesem Segment verfolgt. Die allgemeine Liste, bekannt als "TASI", wird verwendet, um die allgemeine Ausführung des gesamten Marktes zu messen und es ist eine gewichtete Normale der Aktienkosten der Organisationen in der Bearbeitung des Marktes.

Wie kürzlich zum Ausdruck gebracht, wird der saudische Markt im Vergleich zu anderen vergleichbaren Entwicklungsmärkten als "eng" und "eingeschränkt" beschrieben (127 Organisationen gegen Ende 2008, im Gegensatz zu etwa 350-400 Organisationen in vergleichbaren Entwicklungsmärkten).

Beachten Sie, dass sich die Anzahl der Organisationen seit der Einführung der Kapitalmarktbehörde (CMA) im Jahr 1424H entwickelt hat. Der Markt hat eine "enge" Basis aufgrund der Beschränkungen beim Austausch von Aktien, insbesondere derjenigen von bedeutenden Organisationen, da Aktien im Besitz der Regierung nicht ausgetauscht werden können. Es gibt noch eine weitere Erklärung, die das Maß an umgetauschten Aktien einschränkt und potenzielle Finanzspezialisten von diesen Organisationen abhält, nämlich dass einige bedeutende Eigentümer einen großzügigen Besitzanteil an Organisationen kontrollieren. Die zehn größten saudischen Unternehmen repräsentieren etwa 60-70 % der Marktgröße, wenn man sie nach einem der typischen Kriterien schätzt: Volumen, Umtausch oder Nutzen.

Es ist normal, dass der Blick auf die saudische Finanzbörse positiv und hoffnungsvoll bleibt in der ununterbrochenen Verbesserung der Ausstellung der saudischen Wirtschaft auf der großen Ebene, und die Verwendung aller wichtigen Erlass, um die Richtlinie der Arbeit auf dem Markt zu garantieren, erhöhen die Menge der Organisationen, erhöhen das Marktkapital und die Nutzung der laufenden Aktivitäten der Regierung, um nach Solidität zu suchen.

Geldbezogene Anlagestrategien:

Es gibt eine große Anzahl von geldbezogenen und echten Spekulationen, die dem Sparer offene Türen einrennen. Manche lehnen sich an das monetäre Wagnis an, indem sie die Gesamtheit ihrer Reservemittel in Bankgeschäften platzieren, manche bevorzugen den Besitz von Aktien und Wertpapieren, während andere zu echtem Interesse an Grundstücken, Land oder privaten Unternehmungen neigen. In den folgenden Abschnitten werden wir die wichtigsten Faktoren erläutern, die die Entscheidung des Sparers beeinflussen, seine Mittel in einen bestimmten Bereich der oben genannten Bereiche zu investieren, in denen das monetäre Wagnis im Mittelpunkt steht.

Der wichtigste Faktor ist der normale Grad der Rentabilität. Trotz der Tatsache, dass die Ankunft auf dem Wagnis zahlreiche Ideen hat, die zu gegebener Zeit gepflegt werden, ist es übereinstimmend, dass es der Kontrast zwischen der Einschätzung der Reservefonds vor der Spekulation und ihrem Anreiz nach einer bestimmten Zeit des Interesses in expliziten Territorien ist.

Arten von Finanzanlagen:

Es gibt drei Blickwinkel für das Wagnis Reservefonds: Aktien, Wertpapiere und gemeinsame Vermögenswerte.

- Aktien: Die Anlage von Mitteln in Aktien wird durch ein hohes Renditetempo auf lange Sicht mit einer hohen Wahrscheinlichkeit des Risikos dargestellt, was bedeutet, dass der Finanzspezialist mit seinem eingebrachten Kapital weiterhin ein gewisses Unglück haben kann.

- Anleihen: Es wird erkannt, dass Unternehmen in Privatbesitz eine Finanzierung benötigen und auf diese Weise den Sparern Wertpapiere anbieten, um das notwendige Vermögen zu erhalten. Der Zugang zu diesem Gerät im Königreich ist vorerst eingeschränkt.

Die Verwaltung greift ebenfalls auf die Vergabe von Anleihen zurück, um Unternehmungen zu finanzieren, z.B. den Bau von Schulen, Colleges, Notfallkliniken, den Ausbau von Straßen, den Bau von Überspannungen, Kontrollanlagen und andere offene Unternehmungen.

Trotz der Tatsache, dass das Vermögen der Verwaltung aus Öl und Gebühren stammt, könnte es hin und wieder notwendig sein, Wertpapiere zu emittieren, um eine zusätzliche Subventionierung zu überprüfen.

- Mutual Funds: Diese Anlagen bündeln Investmentfonds durch ein Muniment von Titeln mit gleichwertigen Eigenschaften wie Aktien. Sie werden als Venture Units bezeichnet. Finanzspezialisten kaufen in der Regel Vorräte dieser Vermögenswerte, um einen Teil der Interessenpunkte zu nutzen, die diese Vermögenswerte aus der langen Beschäftigung mit der Überwachung der Spekulation haben.

Ebenso können diese Vermögenswerte ihre Spekulationen erweitern und somit die Gefahren aufgrund der Zugänglichkeit der Vermögenswerte verringern. Spekulanten hängen von der Substanz ab, die sich mit ihren gemeinsamen Vermögenswerten befasst, um Entscheidungen für ihr Wohl zu treffen.

In der Regel wird die Ankunft auf diesen Beständen in der Regel sicherer mit einer Ankunft von mehr als die der Anleihe und nicht genau die der Aktie sein.

Der wichtigste Faktor, der Spekulanten dazu bringt, Mittel in eine bestimmte Art von Schutzmaßnahmen zu investieren, ist die Suche nach einem Unternehmen, das eine außergewöhnliche Rendite abwirft und ein Risikoniveau aufweist, das der Finanzspezialist ertragen kann.

Die finanzielle Anlagestrategie

Im Großen und Ganzen ist eine Methodik als ein langfristiges Vorhaben zur Erreichung einer bestimmten Vision und von Zielen gekennzeichnet. Jede Vorbereitung auf die Zukunft beginnt mit der Untersuchung der aktuellen Umstände und der Entscheidung über die Vision und die Ziele, um dann den idealsten Ansatz zur Erreichung dieser Vision und Ziele zu wählen. Geldbezogene Spekulationsziele kontrastieren, beginnend mit einem Individuum und dann zum nächsten. Der extremste Nutzen könnte das Ziel eines bestimmten Finanzspezialisten sein, während das Nichtauftreten von Risiken das wichtigste Ziel für einen anderen sein kann und zufriedenstellende Liquidität das Ziel eines dritten Finanzspezialisten sein könnte. Auf diese Weise sollte der Finanzspezialist über die Kenntnisse und Fähigkeiten verfügen, die ihm helfen, seine Ziele zu erreichen.

Komponenten der Finanzanlagestrategie

Ein solides Verfahren zur Geldspekulation erfordert die Entscheidung über die begleitenden Komponenten:

- Zielsetzung.

- Finanzielles Potential, das dem Spekulanten zugänglich ist.

- Zeitliche Gliederung wichtig, um die Ziele zu erreichen.

- Erwartete Rentabilitätsrate.

- Alternativen: einige andere zugängliche Spekulationsgebiete, in denen die Ankunft auf dem Wagnis durchgeführt werden kann.

Als Nächstes folgen Überlegungen, die bei der Einrichtung des geldbezogenen Wagensystems berücksichtigt werden müssen:

- Realismus: Die Ziele müssen machbar und nicht weit von der Realität entfernt sein. Zum Beispiel: Wenn wir annehmen, dass jemand (50 Tausend Riyals) pro Jahr erübrigen kann und jemand anderes sozusagen (10 Tausend Riyals) pro Jahr erübrigen kann, und dass beide beabsichtigen, ein Haus für bis zu (500 Tausend Riyals) nach 10 Jahren zu kaufen, ist es klar, dass die Vereinbarung des ersten Individuums vernünftiger ist als die des nächsten

- Flexibilität: Es impliziert die Fähigkeit, die Ziele zu modifizieren, was mehr ist, Entscheidungen durch die Übertragung von aktuellen Unternehmungen und verdrängen sie mit neuen als pro jede Fortschritte alle zusammen, um die Ziele zu erreichen.

- Vertrautheit mit den Grundlagen des monetären Risikos: Es bedeutet die Realisierung der Venture-Geräte, was mehr ist, Systeme, um zu verzichten, die finanzielle Spezialist in Gefahr und machen ihn bereit, die beste Venture-Entscheidungen zu treffen.


Grundlagen der Geldanlage:

Die wichtigsten Essentials der Budgetierung sind:

- Identifizieren von Unternehmensqualitäten: Zum Beispiel werden Angebotswert und Rendite durch das Leistungsniveau und die Enttäuschung der abgebenden Organisationen beeinflusst

. Sie werden zusätzlich durch monetäre Schwankungen in der heimischen und weltweiten Wirtschaft beeinflusst. Es ist normal, dass diese Schwankungen die Kosten des Angebots widerspiegeln, besonders in der ersten Zeit. Wie dem auch sei, auf lange Sicht wird die Investition in Aktien als eine der Unternehmungen angesehen, die im Gegensatz zu anderen geldbezogenen Absicherungen außergewöhnliche Renditen erzielen. Was die Anleihen betrifft, so wird die Ankunft im Allgemeinen stetig sein, da die Regierung garantiert, dass der Investor die Ankunft, die in der Anleihe ausgedrückt wird, zur Stunde der Entwicklung erhalten kann. Was ist mehr, Organisationen, die über ihre Position und Geld im Zusammenhang mit Bekanntheit kümmern gewährleisten die Anleihen von ihnen gegeben. Die Beteiligung an gemeinsamen Vermögenswerten für jugendliche Finanzspezialisten garantiert Verlässlichkeit in der Einschätzung ihrer Reservefonds aufgrund der Erfahrung, die diese Vermögenswerte durch haben.

- Identifizieren von Gefahren im Zusammenhang mit dem Einbringen: Risiken im einfachsten Sinne bedeuten die Wahrscheinlichkeit, dass eine Spekulation nach einem Zeitraum, der nicht genau dem normalen Nutzen entspricht, einen echten Nutzen erzielt oder dass der Spekulant ein Unglück mit seinem Kapital erlebt. Das Risiko schwankt je nach der Unsicherheit, die mit dem Erreichen des erwarteten Nutzens verbunden ist. Es gibt Unternehmungen, die mit hohen Gefahren verbunden sind und andere, die mit geringen Chancen verbunden sind. Der Finanzspezialist für Aktien muss sich darüber im Klaren sein, dass das Tempo des Rentabilitätsgrades mit den Gefahren in einer unmittelbaren (positiven) Beziehung steht. Mit anderen Worten: Der Spekulant kann eine höhere Rendite erzielen, wenn er bereit ist, höhere Risiken in Kauf zu nehmen.

Darüber hinaus sollte er niedrigere Renditeschritte anerkennen, wenn das Risiko geringer ist. Es muss beachtet werden, dass die Fähigkeit des Finanzspezialisten, Risiken zu ertragen, je nach den zugänglichen potenziellen Ergebnissen unterschiedlich ist, ebenso wie das Alter und der Charakter des Spezialisten, der seine eigene Neigung widerspiegelt, sich auf ein Risiko einzulassen. Ein Finanzspezialist, der sich von Gefahren fernhält, erwirbt gerne Portfolios, die garantiert geringe Renditen erzielen. Unerwarteterweise möchte ein Finanzspezialist, der es schätzt, sich auf ein Risiko einzulassen, geldbezogene Portfolios haben, die höhere Rückflüsse mit höheren Risiken erzeugen.

Die Gefahren, denen Finanzspezialisten ausgesetzt sind, können in drei Klassifizierungen charakterisiert werden:

- Unternehmensexklusive Gefährdung: Die Quelle der Gefährdung liegt innerhalb der Organisation, die die Schutzmaßnahmen erteilt hat.

Die Ursachen für diese Art von Gefahr sind vielfältig und resultieren aus der Idee des Unternehmens, sich in Verpflichtungen zu verstricken, unzureichende

Liquidität, um das Geschäft zu leiten, ein Kapitel dieses Buches außerdem, Liquidation. In dieser Situation besteht die Notwendigkeit, die Verpflichtungen der Organisation an die Banken auszuzahlen, nicht an die Investoren.

- Marktchance: Sie ist mit den monetären Bedingungen verbunden, mit denen alle Organisationen gleichzeitig konfrontiert sind.

In Zeiten des Abschwungs sinkt das Interesse für alle Waren auf dem Markt, was den Gewinn der Unternehmen antagonistisch beeinflusst. Dies führt dazu, dass die Bewertung der Aktien sinkt. Politische Faktoren wirken sich zusätzlich auf die Solidität des Marktes aus.

- Konzentrationsrisiko: Es ist der Ort, an dem ein geldbezogenes Portfolio undiversifiziert ist und nur eine Aktie oder ein paar Aktien umfasst. Dies bedeutet, dass jeder potenzielle Rückgang in der Präsentation der Organisation, die die Aktie gibt, außergewöhnliche Unglücke hervorrufen kann. Regelmäßig können diese Gefahren durch die Erweiterung der Gebiete der geldbezogenen Spekulation überwältigt werden.

- Investitionspräferenz-Kriterien: Sie sind die Kriterien, nach denen Spekulationen ausgewählt werden; sie beinhalten Rendite, Risiko, Verbreiterung und Liquidität.

- Rendite: ist der Grad des Fortschritts im Wert der Ressource (Gegenstand der Spekulation). Der Finanzspezialist sucht zumeist nach Haushaltsspekulationen, die eine möglichst hohe denkbare Rendite erzielen.

- Risiko: wird durch die Schwankung des Nutzenwerts geschätzt. Als solches erhöht sich das geldbezogene Risikoniveau mit der Ausweitung der Wertänderungen zwischen einer Periode und einer anderen.

Dementsprechend muss der Finanzspezialist die Arten von Unternehmungen auswählen, die zufriedenstellende Risikogrenzen haben.

- Diversifizierung: Differenzierte Spekulationen bedeuten, dass das Geldportfolio verschiedene und unterschiedliche Arten von Schutzmaßnahmen (verschiedene Aktien + Wertpapiere + gemeinsame Vermögenswerte) mit verschiedenen Renditen und Risikoniveaus enthält. Eine der Eigenschaften der sortierten Vielfalt ist, dass sie abnehmende Risikogefahren hervorruft, was eine der idealen Eigenschaften in jedem Portfolio ist.

Öffnungen und Herausforderungen

Geldbezogene Märkte bieten zahlreiche offene Türen, die die Fähigkeit zu Gewinn und Entwicklung erhöhen.

Diese Geschäftsbereiche sind ebenfalls mit einer Vielzahl von Schwierigkeiten konfrontiert, die ihre Leistungsfähigkeit mindern und die Gefahren der Geldspekulation erhöhen. Im nebenstehenden Bereich gehen wir auf die wichtigsten Chancen und Herausforderungen ein und schließen mit einer allgemeinen Anleitung für Spekulanten.

# Neuntes Kapitel: Optionshandel

## EINIGE GRUNDREGELN ZUM AKTIENMARKT

Regel 1: Legen Sie nicht alle Ihre Investitionen an einem Ort fest

Der wichtigste Standard für einen Beitrag ist, die Gefahr zu verteilen. Die größte Verwechslung, die Sie je erleben werden, ist, eine Menge Cash in eine einzige Aktie zu stecken. In der Tat, auch Warren Buffett scheitert die Situation zu verstehen!

Verlieren Sie also auf keinen Fall den Blick für das Wichtigste. Seien Sie brillant. Erweitern Sie Ihr Risiko!

Geben Sie mir die Chance, dies anhand eines Modells zu skizzieren. Darunter werden Sie fünf Aktien sehen. Sie werden sehen, dass der Großteil der Aktien im Jahr 2016 erstaunliche Renditen erzielt hat, aber eine Aktie, Gilead, die die Erwartungen nicht erfüllt hat.

Betrachten Sie zwei verschiedene Arten von Spekulanten:

1. Unsicherer Steve: Möchte enorm und schnell gewinnen!

1. Gerissener Pat: Freut sich über stetige Erträge über einen längeren Zeitraum.

Unsicherer Steve

Steve muss schnell ein Vermögen machen. Im Jahr 2016 hatte er 5.000 $ zur Verfügung. Er entschied sich, alle 5.000 $ in Gilead zu stecken. Gilead ist eine großartige Organisation mit phänomenalen Grundlagen und die Bewertung sah großartig aus. Wie dem auch sei, Gilead entwickelte sich im Laufe des Jahres sehr schlecht und fiel um 15,9 %.

Dangerous Steve hat $795 verloren. Sein Portfolio ist derzeit nur noch $4.205 wert. Trotz der Tatsache, dass Gilead ein brillantes Unternehmen ist, bestand der Fehler, den Steve machte, darin, sein gesamtes Bargeld in eine Aktie zu stecken.

In der Tat, auch unglaubliche Organisationen haben ein schreckliches Jahr! Er hätte sein Risiko erhöhen müssen. Denken Sie gegenwärtig an Pat.

Keen Pat

Pat hat 5.000 $ zur Verfügung. Pat ist ein zunehmend vernünftiger Finanzspezialist und freut sich, wenn er nach einiger Zeit verlässliche Renditen erzielt. Vor einem Jahr entschied er sich, in ähnlicher Weise in Apple, Southwest Airlines, Royal Caribbean, Stryker und Gilead zu investieren. Das bedeutete, dass Pat 1.000 Dollar in jede der fünf Aktien steckte. Gegen Ende des Jahres 2016

• 1.000 $, die in Apple investiert wurden, waren 1.405 $ wert

• $1.000, die in Southwest Airlines investiert wurden, waren $1.344 wert

• $1.000, die in Royal Caribbean investiert wurden, waren $1.279 wert

• $1.000, die in Stryker investiert wurden, waren $1.267 wert

• $1.000, die in Gilead angelegt wurden, waren $841 wert

Pat produzierte einen absoluten Vorteil von 22,7% für 2016 (sogar mit Gilead darin). Dies ist das Gleiche wie ein Vorteil von $1.136! Sein Portfolio ist derzeit $6.136 wert.

Die Erklärung dafür, dass Pat besser abschnitt als Steve, ist, dass Pat eine weniger unsichere

Spekulationsportfolio.

Sie könnten der Meinung sein, dass Risky Steve ein Vermögen hätte machen können, wenn er alles in Apple gesteckt hätte. Er hätte einen Gewinn von 40,5% gemacht. Das ist gültig, doch das Problem ist, dass Steve die ganze Zeit mit dieser Art von Technik Glück haben muss. An dem Punkt, an dem er die Situation nicht versteht, und soweit ich sagen kann, auch die besten Finanzspezialisten auf dem Planeten verpassen den Punkt, wird er eine große Menge an Bargeld verlieren.

Diese Missgeschicke können die Gesamtheit seiner vergangenen Steigerungen auflösen und das ist nur die Spitze des Eisbergs.

Die Lektion_

Trotz der Tatsache, dass Gilead eine großartige Organisation war und immer noch ist, hatte sie 2016 ein geradezu furchtbares Jahr und fiel in der Wertschätzung. Das kann bei jeder Organisation vorkommen, da spielt es keine Rolle, wie großartig sie ist.

Wenn Sie nur in Gilead investieren würden, würden Sie ein Unglück von $795 erleiden. Durch die Streuung Ihres Risikos auf vier verschiedene Aktien wurde dieses Unglück jedoch durch die Zuwächse in den vier verschiedenen Aktien mehr als ausgeglichen. Das Ergebnis war ein weniger unsicheres Portfolio, das einen ordentlichen Gewinn von 22,7 % einbrachte.

Ausbauarbeiten

1. Erhöhen Sie Ihr Risiko, indem Sie annähernd 5% oder 1/Zwanzigstel der Schätzung Ihres Portfolios in eine beliebige Aktie investieren. Zum Beispiel, wenn Sie ein Portfolio von $5.000 haben, legen Sie fast $250 in eine beliebige Aktie.

2. Stecken Sie Ressourcen in Aktien aus verschiedenen Unternehmungen. Stecken Sie zum Beispiel keine Ressourcen in 20 Banken. Verteilen Sie das Risiko auf verschiedene Segmente und Unternehmen....Fluggesellschaften, Energie, Gesundheitswesen, Technologie und so weiter.

3. Erinnern Sie sich ständig daran, dass Sie keine Edelsteinkugel haben und auch kein anderer Mensch. Die Dinge können sich im gegenwärtigen Moment für jede Organisation schlecht entwickeln.

Regel 2: Kennen Sie Ihr Anlegerprofil

Um an der Börse erfolgreich zu sein, müssen Sie sich darüber klar werden, welche Art von Spekulant Sie sind und welche Art von Risikobereitschaft Sie haben.

Im Zweifelsfall gilt als Faustregel: Je nennenswerter die Belohnung, desto größer das Risiko, das Sie eingehen sollten. Viele Menschen würden es vorziehen, kein Geld zu verlieren, wollen aber vielleicht eine Menge verdienen.

Leider gibt es so etwas wie ein kostenloses Mittagessen an der Wertpapierbörse nicht. Alle zusammen

zu profitieren, sollten Sie sich auf ein Wagnis einlassen.

Diese Harmonie zwischen Gefahr und Belohnung zu finden, ist grundlegend. Ein böses Erwachen einstecken

Das wird Ihnen später zu Erfolg verhelfen. Sie müssen Ihre Widerstandsfähigkeit erkennen

für den Zufall.

Nehmen Sie sich 5 Minuten Zeit, um diese Investor-Profiling-Übung zu beenden

Beantworten Sie die nebenstehenden 12 Anfragen. Notieren Sie zu jeder Frage die Anzahl der Antworten, die Sie am genauesten wiedergeben. Es gibt hier keine in Stein gemeißelte Antwort, antworten Sie einfach unverfälscht für sich selbst.

Frage 1: Was ist Ihr wesentliches Ziel, um Mittel in den Aktienmarkt zu investieren?

1. Ruhestandsgeld sichern

2. Sicherheit für den Ruhestand, aber schwankende Renditen sind mir egal

3. Ich würde mich nicht über die momentane Instabilität ärgern, aber ich brauche eine langfristige Entwicklung

4. Langfristige Entwicklung des Portfolios verstärken

Frage 2: Wie lange meinen Sie, dass Sie sich entwickeln können?

1. Unter 3 Jahren

2. 3-7 Jahre

3. 8-12 Jahre

4. Über 12 Jahre

Frage 3: In welchem Segment Ihres Portfolios planen Sie in den folgenden 5 Jahren

um sich zurückzuziehen?

1. 100%

2. 75%

3. halb

4. Unter 25 %

Frage 4: Wie alt sind Sie derzeit?

1. Mehr als 70

2. 55-70

3. 35-55

4. unter 35

Frage 5: Welche der nebenstehenden Angaben beschreibt Ihr Familiengehalt am besten?

1. Unter 30.000 €

2. 30K-€45K

3. €45K-€75K

4. Über 75.000 €

Frage 6: Wie hoch ist das Gesamtvermögen Ihrer Familie nach Abzug aller Kredite, Verträge

und so weiter... ?

1. Unter 30.000 €

2. 30K-€50K

3. 50K-€125K

4. Über 125.000 €

Frage 7: Wie würden Sie Ihre allgemeinen geldbezogenen Lebensumstände bewerten?

1. Nicht gut - Keine Ersparnisse, oder fast keine Rücklagen und große Verpflichtung

2. OK - Einige Reservefonds und angemessene Verpflichtung

3. Weitgehend schuldenfrei und konsequent sparsam

4. Sicher - schuldenfrei

Frage 8: Welches Gehalt werden Sie außer dem Börsenentgelt bei Eintritt in den Ruhestand noch haben?

1. Nichts

2. Als Finanzinvestition gehaltene Immobilien

3. Verschiedene Investmentfonds/Rentenversicherungen

4. Reservefonds, Annuitäten und Unternehmungen von mir und meinen Komplizen

Frage 9: Wie würden Sie Ihre Spekulationsinformationen bewerten?

1. Vernachlässigbar

2. Unauffällig - Wissen ein wenig aber sehr wenig Erfahrung

3. Großartig - ich habe einige Zeit mitgewirkt und habe auf jeden Fall einen Absturz verschuldet

4. Awesome - Erfahren und OK mit den guten und schlechten Zeiten des Marktes

Frage 10: Die Aktienmärkte sind zuvor eingebrochen und haben sich wieder erholt, doch die Erholung kann einige Zeit dauern. Inwieweit würden Sie eine Erholung abwarten können?

1. Nicht genau ein Jahr

2. 1-2 Jahre

3. 3-4 Jahre

4. Mehr als 4 Jahre

Frage 11: Mit welchem Grad an momentaner Gefährdung würden Sie sagen, dass Sie in Ordnung sind?

1. Nicht gerade ein 20 %iger Rückgang

2. Ein Rückgang von 20-30 %

3. 30-40 % Abfall

4. Über 40 %

Frage 12: Die Wertpapierbörse ist mit einer Abwägung von Gefahr und Belohnung verbunden, die Sie am besten beschreiben?

1. Ich denke in der Regel zuerst an den Betrag, den ich verliere

2. Ich betrachte das Unglück mehr als die Belohnung

3. Ich betrachte die Belohnung mehr als das Unglück

4. Ich stelle nur die Vergütung in den Mittelpunkt

Fügen Sie die Gesamtheit der Nummern zu der entsprechenden Antwort der obigen 12 Abfragen hinzu.

Regel 3: Investieren Sie in Fundamentals, nicht in Graphen!

Die Grundlagen einer Organisation bestimmen die Kosten des Angebots. Spezialisierte Analyse/Karten

versuchen, Ihnen keine messbare günstige Position beim Kauf von Aktien zu bieten. Gliederungen sind ein "Ausweg" für apathische Spekulanten, die auf der Suche nach schnellen und einfachen Ansätzen sind, um Motivationen zum Kauf oder Verkauf einer Aktie zu entdecken.

Diagramme können sehr hilfreich sein, um sich ein Bild von der "Vergangenheit" zu machen, doch das ist alles, was Sie bekommen werden, Diagramme sind kein Indikator für die Zukunft.

Für den Fall, dass Sie die zukünftige Einschätzung einer Organisation überprüfen müssen, müssen Sie sich ein wenig umsehen - es gibt keinen anderen Weg. Letztendlich kommt es auf das normale zukünftige Entwicklungstempo der Geschäfte und Leistungen einer Organisation an.

Das ist keine fortgeschrittene Wissenschaft. Es ist ein Verfahren, bei dem man sich einige grundsätzliche Fragen stellt und erst recht auf die Fragen antwortet:

1. Was macht die Organisation und wie würde sie davon profitieren?

2. Wie groß ist die Organisation?

3. In welchem Umfang ist die Organisation geschäftlich tätig gewesen?

4. Wie aggressiv ist der Markt?

5. Hat die Organisation den Ruf, Geschäfte und Nutzenentwicklung zu vermitteln? Entwicklung ist das Schlagwort.

6. Was sind die Verpflichtungsebenen der Organisation?

7. Zahlt die Organisation einen Gewinn aus? Wie hoch ist die Dividendenrendite? Ist der Gewinn wirtschaftlich.

8. Wie sehen die Prognosen für zukünftige Geschäfte und die Entwicklung des Nutzens aus?

9. Wie wird die Organisation im Vergleich zu ihren Konkurrenten vergleichbarer Größe eingeschätzt?

10. Wie unvorhersehbar sind die Angebotskosten?

11. Passt die Organisation im Wesentlichen zu meinem Finanzfachmann-Profil?

Geben Sie mir eine Chance, Ihnen einen Fall von wesentlicher Forschung, die wir auf Apple getan haben, bevor wir Ressourcen in 2016 setzen. Wir verkauften unter 1 Jahr später für eine 39% Gewinn!

Regel 4: Haben Sie einen Ziel-"Kauf"-Preis und einen Ziel-"Verkauf"-Preis

Das Modell mit Apple gibt Ihnen eine Vorstellung von einem Teil der grundlegenden Recherchen, die Sie durchführen müssen, bevor Sie Ressourcen in ein Unternehmen stecken. Dies ist die Art und Weise, wie Sie potenzielle "Wertschätzung" erkennen. An dem Punkt, wenn Sie dies tun, wird Ihre Wohlstandsrate in den Geschäftsbereichen abheben. Eine so große Anzahl von Individuen trägt auf einen Tipp von einem Begleiter oder angesichts der Tatsache, dass eine Gliederung so aussieht, als ob sie ein Kaufsignal gibt. Das ist nicht klug.

Wir als Ganzes haben Organisationen, die wir lieben … . Google, Facebook, Amazon … die Aufzählung geht weiter.

- Aber würden sie sagen, dass sie einen großen Wert haben?

- Zu welchen Kosten wäre es für Sie ratsam, sie zu bekommen?

- Wie sieht das zukünftige Entwicklungspotenzial aus?

- Was sind die objektiven Kosten für die Aktie? Dies ist die eine Anfrage, die die meisten Amateur-Finanzspezialisten bombig stellen und beantworten.

- Sie brauchen eine Exit-Strategie … irgendwann können sich Aktien als zu teuer erweisen und es ist eine ideale Gelegenheit, sie aus dem Portfolio zu nehmen. Wir haben Apple bei 130,05 $ verkauft. Wir waren der Meinung, dass zu diesem Zeitpunkt der Wert des Unternehmens nicht mehr gegeben war, da die Daten in der Nähe waren. Von diesem Zeitpunkt an ist Apple weiter auf $160 gestiegen. Die Vergangenheit zu kennen ist eine großartige Sache... bin ich irritiert? nein... in Anbetracht der Tatsache, dass ich festgelegte Prinzipien habe, die ich verfolge, empfahlen die zu dieser Zeit zugänglichen Daten eine Aktie, die vollständig geschätzt wurde. Denken Sie daran, dass Sie keine Edelsteinkugel haben ... verfolgen Sie Ihre wertschöpfenden Standards und Sie werden nach einiger Zeit gut abschneiden.

Regel 5: Bewerten Sie die Aktie zum Gewinn

Jedes Quartal geben offen zitierte Organisationen eine "Einkommens"-Erklärung ab. Dies ist der Ort, die Organisation berät den Markt und Spekulanten in Bezug auf, wie ihre Geschäfte und Leistungen für so lange wie 3 Monate durchgeführt haben.

Während einer Einkommensentlastung wird die Organisation ebenfalls ihre normale Ausführung für das folgende Quartal und manchmal auch das folgende Jahr kontrollieren. Dies ermöglicht es Ihnen zu diesem Zeitpunkt, das Wesentliche der Organisation neu zu bewerten. Außerdem können Sie so Ihre angestrebten Verkaufskosten neu überprüfen.

Geben Sie mir die Chance, Ihnen beiden Instanzen zu geben:

1. Apple: Nachdem wir im Mai 2016 Ressourcen in Apple gesteckt haben, gab es zwei Gewinnentlastungen. Aufgrund dieser Gewinnerklärungen änderten wir unsere objektiven Verkaufskosten von

$120 auf $130. Dies geschah mit der Begründung, dass die Angebote ihrer

Das I-Phone hatte sich stärker ausgebreitet als erwartet.

2. Gilead: Nachdem wir unsere Ressourcen in Gilead gesteckt haben, haben wir unsere objektiven Kosten von $92 auf $75 heruntergeschätzt, weil die Organisation eine Gewinnwarnung gegeben hat. Die Grundlagen sollten Ihre Verkaufskosten leiten. Bleiben Sie dabei, die Grundlagen von Monat zu Monat neu zu bewerten und ändern Sie Ihre Verkaufskosten entsprechend.

Halten Sie sich an diese fünf Prinzipien und Sie werden auf dem richtigen Weg sein, effektiv an der Finanzbörse mitzuwirken. Beträchtlich, besser bekommen einige Ausbildung in einem konstanten, echte Welt Testsystem.

Ein kurzer Abriss

1. Differenzieren Sie Ihre Gefahr - Legen Sie nicht alle Ihre Investitionen an einem Ort gebunden.

2. Erkennen Sie Ihr Spekulantenprofil - Dies wird helfen, eingeschränkt mit dem Herunterholen der Aktien, die Sie suchen sollten.

3. Entdecken Sie Aktien, die Ihrem Finanzspezialistenprofil entsprechen - wir sagen Ihnen wie.

4. Versuchen Sie, nicht abhängig von einer Grafik beizutragen - es gibt keine bevorzugte Position für Sie!

5. Stecken Sie Ressourcen in die Grundlagen - wir sagen Ihnen, wie Sie das am besten machen.

6. Entdecken Sie Qualitätsaktien zu den richtigen Kosten zu kaufen - wir geben Ihnen wie.

7. Haben Sie eine objektive Kosten für jedes Vorhaben - Dies wird Sie zentriert halten und Ihnen helfen, sich daran zu erinnern, warum Sie Ressourcen in die Organisation stecken.

8. Lassen Sie sich belehren - wie alles im Leben gibt es einen richtigen und einen falschen Weg. Machen Sie sich mit dem richtigen Weg vertraut!

9. Nehmen Sie ein kostenloses Vorgespräch - Sie haben nichts zu verlieren und alles mitzunehmen!

# Kapitel 10: Fehler von Anfängern

Einige Grundformulierungen

- Eine Partnerschaft ist eine Organisation, die eine andere rechtliche Substanz ist, die von Investoren beansprucht wird. Letztendlich verhält sich die Partnerschaft wie ein einzelnes Individuum, das von seinen Eigentümern (Investoren) getrennt ist. Daher haben die Investoren ein begrenztes Risiko (die Beteiligung an den Aktien, die sie beanspruchen).

Stammaktien sprechen vom Besitz an einem Unternehmen. Zu dem Zeitpunkt, an dem Sie Stammaktien kaufen, erwerben Sie die Anlagen, Strukturen und Gegenstände der Partnerschaft. Normale Aktien werden in Anteilen verkauft. Jeder Anteil an Stammaktien spricht für die grundlegende Verantwortungseinheit für das Unternehmen.

Aktien ähneln einer Pizza, jeder Teil der Aktie spricht für ein entsprechendes Stück des Kuchens (Organisation). Auch Kursdankbarkeit geschieht, wenn Sie Ihre Aktie für mehr verkaufen, als Sie für die Aktie bezahlt haben, während Gewinne das Stück des Nutzens einer Organisation sind, das an Investoren gezahlt wird. Wenn sich das Unternehmen entwickelt, entwickelt sich auch Ihr Anteil am Kuchen. Wenn das Unternehmen erfolgreich ist und sich um 25% entwickelt, wird sich auch die Bewertung Ihrer Angebote entwickeln. Gewinne werden aus dem Gewinn einer Partnerschaft ausgezahlt, nachdem die Abgaben bezahlt wurden. Die Partnerschaft kann jedoch einen Teil des Gewinns behalten und ihn in das Unternehmen reinvestieren. Dieser Teil ist als gehaltener Gewinn bekannt und wird hin und wieder für innovative Arbeiten oder Erweiterungen verwendet.

Ein Unternehmen muss keine Gewinne ausschütten. Gewinne müssen nicht mit Bargeld bezahlt werden. Die oberste Führungsebene kann sich dafür entscheiden, Aktiengewinne auszugeben. An dem Punkt, an dem dies geschieht, würden die gegenwärtigen Investoren eine größere Anzahl von Anteilen an den Aktien des Unternehmens im Gegensatz zu Geld erhalten.

Wenn Finanzspezialisten Aktien für mehr verkaufen, als sie bezahlt haben, ist der Nutzen, der durch das Geschäft entsteht, der Kapitalzuwachs des Spekulanten. An dem Punkt, an dem eine Aktie für nicht genau das verkauft wird, was der Spekulant dafür bezahlt hat, erleidet der Finanzspezialist einen Kapitalverlust. Das Geld, das ein Finanzspezialist für den Kauf von Aktien verwendet, wird als Wertkapital bezeichnet. Da Sie durch Unternehmungen profitieren können, sollten Sie das Maß an Bargeld bestimmen, das Sie ertragen können, zu verlieren, ohne Ihre Lebensweise zu verletzen. Das Maß an Bargeld, das ein Finanzspezialist verlieren kann, wird als Risiko-kapital bezeichnet, und das ist die Summe, die Sie einbringen sollten. Denken Sie daran, dass Sie nur so viel einbringen sollten, wie Sie ertragen können, zu verlieren.

Organisationen können unter verschiedenen Gesichtspunkten organisiert sein. Für den Fall, dass die Aktien für die allgemeine Bevölkerung zum Kauf zugänglich sind, handelt es sich um eine offene Organisation. Das Unternehmen ist gesetzlich verpflichtet, seine finanzielle Situation offenzulegen.

Eine geschlossene Organisation ist eine Organisation, deren Aktien nicht für Außenstehende zugänglich sind, die keine Aktien an die Allgemeinheit ausgibt und die nicht verpflichtet ist, ihren finanziellen

Zustand offen zu legen. Alle Unternehmen müssen Aktien ausgeben. Der Staat, der die Gründungsurkunde ausstellt, genehmigt die Anzahl der Angebote, die ein Unternehmen ausgeben kann. Diese Zahl bezieht sich auf alle Angebote, die ein Unternehmen ausgeben kann, ohne zum Staat zurückzukehren und zu erwähnen, dass der Staat die Ausgabe weiterer Angebote ermöglicht. Dies sind die Anteile an Aktien, die die Organisation verkauft hat (gave). Die abgegebenen Angebote sprechen für das Eigentum. Genehmigte, aber nicht abgegebene Angebote werden für zukünftige Geschäfte gehalten, um Reserven (Kapital) für zukünftige Entwicklungen zu schaffen.

An dem Punkt, an dem sich eine Organisation der Welt öffnen muss oder an der Börse gehandelt werden soll, muss sie einige anspruchsvolle Richtlinien erfüllen.

- Die New Yorker Börse (man fängt hier nicht an)
- Eine Vorabvergütung von 2,5 Mio. $ für das frühere Jahr oder 2,0 Mio. $ jedes Jahr für zwei frühere Jahre
- Unverwechselbare Netto-Ressourcen in Höhe von $18 Millionen
- Zweitausend Investoren, die jeweils mindestens 100 Angebote haben
- Mindestens 1,1 Millionen frei gehaltene Angebote
- Ausstehende Aktien mit einer Schätzung von $18 Millionen

Ein Jahresbericht ist ein monetärer Bericht, der den Anlegern gegen Ende eines jeden Arbeitsjahres vorgelegt wird. Ein Jahresbericht zeigt den geldbezogenen Zustand des Unternehmens, die Namen der leitenden Angestellten, den Ort und das Datum der nächsten Jahresversammlung des Investors, einen Bericht des Inspektors, der die

Echtheit der geldbezogenen Informationen bestätigt, und den Brief des Investors. Der Buchhaltungsbericht erfasst die Vorteile und Verbindlichkeiten des Unternehmens. (Was sie besitzen, abzüglich dessen, was sie schulden)

Die Gehaltsverkündigung hält das Einkommen (Lohn), die Kosten und den Nutzen oder das Unglück für das Jahr fest. (Wie viel Geld haben sie verdient). Ein Investor kann sich ein kluges Bild von der monetären Lage eines Unternehmens machen, indem er den Vermögensbericht und die Gehaltsabrechnung aufschlüsselt. Einige wenige Partnerschaften werden sogar eine fünfjährige geldbezogene Auflistung einbeziehen.

Security And Exchange Commission

Die Securities and Exchange Commission ist ein Wachhundbüro. Sie sichert den Finanzspezialisten durch die Aufrechterhaltung von Regierungsgesetzen in Bezug auf die Finanzbörse. Die SEC überprüft Schutzmaßnahmen, Aktiengeschäfte, Unternehmensankündigungen, Risikofirmen, Börsenmakler und offene Versorgungsbetriebe.

Zugelassene Angebote sind die Angebote, die ein Unternehmen abgeben darf.

Gegebene Angebote sind die Angebote, die den Finanzspezialisten wirklich gegeben und angeboten werden.

Angebote, die von einem Unternehmen zurückgekauft werden, werden als eigene Angebote oder eigene Aktien bezeichnet.

Angebote, die von Investoren erworben werden, werden als außergewöhnliche Angebote bezeichnet, Aktien, die in den Händen der allgemeinen Gesellschaft hängen.

Die Markteinschätzung einer Aktie ist der Wert, den Individuen derzeit gerne für die Aktie zahlen. Der Marktwert wird durch das Interesse an den Aktien des Unternehmens bestimmt.

Der Buchwert eines Unternehmens entspricht seinen absoluten Ressourcen abzüglich seiner gesamten Verbindlichkeiten. (Buchhaltungsbericht).

Zu dem Zeitpunkt, an dem Aktien von einem Unternehmen an die Allgemeinheit abgegeben werden, spricht man von einer wesentlichen Aneignung. (Initial Public Offering) Die Organisation wird von einer Venture-Bank erworben und diese bietet Angebote an Finanzspezialisten.

Nach der wesentlichen Aneignung von Aktien findet jeder einzelne daraus resultierende Abschluss der Aktien auf optionalen Märkten (z. B. der New Yorker Börse oder dem Freiverkehrsmarkt) statt. Personen, die Aktien kaufen, sind Investoren. An dem Punkt, an dem entweder beliebte oder grundlegende Aktien erworben werden, erhält der Investor eine Aktienbeglaubigung.

Ein Wertpapierhandel, regelmäßig auch als Aktienhandel bezeichnet, ist eine gemeinnützige Vereinigung, die ihren Mitgliedern Büros zum Kauf und Verkauf von Wertpapieren zur Verfügung stellt.

Die Individuen eines Börsenhandels sind Agenten, die Anmeldungen (sogenannte Sitze) mit dem Ziel erwerben, den Handel zu nutzen.

Niemand außer Einzelpersonen kann auf dem Parkett des Handels tauschen. Die größte Börse des Landes ist die New York Stock Exchange (NYSE), die sich in New York City befindet. Die American Stock Exchange (AMEX), die sich ebenfalls in New York City befindet, ist die zweitgrößte Börse des Landes. Darüber hinaus gibt es kleinere Provinzbörsen, z. B. die Pazifik-, Midwest-, Cincinnati-, Philadelphia- und Boston-Börsen.

Neben dem Handel in den USA gibt es auch andere weltweite Handelsplätze, z. B. in Tokio, London, Frankfurt, Zürich, Paris, Mailand, Amsterdam, Stockholm, Brüssel, Sydney, Hongkong, Singapur und Toronto.

Eine Aktienbörse ist im Grunde dasselbe wie ein riesiger Flohmarkt oder eine Tauschbörse. Wie die Legende besagt, begann sie 1792, als sich Spezialisten unter einem Knopfholzbaum an der Wall Street trafen und eine Vereinbarung trafen, dass sie Aktien tauschen würden. Der Name einer Organisation wurde herausgegeben und Angebote für die Aktien dieser Organisation wurden gehandelt. Schließlich wurde der Handel nach innen verlagert und wurde als New York Stock Exchange (zusätzlich als Big Board bezeichnet) bekannt.

Ein Finanzspezialist, der Aktien kaufen möchte, wird aller Wahrscheinlichkeit nach einen Antrag bei einem Börsenmakler stellen. Ein Börsenmakler ist ein Betreiber, der von der SEC autorisiert ist, Schutzmaßnahmen für Kunden zu kaufen und zu verkaufen.

Ein Börsenmakler, der für eine Vollverwaltungsfirma arbeitet, gibt Recherchedaten, empfiehlt Risikotechniken und bietet Ermahnungen zu wirtschaftlichen Situationen.

Ein Börsenmakler, der einen sehr erschöpfenden Schutztest absolviert, der als "Arrangement 7 Exam" bekannt ist, wird als "Enlisted Agent" bezeichnet.

Ein Börsenmakler erhält eine Provision, die vom gesamten Dollar-Volumen jeder Anfrage abhängt. Der Provisionssatz verschiebt sich mit jeder Finanzfirma.

Rabattfinanzierer sind eine Option im Gegensatz zur Zahlung der maximalen Provisionen, die Vollverwaltungsunternehmen von Spekulanten verlangen.

Rabatt-Finanzierer bieten häufig keine Beratung oder Konferenz über die Teilnahme an; sie führen nur die Anfragen des Kunden aus.

Drei der grundlegenden Arten von Aktienaufträgen sind Marktaufträge (Spot-Aufträge), Limit-Aufträge und Stopp-Unglücksaufträge. Ein Marktauftrag ist ein Auftrag zum Kauf oder Verkauf einer Aktie zu den idealen Kosten.

Der Agent wird die Anweisungen des Finanzspezialisten zu dem Wert ausführen, den die Börse an diesem Tag verlangt.

Die meisten Anfragen sind Marktarrangements und werden noch am selben Tag erledigt.

Entferntester Punkt Bestellung

Ein Farthest Point Request ist eine Aufforderung an einen Händler, Aktien zu einem bestimmten Wert zu kaufen oder zu verkaufen, der nicht höher als eine bestimmte Summe ist. Eine Cutoff-Anforderung wird nur dann ausgeführt, wenn der Börsenwert den vom Finanzspezialisten festgelegten Grenzwert erreicht.

Ein Stopp-Unglücksantrag ist eine Aufforderung an einen Händler, eine Aktie zu verkaufen, wenn der Wert auf ein vorher festgelegtes Niveau fällt. Dies schränkt das Unglück des Spekulanten ein oder sichert einen bestimmten Gewinn. Zu dem Zeitpunkt, an dem ein Antrag bei einem Börsenmakler gestellt wird, sollte der Finanzspezialist dem Börsenmakler ebenfalls mitteilen, in welchem Umfang dieser Antrag gelten soll.

Eine Tagesanforderung weist den Börsenmakler an, die Anforderung an diesem Tag zu versenden. Gegen Ende des Tages wird die Anforderung fallen gelassen. Ein "decent until dropped"-Auftrag (GTC) bleibt bestehen, bis er erfüllt wird oder bis der Spekulant ihn fallen lässt.

Aktienanforderungen werden im Großen und Ganzen in Ergänzungen gesetzt, die als runde Teile bezeichnet werden. Ein rundes Paket ist eine Anzahl von (100, 200, 300, 400, usw.) Aktien. Ein ungerades Paket sind verschiedene Aktien, die nicht eine Anzahl von 100 sind, z. B. 50 Angebote oder 322 Aktien.

Der Dow Jones Industrial Average (DJIA), regelmäßig als Dow bezeichnet, ist eine Datei mit 30 bedeutenden Unternehmensaktien, die an der New Yorker Börse erfasst werden. Eine weitere bedeutende Liste ist der Standard and Poor's 500 Stock Index. Diese Aufzeichnung von 500 wichtigen Aktien verwaltet zusätzlich Partnerschaften, die auf verschiedenen Handelsplätzen aufgezeichnet sind, und ist eine viel umfangreichere basierte Datei als der Dow Jones Industrial Average. Eine Organisationsgefahr ist eine Gefahr, die die Aktienkosten einer Organisation oder Branche beeinflusst. Das Interesse für einen Artikel ist eine Organisationsgefahr. Für den Fall, dass der Artikel oder die Verwaltung eines Unternehmens beliebt ist, werden die Kosten für seine Aktien zum größten Teil steigen. Für den Fall, dass der Artikel oder die Verwaltung eines Unternehmens nicht gefragt ist, werden die Kosten für seine Aktien zum größten Teil fallen.

Würden Sie es nicht lieben, ein Unternehmer zu sein, während Sie nie bei der Arbeit erscheinen? Stellen Sie sich vor, Sie könnten sich zurücklehnen, zusehen, wie sich Ihr Unternehmen entwickelt, und die Gewinnschecks abholen, wenn das Geld reinkommt! Dieser Umstand mag wie ein Wunschtraum erscheinen, ist aber näher an der Realität, als Sie vielleicht vermuten. Wie Sie wahrscheinlich schon vermutet haben, geht es hier um den Besitz von Aktien. Diese bemerkenswerte Klasse von geldbezogenen Instrumenten ist, ohne Wenn und Aber, wahrscheinlich das beste Gerät, das zu irgendeinem Zeitpunkt für den Aufbau von Reichtum entwickelt wurde. Aktien sind ein Teil, wenn nicht sogar die Grundlage, von so ziemlich jedem Spekulationsportfolio. An dem Punkt, an dem Sie auf Ihrer Straße zu geldbezogenen Möglichkeiten beginnen, müssen Sie ein starkes Verständnis von Aktien haben und wie sie an der Finanzbörse gehandelt werden. Im Laufe der letzten paar Jahrzehnte hat sich die Begeisterung des normalen Menschen für die Wertpapierbörse exponentiell entwickelt. Was einst ein Spielzeug der Reichen war, hat sich nun zum Vehikel der Entscheidung für die Entwicklung von Reichtum gewandelt. Dieses Interesse in Verbindung mit den Innovationsschüben an der Börse hat die Geschäftsbereiche geöffnet, so dass heutzutage fast jeder Aktien erwerben kann. Trotz ihrer weiten Verbreitung verstehen viele Menschen Aktien nicht vollständig.

Vieles erfährt man aus Diskussionen am Wasserspender mit anderen Leuten, die ebenfalls nicht die geringste Ahnung haben, worüber sie sprechen. Die Chancen sind Sie gerade gehört haben Einzelpersonen machen Aussagen wie, "Sway's Cousin in riesige Gewinne in XYZ Organisation geharkt, und jetzt hat er eine weitere heiße Tipp ..." oder "Watch out mit Aktien - - Sie können Ihr Hemd in nur Tagen zu verlieren!" Ein großer Teil dieser Unwahrheit beruht also auf einer "leicht verdientes Geld"-Einstellung, die besonders während des erstaunlichen Dotcom-Schauspiels in den späten 90er Jahren verbreitet war. Einzelpersonen glaubten, dass Aktien die zauberhafte Antwort auf momentanen Reichtum ohne Risiko seien. Der folgende Dotcom-Crash hat gezeigt, dass dies nicht der Fall ist. Aktien können (und tun) riesige Mengen an Reichtum bringen, aber sie sind nicht ohne Gefahren. Die wichtigste Antwort auf diese Frage ist Anleitung. Der Weg, sich an der Finanzbörse abzusichern, besteht darin, zu verstehen, wo man sein Geld anlegt. Aus diesem Grund haben wir diese lehrreiche Übung gemacht: Um die Einrichtung zu geben, müssen Sie sich selbst auf Wagnis-Entscheidungen festlegen. Wir beginnen damit, zu klären, was eine Aktie ist und welche verschiedenen Arten von Aktien es gibt, und danach besprechen wir, wie sie ausgetauscht werden, was die Kosten verändert, wie Sie Aktien kaufen und vieles mehr.

Schlicht und einfach, Aktie ist ein Angebot in der Verantwortung für die Organisation. Aktien sprechen für eine Beteiligung an den Vorteilen und dem Gewinn der Organisation. Da Sie progressiv Aktien erhalten, wird Ihr Eigentumsanteil an der Organisation mehr bemerkenswert. Unabhängig davon, ob Sie von Angeboten, Wert oder Aktien sprechen, impliziert alles etwas sehr Ähnliches. Ein Eigentümer zu sein, der Aktien einer Organisation hält, bedeutet, dass Sie einer der zahlreichen Eigentümer (Investoren) einer Organisation sind und, alles in allem, haben Sie einen Anspruch (aber normalerweise außergewöhnlich wenig) auf alles, was die Organisation besitzt. In der Tat bedeutet dies, dass Sie tatsächlich ein kleines Stück von jedem Haushaltsgegenstand, jeder Marke und jedem Vertrag der Organisation besitzen. Als Eigentümer sind Sie für einen großen Teil des Gewinns der Organisation qualifiziert, ebenso wie für alle demokratischen Rechte, die an den Aktien hängen.

Ein Bestand wird durch eine Bestandserklärung angesprochen. Dies ist ein extravagantes Stück Papier, das Ihren Besitz bestätigt. Im gegenwärtigen PC-Zeitalter werden Sie nicht wirklich die Möglichkeit haben, diesen Bericht zu sehen, da das Unternehmen diese Aufzeichnungen elektronisch aufbewahrt, was sonst als Halten von Aktien "im Straßennamen" bezeichnet wird. Dies geschieht, um den Austausch der Angebote zu vereinfachen. Früher, wenn eine Person ihre Angebote verkaufen musste, brachte diese Person die Testamente physisch zum Finanzier. Heutzutage macht der Austausch mit einem Mausklick oder einem Telefonanruf das Leben für alle einfacher.

Ein Investor einer offenen Organisation zu sein, bedeutet nicht, dass Sie ein Mitspracherecht bei der täglichen Führung des Unternehmens haben. Vielmehr ist eine Stimme für jedes Angebot zur Wahl des Leitungsgremiums bei jährlichen Versammlungen der Grad, in dem Sie einen Status in der Organisation haben. Zum Beispiel bedeutet ein Microsoft-Investor zu sein nicht, dass Sie Bill Gates anrufen und ihm mitteilen können, wie Sie denken, dass die Organisation geführt werden sollte. In einer ähnlichen Argumentation bedeutet ein Investor von Anheuser Busch nicht, dass man in die Fabrik spazieren kann und eine kostenlose Instanz von Bud Light bekommt! Die Verwaltung der Organisation sollte die Wertschätzung der Firma für Investoren erhöhen. Für den Fall, dass dies nicht geschieht, können die Investoren eine Abstimmung durchführen, um die Verwaltung aus einem bestimmten Gesichtspunkt heraus zu vertreiben. In Wirklichkeit beanspruchen singuläre Finanzspezialisten wie Sie und ich nicht genug Angebote, um die Organisation zu beeinflussen. Es sind extrem die enormen jungen Männer wie riesige institutionelle Spekulanten und Tycoon-Geschäftsleute, die die Entscheidungen treffen. Für konventionelle Investoren ist es keine so große Tortur, nicht die Möglichkeit zu haben, sich mit der Organisation zu beschäftigen. Alles in allem ist der Gedanke, dass Sie es vorziehen würden, nicht arbeiten zu müssen, um zu profitieren, richtig? Die Bedeutung, ein Investor zu sein, besteht darin, dass Sie für einen Teil der Vorteile der Organisation qualifiziert sind und einen Anspruch auf Ressourcen haben. Die Vorteile werden manchmal als Gewinne ausgezahlt. Je mehr Angebote Sie besitzen, desto größer ist der Anteil an den Vorteilen, den Sie erhalten. Ihr Fall auf Ressourcen ist nur wichtig, wenn eine Organisation scheitert. Sollte es zu einer Liquidation kommen, bekommen Sie das, was übrig bleibt, nachdem alle Darlehensgeber ausgezahlt worden sind. Dieser letzte Punkt verdient eine Wiederholung: Die Bedeutung des Aktienbesitzes ist Ihr Fall auf Ressourcen und Gewinn. Ohne dies wäre die Aktie das Papier nicht wert, auf dem sie gedruckt ist. Eine weitere kritische Komponente von Aktien ist ihre beschränkte Verbindlichkeit, was bedeutet, dass Sie als Eigentümer einer Aktie nicht von vornherein gefährdet sind, wenn die Organisation ihre Verpflichtungen nicht bezahlen kann. Andere Organisationen, wie z.B. Vereine, sind so aufgebaut, dass die Banken im Falle des Scheiterns der Organisation nach und nach auf die Komplizen (Investoren) zukommen und deren Haus, Fahrzeug, Möbel usw. versteigern können. Der Besitz von Aktien impliziert, dass der größte Wert, den Sie verlieren können, trotzdem die Schätzung Ihrer Spekulation ist. Unabhängig davon, ob eine Organisation, deren Investor Sie sind, scheitert, können Sie niemals Ihre eigenen Vorteile verlieren. Verpflichtung versus Wert Warum gibt eine Organisation Aktien aus? Aus welchem Grund sollten die Organisatoren die Vorteile mit einer großen Anzahl von Personen teilen, wenn sie die Vorteile vertuschen könnten? Die Erklärung ist, dass jede Organisation früher oder später Geld einwerben muss. Um dies zu tun, können Organisationen es entweder von jemandem erwerben oder es durch den Verkauf eines Teils der Organisation aufbringen, was als Geben von Aktien bekannt ist. Eine Organisation kann sich Geld beschaffen, indem sie einen Kredit bei einer Bank aufnimmt oder indem sie Anleihen gibt. Diese beiden Techniken fallen unter den Begriff der Fremdfinanzierung. Die Ausgabe von Aktien wiederum wird als Wertfinanzierung bezeichnet. Das Schenken von Aktien ist für das Unternehmen von unschätzbarem Wert, da es nicht erforderlich ist, dass das Unternehmen das Geld zurückzahlt oder auf dem Weg dorthin Prämienzahlungen leistet. Alles, was die Investoren als Nebenprodukt ihres Geldes erhalten, ist die Erwartung, dass die Angebote irgendwann mehr wert sein werden als das, was sie für sie bezahlt haben. Die erste Freigabe einer Aktie, die vom Unternehmen selbst gegeben wird, wird als

Erstverkauf von Aktien (IPO) bezeichnet. Es ist wichtig, dass Sie die Unterscheidung zwischen der Finanzierung eines Unternehmens durch eine Verpflichtung und der Finanzierung durch einen Wert verstehen. In dem Moment, in dem Sie eine Verpflichtungsspekulation, z. B. ein Wertpapier, kaufen, wird Ihnen neben garantierten Prämienzahlungen auch die Ankunft Ihres Geldes (der Kopf) garantiert. Das ist bei einer Wertbeteiligung nicht der Fall. Indem Sie Eigentümer werden, nehmen Sie die Gefahr in Kauf, dass die Organisation nicht fruchtbar ist - ähnlich wie einem Unternehmer nicht die Ankunft des Geldes garantiert wird, ebenso wenig wie einem Investor. Als Eigentümer ist Ihr Fall auf Ressourcen nicht so sehr wie der von Darlehensgebern. Das bedeutet, wenn ein Unternehmen scheitert und verkauft wird, erhalten Sie als Investor kein Geld, bis die Banken und Anleihegläubiger ausbezahlt wurden; wir nennen das "outright need". Investoren gewinnen eine Menge, wenn eine Organisation effektiv ist, aber sie bleiben zusätzlich ihre gesamte Spekulation zu verlieren, wenn die Organisation nicht fruchtbar ist. Gefahr Es muss unterstrichen werden, dass es keine Sicherheiten in Bezug auf einzelne Aktien gibt. Einige Organisationen schütten Gewinne aus, zahlreiche andere nicht. Darüber hinaus gibt es keine Verpflichtung, in jedem Fall Gewinne auszuschütten, für die Organisationen, die sie üblicherweise gegeben haben. Ohne Gewinne kann ein Spekulant von einer Aktie nur durch ihre Dankbarkeit auf dem freien Markt profitieren. Auf der anderen Seite kann jede Aktie scheitern, und in diesem Fall ist Ihr Unternehmen nichts wert. Trotz der Tatsache, dass das Risiko alles negativ klingen mag, gibt es auch eine brillante Seite. Wer sich auf ein Risiko einlässt, verlangt einen nennenswerten Gewinn für seine Spekulation. Das ist der Grund, warum Aktien in der Regel andere Spekulationen, wie z.B. Wertpapiere oder Investmentkonten, geschlagen haben. Langfristig gesehen hat eine Beteiligung an Aktien tatsächlich eine normale Rendite von etwa 10-12% gebracht.

# Kapitel Elf: Individuelle Altersvorsorgekonten

Verschiedene Arten von Vorräten

Es gibt zwei grundsätzliche Arten von Aktien: Stammaktien und Vorzugsaktien. Reguläre Aktien Stammaktien sind, nun ja, normal. Wenn Menschen über Aktien sprechen, spielen sie typischerweise auf diese Art an. Tatsächlich ist der Großteil der Aktien in dieser Struktur gegeben. Wir sind im letzten Abschnitt grundsätzlich auf die Highlights von normalen Aktien eingegangen. Normale Angebote sprechen von Besitz in einer Organisation und einem Fall (Gewinne) auf einem Segment von Vorteilen. Finanzspezialisten erhalten für jedes Angebot eine Stimme, um die Vorstandsmitglieder zu wählen, die die wichtigen Entscheidungen des Vorstands verwalten. Auf lange Sicht bringt die Basisaktie durch die Methoden der Kapitalentwicklung eine deutlich höhere Rendite als so ziemlich jedes andere Unternehmen. Diese bessere Rendite beinhaltet einige große Nachteile, da reguläre Aktien das meiste Risiko beinhalten. Für den Fall, dass ein Unternehmen scheitert und verkauft wird, erhalten die normalen Investoren kein Geld, bis die Darlehensgeber, Anleihegläubiger und bevorzugten Investoren bezahlt sind. Vorzugsaktien Vorzugsaktien sprechen etwas von Besitz in einer Organisation, gehen aber typischerweise nicht mit ähnlichen demokratischen Rechten einher. (Dies kann je nach Unternehmen unterschiedlich sein.) Bei Vorzugsaktien wird den Finanzspezialisten normalerweise ein fester Gewinn für die Ewigkeit garantiert. Dies ist nicht ganz dasselbe wie bei normalen Aktien, die variable Gewinne haben, die nie gesichert sind. Ein weiterer

Spielraum besteht darin, dass bevorzugte Investoren im Falle einer Liquidation vor den regulären Investoren befriedigt werden (aber gleichzeitig nach den Inhabern von Verpflichtungen). Bevorzugte Aktien können ebenfalls kündbar sein, was bedeutet, dass die Organisation die Möglichkeit hat, die Angebote der Investoren jederzeit und unter allen Umständen zu kaufen (meist gegen eine Prämie). Einige Leute glauben, dass Vorzugsaktien eher einer Verpflichtung als einem Wert ähneln. Eine anständige Methode, über diese Art von Angeboten nachzudenken, ist, sie als ein Mittelding zwischen Anleihen und normalen Aktien zu betrachten. Verschiedene Aktiengattungen Stammaktien und Vorzugsaktien sind die beiden primären Aktiengattungen; in jedem Fall ist es für Unternehmen zusätzlich möglich, verschiedene Aktiengattungen in jeder gewünschten Kapazität zu ändern. Der bekannteste Grund dafür ist, dass die Organisation die demokratischen Rechte braucht, um bei einer bestimmten Gruppe zu bleiben; daher werden verschiedenen Klassen von Aktien verschiedene demokratische Rechte gegeben. Zum Beispiel würde eine Klasse von Angeboten von einer ausgewählten Gruppe gehalten werden, die zehn Stimmen für jedes Angebot erhalten, während eine unterdurchschnittliche Klasse von den meisten Spekulanten gehalten wird, die eine Stimme für jedes Angebot erhalten. Wenn es mehr als eine Aktienklasse gibt, werden die Klassen im Allgemeinen als Klasse An und Klasse B bezeichnet. Berkshire Hathaway (Ticker: BRK), hat zwei Aktienklassen. Die verschiedenen Strukturen werden durch das Setzen des Buchstabens hinter das Tickerbild in einer Struktur so angesprochen: "BRKa, BRKb" oder "BRK.A, BRK.B".

Wie Aktien gehandelt werden

Die meisten Aktien werden an Trades ausgetauscht, das sind Orte, an denen sich Käufer und Händler treffen und über einen Preis abrechnen. Einige wenige Trades sind physische Bereiche, in denen der Austausch auf einem Börsenparkett stattfindet. Vermutlich haben Sie schon einmal Fotos von einem Börsenparkett gesehen, auf denen die Händler unkontrolliert mit den Armen winken, winken, brüllen und sich gegenseitig zuwinken. Die andere Art des Handels ist virtuell und wird über ein System von PCs abgewickelt, in dem der Austausch elektronisch erfolgt.

Der Grund für eine Finanzbörse ist es, den Handel von Schutzmaßnahmen zwischen Käufern und Händlern zu fördern, wodurch die Gefahren der Einbringung verringert werden. Stellen Sie sich einfach vor, wie mühsam es ist, Aktien zu verkaufen, wenn Sie in der Gegend herumtelefonieren müssten, um einen Käufer zu finden. Im Extremfall ist eine Finanzbörse nur ein super-moderner Viehmarkt, der Käufer und Verkäufer verbindet. Bevor wir fortfahren, sollten wir den Hauptmarkt und den Nebenmarkt erkennen. Der wesentliche Markt ist der Ort, an dem Absicherungen vorgenommen werden (durch Methoden für einen Börsengang), während auf dem optionalen Markt Finanzspezialisten tauschen, die zuvor Absicherungen ohne die Einbeziehung der gebenden Organisationen gegeben haben. Der Hilfsmarkt ist das, worauf Personen anspielen, wenn sie über die Wertpapierbörse sprechen. Verstehen Sie, dass der Austausch von Aktien einer Organisation nicht direkt diese Organisation einschließt. Die New Yorker Börse Der erhabenste Handel auf dem Planeten ist die New Yorker Börse (NYSE). Das "Enormous Board" wurde vor mehr als 200 Jahren, 1792, mit der Zustimmung zum Buttonwood Arrangement von 24 New Yorker Börsenmaklern und Händlern gegründet. Im Moment ist die NYSE mit Aktien wie General Electric, McDonald's, Citigroup, Coca-Cola, Gillette und Wal-Basar der Markt der Entscheidung für die größten Organisationen in Amerika.

Die NYSE ist die Hauptart des Handels (wie wir oben angedeutet haben), bei der ein großer Teil des Austauschs hautnah auf einem Börsenparkett durchgeführt wird. Dies wird zusätzlich als ein aufgezeichneter Handel angedeutet. Anfragen kommen durch Firmen, die Einzelpersonen aus dem Handel sind, und strömen hinunter zu den Parketthändlern, die zu einem bestimmten Punkt auf dem Boden gehen, wo die Aktien ausgetauscht werden. An diesem Ort, der als Börsenplatz bekannt ist, gibt es eine bestimmte Person, die als Experte bekannt ist und deren Aufgabe es ist, Käufer und Verkäufer zu koordinieren. Die Kosten werden mit Hilfe einer Verkaufstechnik geklärt: Der aktuelle Preis ist die höchste Summe, die ein Käufer bereit ist zu zahlen, und der niedrigste Preis, zu dem jemand bereit ist zu verkaufen. Wenn ein Tausch stattgefunden hat, werden die Informationen an die Finanzfirma zurückgeschickt, die dann dem Spekulanten mitteilt, wer die Anfrage gestellt hat. Trotz der Tatsache, dass es bei diesem Verfahren menschlichen Kontakt gibt, sollte man sich nicht vorstellen, dass die NYSE noch in der Steinzeit ist: PCs übernehmen gleichzeitig eine immense Arbeit. Die Nasdaq Die zweite Art des Handels ist die virtuelle Art, die einen Over-the-Counter (OTC)-Schaukasten mit sich bringt, von denen die Nasdaq die am weitesten verbreitete ist. Diese Geschäftsbereiche haben keinen Schwerpunktbereich oder Parketthändler. Der Austausch erfolgt über ein PC- und Broadcast-Kommunikationssystem der Händler. Früher wurden die größten Unternehmen eindeutig an der NYSE notiert, während alle anderen Aktien der zweiten Ebene an anderen Handelsplätzen gehandelt wurden. Mit dem Tech-Boom der späten 90er Jahre änderte sich dies; gegenwärtig sind an der Nasdaq einige große Innovationsunternehmen vertreten, zum Beispiel Microsoft, Cisco, Intel, Dell und Oracle. Dies hat dazu geführt, dass die Nasdaq zu einem echten Konkurrenten für die NYSE geworden ist.

An der Nasdaq treten Unternehmen als Market Creators für verschiedene Aktien auf. Ein Marktproduzent gibt konsistente Angebots- und Nachfragekosten innerhalb einer gebilligten Kursspanne für Aktien, für die er einen Markt schaffen soll. Sie können Käufer und Verkäufer unkompliziert koordinieren, halten aber in der Regel einen Vorrat an Angeboten vor, um die Bedürfnisse der Finanzspezialisten zu befriedigen. Andere Börsen Die drittgrößte Börse in den USA ist die American Stock Exchange (AMEX). Die AMEX war früher eine Option im Gegensatz zur NYSE, aber diese Aufgabe wurde inzwischen von der Nasdaq übernommen. Eigentlich hat die National Association of Securities Dealers (NASD), die Muttergesellschaft der Nasdaq, die AMEX 1998 gekauft. Praktisch alle Börsengeschäfte an der AMEX finden jetzt in kleinen Spitzenwerten und untergeordneten Werten statt. Es gibt viele Aktienbörsen, die sich in so ziemlich jeder Nation rund um den Globus befinden. Amerikanische Märkte sind ohne Zweifel die größten, aber trotz allem sprechen sie nur eine kleine Menge von allen aus Venture weit und breit. Die beiden anderen fundamentalen geldbezogenen Zentren sind London, Heimat der Londoner Börse, und Hongkong, Heimat der Hongkonger Börse. Der letzte Punkt, den man erwähnen sollte, ist das Over-the-Counter Release Board (OTCBB). Die Nasdaq ist ein Freiverkehrsmarkt, allerdings bezieht sich der Begriff im Allgemeinen auf kleine offene Organisationen, die nicht die Buchungsanforderungen eines der gerichteten

Märkte, einschließlich der Nasdaq, erfüllen. Der OTCBB ist die Heimat von Penny Stocks, da es hier praktisch keine Richtlinien gibt. Dies macht die Investition in eine OTCBB-Aktie gefährlich.

Wodurch verändern sich Aktienkurse?

Aktienkosten ändern sich jeden Tag aufgrund der Marktkräfte. Damit ist gemeint, dass sich die Angebotskosten in Abhängigkeit vom Marktinteresse ändern. Wenn mehr Personen eine Aktie kaufen (Nachfrage) als verkaufen (Angebot) müssen, steigt der Wert an. Auf der anderen Seite, wenn eine größere Anzahl von Individuen eine Aktie verkaufen muss, als sie zu bekommen, würde es mehr prominente Lager als Nachfrage geben, und die Kosten würden fallen. Marktinteresse zu bekommen ist einfach. Was schwer zu ergründen ist, ist die Sache, die Individuen dazu bringt, eine bestimmte Aktie zu mögen und eine andere Aktie abzulehnen. Es kommt darauf an, einen Sinn dafür zu finden, welche Nachrichten für ein Unternehmen sicher sind und welche Nachrichten negativ sind. Es gibt zahlreiche Antworten auf diese Frage und so ziemlich jeder Finanzspezialist, den Sie fragen, hat seine ganz eigenen Gedanken und Methoden.

Das heißt, die wichtigste Hypothese ist, dass die Wertentwicklung einer Aktie zeigt, was Spekulanten das Gefühl, eine Organisation ist Wert. Versuchen Sie nicht, den Anreiz einer Organisation mit den Aktienkosten zu vergleichen. Die Schätzung einer Organisation ist ihre Marktkapitalisierung, die der Aktienwert ist, der durch die Menge der bemerkenswerten Angebote erhöht wird. Zum Beispiel hat ein Unternehmen, das zu $100 pro Aktie gehandelt wird und 1 Million Angebote hat, einen geringeren Anreiz als ein Unternehmen, das zu $50 gehandelt wird und 5 Millionen Angebote hat ($100 x 1 Million =

$100 Millionen während $50 x 5 Millionen = $250 Millionen). Um die Dinge weiter zu verwirren, spiegeln die Kosten einer Aktie nicht nur den gegenwärtigen Wert einer Organisation wider, sondern auch die Entwicklung, die Spekulanten später erwarten. Der wichtigste Faktor, der die Bewertung eines Unternehmens beeinflusst, ist sein Gewinn. Erträge sind der Nutzen, den eine Organisation erzielt, und auf lange Sicht kann keine Organisation ohne sie auskommen. Wenn man es bedenkt, ist das ein gutes Zeichen. Für den Fall, dass eine Organisation nie Gewinne macht, wird sie nicht im Geschäft bleiben. Offene Organisationen sind verpflichtet, ihre Einnahmen viermal im Jahr zu melden (wenn jedes Quartal). Money Street beobachtet diese Gelegenheiten, die als Gewinnsaisonen bezeichnet werden, mit großer Aufmerksamkeit. Der Grund dafür ist, dass Ermittler ihre zukünftige Einschätzung einer Organisation auf deren Gewinnprognose stützen. Für den Fall, dass die Ergebnisse eines Unternehmens schockieren (besser sind als erwartet), springt der Wert in die Höhe. Für den Fall, dass die Ergebnisse eines Unternehmens desillusionieren (schlechter als erwartet sind), wird der Wert fallen. Offensichtlich ist es nicht nur der Gewinn, der die Annahme gegenüber einer Aktie ändern kann (was folglich ihre Kosten ändert). Es wäre eine etwas einfache Welt, wenn dies die Situation wäre! Während der Dotcom-Blase zum Beispiel stiegen viele Web-Organisationen zu Vorzeige-Kapitalisierungen in Milliardenhöhe auf, während sie nie auch nur den kleinsten Gewinn machten. Wie wir alle wissen, hielten diese Bewertungen nicht, und die meisten Web-Organisationen sahen ihre Qualitäten Psychologe zu einem kleinen Betrag von ihren Höchstständen. Auf jeden Fall zeigt die Art und Weise, wie sich die Kosten so stark bewegt haben, dass es andere Faktoren als den aktuellen Gewinn gibt, die Aktien beeinflussen. Spekulanten haben wirklich mehrere dieser Faktoren, Proportionen und Anhaltspunkte gewachsen. Einige haben Sie vielleicht gerade erst kennengelernt, zum Beispiel das Wert/Gewinn-Verhältnis, während andere sehr verworren und wolkig sind, mit Namen wie Chaikin-Oszillator oder gleitende normale Baugruppen-Einheit. Da die Dinge so sind, wie sie sind, warum ändern sich die Aktienkosten? Die beste Antwort ist, dass es niemand wirklich zweifelsfrei weiß. Einige akzeptieren, dass es jenseits der Vorstellungskraft liegt, zu erwarten, dass man vorhersehen kann, wie sich die Aktienkosten ändern werden, während andere glauben, dass man durch das Zeichnen von Graphen und einen Blick auf vergangene Wertentwicklungen entscheiden kann, wann man kaufen und verkaufen sollte. Das Wichtigste, was wir wissen, ist, dass Aktien instabil sind und sich in den Kosten sehr schnell ändern können. Die wesentlichen Dinge, die man zu diesem Thema in den Griff bekommen sollte, sind die nebenstehenden:

1. Auf der zentralsten Ebene entscheidet der organische Markt im Markt über die Lagerkosten. 2. Wert mal die Menge der Angebote außerordentlich (werben Kapitalisierung) ist die Schätzung einer Organisation. Der Vergleich nur der Angebotskosten von zwei Organisationen ist nutzlos. 3. Hypothetisch sind Einkommen, was die Bewertung einer Organisation durch Finanzspezialisten beeinflusst, dennoch gibt es verschiedene Anhaltspunkte, die Spekulanten verwenden, um Aktienkosten zu antizipieren. Denken Sie daran, dass es die Schlussfolgerungen, Denkweisen und Wünsche der Finanzspezialisten sind, die letztendlich die Aktienkosten beeinflussen. 4. Es gibt zahlreiche Spekulationen, die versuchen, die Art und Weise zu klären, in der sich die Aktienkosten so bewegen, wie sie es tun. Bedauerlicherweise gibt es keine Hypothese, die alles erklären kann.

## Einkauf von Aktien

Sie haben jetzt begriffen, was eine Aktie ist und ein klein wenig über die Standards hinter der Wertpapierbörse, aber wie würden Sie den Kauf von Aktien wirklich angehen? Glücklicherweise müssen Sie nicht schreiend in die Börsengrube hinabsteigen und Ihr Anliegen vortragen. Es gibt zwei primäre Ansätze, um Aktien zu kaufen: 1. Nutzung eines Maklers Die am weitesten verbreitete Strategie, um Aktien zu kaufen, ist die Nutzung eines Finanzierers. Finanziers gibt es in zwei verschiedenen Geschmacksrichtungen. Vollverwaltungsunternehmen bieten Ihnen (soweit bekannt) eine umfassende Beratung und können sich um Ihre Unterlagen kümmern; sie verlangen ebenfalls eine Menge. Abschlagsunternehmen bieten wenig individuelle Betreuung, sind aber wesentlich preiswerter. Einst konnten nur die Wohlhabenden die Kosten für einen Händler aufbringen, da nur die teuren, volladministrativen Vermittler zugänglich waren. Mit dem Web kam der Siegeszug der Online-Rabattvermittler. Durch sie konnte nun so gut wie jeder in der Lage sein, Mittel auf den Markt zu bringen. 2. Dribbles und DIPs Dividenden-Reinvestment-Pläne (DRIPs) und Direct-Venture-Pläne (DIPs) sind Konstruktionen, mit denen einzelne Organisationen gegen einen geringen Aufwand Investoren ermöglichen, Aktien legitim von der Organisation zu kaufen. Dribbles sind eine außergewöhnliche Methode, um begrenzte Mengen an Bargeld zu Standard-Zwischenzeiten einzubringen.

## Die effektivste Methode zum Lesen einer Aktientabelle/eines Kurses

Abschnitte 1 und 2: 52-Week Hi und Low - Dies sind die höchsten und niedrigsten Kosten, zu denen eine Aktie in den letzten 52 Wochen (einem Jahr) gehandelt wurde. Dies schließt in der Regel die Kurse des Vortages aus. Abschnitt 3: Name des Unternehmens und Art der Aktie - In diesem Abschnitt wird der Name des Unternehmens erfasst. Wenn keine außergewöhnlichen Bilder oder Buchstaben hinter dem Namen stehen, handelt es sich um normale Aktien. Verschiedene Bilder deuten auf verschiedene Klassen von Angeboten hin. Zum Beispiel bedeutet "pf", dass es sich bei den Angeboten um bevorzugte Aktien handelt. Segment 4: Tickersymbol - Dies ist der spezielle alphabetische Name, der die Aktie auszeichnet. Für den Fall, dass Sie Haushaltsfernsehen schauen, haben Sie gesehen, wie sich das Tickerband über den Bildschirm bewegt und die neuesten Kostenschätzungen in der Nähe dieses Bildes anzeigt. Für den Fall, dass Sie nach Aktienauszügen im Internet suchen, suchen Sie in der Regel nach einer Organisation über das Ticker-Bild. Für den Fall, dass Sie nicht die geringste Ahnung haben, was der Ticker eines bestimmten Unternehmens ist, können Sie es unter http://finance.yahoo.com/l suchen. Segment 5: Dividende pro Aktie - Hier wird die jährliche Gewinnausschüttung pro Aktie angezeigt. Falls dieses Feld leer ist, schüttet das Unternehmen im Moment keine Gewinne aus. Abschnitt 6: Dividendenrendite - Dies drückt die Rendite auf den Gewinn aus, bestimmt als jährlicher Gewinn pro Angebot getrennt durch den Wert pro Aktie. Abschnitt 7: Kurs-Gewinn-Verhältnis - Dies wird ermittelt, indem die aktuellen Aktienkosten durch den Gewinn pro Aktie aus den letzten vier Quartalen getrennt werden. Für weitere Details, wie man dies am besten entschlüsselt, sehen Sie sich unsere Lehrübung zum Kurs-Gewinn-Verhältnis an. Abschnitt 8: Handelsvolumen - Diese Zahl zeigt die absolute Anzahl der ausgetauschten Angebote für den Nachmittag, die in Hunderten angegeben wird. Um die echte Anzahl ausgetauschter Angebote zu erhalten, schließen Sie "00" so weit wie möglich in die aufgezeichnete Zahl ein.

Segment 9 und 10: Tageshöchst- und -tiefstkurs - Hier wird der Wertverlauf dargestellt, zu dem die Aktie im Laufe des Tages gehandelt wurde. Dies sind also die höchsten und die niedrigsten Kosten, die Einzelpersonen für die Aktie bezahlt haben. Segment 11: Close - Der Close ist der letzte Börsenwert, der bei Marktschluss an diesem Tag verzeichnet wurde. Wenn der Schlusskurs um mehr als 5 % höher oder niedriger ist als der Schlusskurs des Vortages, ist die gesamte Buchung für diese Aktie unbestreitbar. Denken Sie daran, dass Sie nicht sicher sein können, diesen Preis zu erhalten, wenn Sie die Aktie am nächsten Tag kaufen, da sich der Preis ständig ändert (auch nachdem der Handel am Nachmittag geschlossen wurde). Der nahegelegene Wert ist nur ein Hinweis auf die vergangene Ausführung und dient, mit Ausnahme von unerhörten Bedingungen, als Richtwert für das, was Sie zu zahlen hoffen sollten. Segment 12: Netto-Änderung - Dies ist die Dollarwert-Änderung der Aktienkosten von den Endkosten des Vortages. An dem Punkt, an dem Sie Wind davon bekommen, dass eine Aktie "up for the afternoon" ist, bedeutet das, dass die Nettoveränderung sicher war. Auszüge im Internet Heutzutage ist es für die meisten zweifellos von Vorteil, Aktienauszüge aus dem Internet zu beziehen. Diese Strategie ist vorherrschend in Anbetracht der Tatsache, dass die meisten Ziele für die Dauer des Tages zu aktualisieren und geben Sie mehr Daten, Nachrichten, Diagramme, Blick in, und so weiter. Um Zitate zu erhalten, geben Sie im Wesentlichen das Ticker-Bild in das Anweisungsfeld einer beliebigen großen monetären Website wie Yahoo Finance, CBS Marketwatch oder MSN Moneycentral ein. Das untenstehende Modell zeigt ein Statement für Microsoft (MSFT) von Yahoo Finance. Das Entschlüsseln der Informationen ist eigentlich gleichwertig mit dem Papier.

Die Bullen, die Bären und die Farm

An der Wall Street befinden sich die Bullen und Bären in einem ständigen Kampf. Für den Fall, dass Sie bis jetzt noch nichts über diese Begriffe wussten, werden Sie das zweifellos tun, wenn Sie mitmachen. Die Bullen Ein positiv tendierender Wirtschaftssektor ist, wenn alles in der Wirtschaft außergewöhnlich ist, Einzelpersonen Positionen sichern, die gesamte nationale Produktion (BIP) sich entwickelt und die Aktien steigen. Die Dinge sind durch und durch bullisch! Das Auswählen von Aktien während eines positiv tendierenden Wirtschaftssektors ist einfacher, da alles nach oben geht. Die Käufermärkte können jedoch nicht ewig so weitergehen, und hin und wieder können sie gefährliche Umstände hervorrufen, wenn die Aktien übertrieben werden. Für den Fall, dass eine Person hoffnungsvoll ist und annimmt, dass die Aktien steigen werden, wird diese Person als "Bulle" bezeichnet und man sagt, dass sie einen "bullischen Standpunkt" hat. Die Bären Ein Bärenmarkt ist der Punkt, an dem es der Wirtschaft schlecht geht, ein Abschwung bevorsteht und die Aktienkosten fallen. Bärenmärkte machen es für Finanzexperten extrem, gewinnbringende Aktien auszuwählen. Eine Antwort darauf ist, zu profitieren, wenn die Aktien fallen, indem man eine Strategie namens Leerverkauf nutzt. Eine andere Methode besteht darin, sich an der Seitenlinie aufzuhalten, bis man das Gefühl hat, dass der Bärenmarkt sich seinem Ende nähert, und erst dann in Erwartung eines positiv tendierenden Geschäftssektors zu kaufen. Für den Fall, dass eine Person skeptisch ist und annimmt, dass die Aktien fallen werden, wird die betreffende Person als "Bär" bezeichnet und es wird gesagt, dass sie eine "bärische Sichtweise" hat.

Die anderen Tiere auf dem Bauernhof - Hühner und Schweine Hühner sind abgeneigt, etwas zu verlieren. Ihre Furcht hebt ihr Bedürfnis auf, Vorteile zu erzielen, so dass sie sich nur auf den Schutz durch Geldwerbung beschränken oder sich ganz aus den Geschäftsbereichen zurückziehen. Während die Tatsachen bestätigen, dass man niemals Ressourcen in etwas stecken sollte, über das man die Ruhe verliert, ist ebenfalls sichergestellt, dass man niemals eine Ankunft wahrnimmt, falls man einen strategischen Abstand zum Markt völlig beibehält und sich niemals aus dem Fenster lehnt, sind Schweine hochriskante Finanzspezialisten, die nach dem einen großen Treffer in einem kurzen Zeitrahmen suchen. Schweine kaufen auf heiße Tipps hin und stecken Ressourcen in Organisationen, ohne die nötige Sorgfalt walten zu lassen. Sie werden rastlos, geizig und leidenschaftlich bei ihren Spekulationen, und sie werden von chancenreichen Absicherungen angezogen, ohne die bestmögliche Zeit oder das bestmögliche Geld zu investieren, um diese Risikovehikel kennenzulernen. Geübte Händler lieben die Schweine, denn aus ihren Missgeschicken ziehen die Bullen und Bären regelmäßig ihren Nutzen. Welcher Typ von Investor werden Sie sein? Es gibt eine Menge verschiedener Spekulationsstile und -systeme da draußen. Trotz der Tatsache, dass die Bullen und Bären ständig Chancen haben, können beide von den wechselnden Zyklen im Markt profitieren. In der Tat sehen sogar die Hühner ein paar Renditen, allerdings nicht sehr viel. Der einzige Versager in diesem Bild ist das Schwein. Stellen Sie sicher, dass Sie nicht in den Markt einsteigen, bevor Sie vorbereitet sind. Seien Sie Traditionalist und stecken Sie niemals Ressourcen in etwas, das Sie nicht verstehen. Bevor Sie ohne die richtigen Informationen einsteigen, bedenken Sie diesen alten Börsenspruch:

"Bullen profitieren, Bären profitieren, aber Schweine werden einfach abgeschlachtet!"

Aktie impliziert Besitz. Als Eigentümer haben Sie ein Anrecht auf die Vorteile und Erträge einer Organisation, genauso wie Sie mit Ihren Angeboten ein Wahlrecht haben.

Aktien sind Wert, Anleihen sind Verpflichtung. Anleihegläubiger haben eine Ankunftsgarantie auf ihre Spekulation und haben einen höheren Fall als Investoren. Dies ist zum größten Teil der Grund, warum Aktien als gefährlichere Spekulationen angesehen werden und ein höheres Renditetempo erfordern.

Sie können die Gesamtheit Ihrer Spekulation mit Aktien verlieren. Die andere Seite davon ist, dass Sie in einigen ernsthaften Bargeld auf die Chance, dass Sie Ressourcen in die richtige Organisation setzen harken können.

Die beiden grundlegenden Arten von Aktien sind normal und beliebt. Es ist zusätzlich möglich, dass ein Unternehmen verschiedene Arten von Lagerbeständen herstellt.

Aktienmärkte sind Orte, an denen sich Käufer und Händler von Aktien zum Austausch treffen. Die NYSE und die Nasdaq sind die bedeutendsten Handelsplätze in den Vereinigten Staaten.

Die Lagerkosten ändern sich je nach Marktinteresse. Es gibt zahlreiche Elemente, die sich auf die Kosten auswirken, das wichtigste davon ist das Einkommen.

Es besteht keine Einigkeit darüber, warum sich die Aktienkosten so bewegen, wie sie es tun.

Um Aktien zu kaufen, können Sie entweder einen Financier oder einen Profit Reinvestment Plan (DRIP) nutzen.

Lagertabellen/-seiten sind wirklich nicht so schwer zu durchschauen, wenn man einmal einen großen Motivator für alles begriffen hat!

Bullen profitieren, Bären profitieren, aber Schweine werden geschlachtet!

Alle Organisationen müssen ihre Mittel überwachen. Dies bedeutet, dass die Organisation die Gesamtheit der ein- und ausgehenden Barmittel überwacht, genauso wie andere Austauschvorgänge, die nicht wirklich den Handel mit Barmitteln beinhalten. Gegen Ende eines jeden Monats, Quartals (eines Viertels eines Jahres) und Jahres wird eine Organisation Budgetberichte planen, die einen Überblick über alle geldbezogenen Austausche für diesen Zeitraum darstellen.

Für eine Organisation, die auf einem offenen Markt gehandelt wird (was bedeutet, dass Teile der Unternehmensaktien an einer Wertpapierbörse verkauft werden), ist es notwendig, dass die Organisation vierteljährliche und jährliche Finanzberichte plant und dokumentiert, damit die Verwaltung und die Menschen im Allgemeinen erkennen können, wie die Organisation vorankommt.

# Kapitel 12: Annuitäten

WER BENUTZT JAHRESABSCHLÜSSE?

Jede Menge verschiedener Versammlungen werden auf die Budgetübersichten einer Organisation scharf sein.

In erster Linie werden die Verwaltung und das Direktorium der Organisation die Haushaltsübersichten nutzen, um die Ausführung zu verfolgen. Die fiskalischen Zusammenfassungen zeigen, wie die Organisation zuvor gearbeitet hat, und helfen den Führungskräften, Entscheidungen über das zu treffen, was kommen wird.

Geldgeber (z. B. Banken, die dem Unternehmen Vorschüsse gewährt haben) müssen möglicherweise ebenfalls die steuerlichen Zusammenfassungen sehen. Einige Vorschüsse können bestimmte Voraussetzungen haben, z. B. kann das Verhältnis von Verpflichtung zu Wert der Organisation nicht mehr als 0,3 betragen, um diesen Kredit zu erhalten. Oder auf der anderen Seite, kann die Bank einfach wahrnehmen müssen, wie viel Geld die Organisation braucht, um zu beurteilen, wie wahrscheinlich es ist, dass die Organisation die Möglichkeit haben wird, den Vorschuss und die Begeisterung für einen günstigen Weg zurückzuzahlen.

Spekulanten sind ebenfalls sehr daran interessiert, die Finanzberichte zu beobachten. Sie treffen Entscheidungen darüber, ob sie Aktien des Unternehmens kaufen oder verkaufen sollen, und müssen daher wissen, wie das Unternehmen abschneidet, um ihre Entscheidungen zu beleuchten.

Könnten Sie sich vorstellen, dass außer dem Vorstand, den Banken und den Spekulanten noch andere Personen die Budgetübersichten einer Organisation nutzen könnten?

## WAS SIND DIE DREI JAHRESABSCHLÜSSE?

Wir sollten einen Blick auf Apple, Inc. werfen, um etwas über Budgetzusammenfassungen herauszufinden. Es gibt drei wesentliche Budgetberichte, 1) den Buchhaltungsbericht, 2) die Gehaltsabrechnung und 3) die Einkommensbekanntgabe. Sehen Sie unten, um Apples monetäre Verkündungen für 2014 zu finden.

## DIE BILANZ

Wir sollten damit beginnen, uns dieses Video anzusehen, das von Wall Street Survivor gemacht wurde, einer Komplizenorganisation von YIS.

Der Buchhaltungsbericht (oben) ist ein Abbild des Unternehmens zu einem einzelnen Zeitpunkt. Betrachten Sie ihn wie ein Foto. Es ist ein Abbild dessen, wie das Unternehmen an dem Tag aussieht, an dem das Bild aufgenommen wird. Der Buchhaltungsbericht zeigt eine Darstellung der Vorteile des Unternehmens (seine Vermögenswerte, von denen es hofft, später einen Anreiz zu schaffen), der Verbindlichkeiten (die Vorschüsse und andere Verpflichtungen wegen anderer) und des Wertes der Eigentümer (auch Wert der Investoren oder Wert der Investoren genannt - der Anteil, den die Eigentümer oder Finanzspezialisten am Unternehmen haben).

Apple, Inc. arrangiert einen Buchhaltungsbericht für das Jahr beendet 27. September 2014. Hier sind ein Teil der Vorteile der monetären

Rekord erscheint: 13,8 Milliarden Dollar Cash (in Fonds Begriffe, Geld ist nicht einfach Dollar-Greenbacks, aber alle Bargeld in finanziellen Aufzeichnungen, Investment-Konten gehalten, und so weiter zusätzlich zu echten Dollar-Noten in der Nähe, vorausgesetzt, alle) 17,5 Milliarden Dollar Forderungen (dies impliziert eine andere Person etwas von Apple gekauft, doch im Gegensatz zu sofort zu zahlen, unabhängig davon, dass sie das Geld schulden, und Apple hofft, es später zu bekommen) 2,1 Milliarden Dollar Vorräte (das sind die Macs und iPhones und iPads, die

Apple hat im Moment in Lagerräumen und Stores, die geplant sind, um Kunden angeboten zu werden) 20,6 Milliarden Dollar Sachanlagen und Hardware (dies ist das Maß an Land, Strukturen und Geräten, die die Organisation besitzt und verwendet, um Waren zu produzieren und zu verkaufen)

Hier erscheint ein Teil der Verbindlichkeiten, die monetär erfasst werden:

30,2 Mrd. $ Verbindlichkeiten aus Lieferungen und Leistungen (dies ist die andere Seite der Forderungen aus Lieferungen und Leistungen, d.h. in dieser Situation hat Apple etwas von anderen gekauft und sich verpflichtet, diese später zu bezahlen)

$18,5 Mrd. Aufgelaufene Kosten (dies könnte Dinge wie die Verpflichtung zur Zahlung von Begeisterung an Kreditspezialisten und Gebühren an die Legislative beinhalten)

29,0 Mrd. $ Langfristige Schulden (dies impliziert Kredite von einer Bank)

Hier wird ein Teil der Werteinstellungen des Geldsatzes angezeigt:

23,3 Mrd. US-Dollar Stammaktien (dies ist die Aktie, die Finanzspezialisten zur Verfügung steht)

87,2 Mrd. US-Dollar Gewinnrücklagen (dies ist das Maß für die in früheren Jahren erzielten Gewinne, die in das Unternehmen reinvestiert wurden, um es weiterzuentwickeln, und nicht als Gewinne an Investoren ausgeschüttet wurden)

DIE GEWINN- UND VERLUSTRECHNUNG

Die Gehaltsabrechnung zeigt die Ausstellung eines Unternehmens über einen bestimmten Zeitraum, z. B. ein Jahr. Betrachten Sie es wie ein Video. Es zeigt, was dem Unternehmen nach einiger Zeit widerfährt. Die Lohnverkündigung zeigt, wie viel Einkommen die Organisation im Laufe des Jahres gemacht hat, den Betrag, den es gekostet hat, seine primären Artikel zu verkaufen, den Betrag, den es gekostet hat, seine Vertreter im Laufe des Jahres zu bezahlen, und den Betrag, den es in Intrigen und Ausgaben für das Jahr schuldete. Auf einer wesentlichen Ebene, wenn die Organisation mehr Einkommen macht, als sie an Kosten ausgibt, ist es ein vorteilhaftes Geschäft. Für den Fall, dass die Ausgaben der Organisation höher sind als ihre Einnahmen, ist es alles andere als ein produktives Unternehmen.

Es ist in jedem Fall gut, sich daran zu erinnern, nicht nur einen Blick auf eine Budgetübersicht zu werfen und zu denken, dass diese die gesamte Geschichte des Unternehmens erzählt. Ein anständiger Spekulant sollte herausfinden, wie man alle fiskalische Zusammenfassungen, und sehen Sie Muster, die nach einiger Zeit auftreten, vom monetären Rekord bis

Abrechnungsbericht und von der Lohnbekanntgabe zur Lohnartikulation.

Apple, Inc. hat eine Gewinn- und Verlustrechnung für das am 27. September abgeschlossene Jahr erstellt,

2014. Die Gehaltserklärung zeigt, dass Apple in diesem Jahr Angebote von 182,8 Milliarden Dollar hat. Das ist, wie viel Einkommen Apple produziert mit jedem seiner Angebote von PCs und Telefone und Anwendungen und Melodien auf iTunes und alles andere es verkauft. Dies ist eine Erweiterung von 170,9 Milliarden Dollar von jedem 2013 und 156,5 Milliarden Dollar von jedem 2012.

Als nächstes zeigt die Gewinn- und Verlustrechnung die Kosten, beginnend mit den Umsatzkosten in Höhe von 112,3 Milliarden US-Dollar. Das bedeutet, dass es Apple 112,3 Milliarden Dollar gekostet hat, jedes einzelne der verkauften Produkte für 182,8 Milliarden Dollar Umsatz herzustellen. Andere Kosten beinhalten 6,0 Milliarden Dollar an innovativen Arbeitskosten, 12,0 Milliarden Dollar an Vertriebs-, allgemeinen und Managementkosten und 14,0 Milliarden Dollar an Zollkosten.

Zuletzt zeigt die Gewinn- und Verlustrechnung den Jahresüberschuss, der als Basislinie bezeichnet wird, weil er - Sie haben es erfasst! - es an der Basis der Gewinn- und Verlustrechnung auftaucht.

Der Nettogewinn von Apple für das Jahr, das am 27. September 2014 endete, betrug 39,5 Milliarden US-Dollar.

Anfragen ZU BEACHTEN:

1. Warum ist die Gehaltserklärung von Bedeutung?

2. Welche zwei Zeilen der Gehaltserklärung sind Ihrer Meinung nach die wichtigsten?

## DIE KAPITALFLUSSRECHNUNG

Der dritte der wesentlichen steuerlichen Berichte ist die Erklärung der Einnahmen. Die Erklärung der Einnahmen zeigt, wie viel Geld in das Unternehmen kam und wie viel Geld das Unternehmen verließ. Es ist wichtig, hier zu beachten, dass wir, wenn wir den Begriff Geld in der Fondswelt verwenden, nicht nur Dollar-Greenbacks meinen, ähnlich wie Sie vielleicht denken, sondern zusätzlich auch Schecks und elektronischen Austausch und den Ausgleich in der Finanzbilanz. In der Tat wickeln die meisten Organisationen einen Großteil ihres Austauschs über den elektronischen Austausch ab, aber trotzdem nennen wir das Geld. Betrachten Sie Geld einfach als alle Arten von Bargeld.

Geld, das durch Arbeitsübungen produziert wird, ist eine der bedeutendsten Messungen, die es zu überprüfen gilt. Stellen Sie sich dies als Einkommen oder Nettovorteil vor, jedoch den echten Geldgewinn. Normalerweise, wenn eine Organisation enorme Nicht-Geld Kosten oder Gewinne in einem Jahr hat, ist die genauere Nutzen Zahl auf dem Cash Generated from Operating Activities gefunden.

Die andere wichtige Kennzahl, die in der Kapitalflussrechnung besonders zu beachten ist, sind die Investitionen (auch CAPEX genannt), also die Auszahlungen für die Beschaffung von Sachanlagen und Ausrüstung. Das Aggregat für diese Klasse ist das Geld, das verwendet wird, um Ressourcen in das Unternehmen zu stecken. Warren Buffett und zahlreichen unglaublichen Finanzspezialisten ist der Free Cash Flow.

Dieser wird bestimmt durch: Reingewinn + Abschreibung - CAPEX = Free Cash Flow. Dies ist, wie viel Geld das Unternehmen in diesem Jahr geschaffen hat.

Bewegung: Können Sie den Free Cash Flow für Apple anhand der Ankündigungen in dieser Übung berechnen?

Hinweis: Ein Teil der Messungen findet sich in der Gewinn- und Verlustrechnung und ein Teil in der Kapitalflussrechnung.

WIE PROGNOSTIZIERE ICH DEN UMSATZ EINES UNTERNEHMENS?

In seiner am wenigsten komplexen Struktur kann das zukünftige Einkommen bestimmt werden, indem man die normalen Verkaufskosten des Artikels der Organisation um die Menge der erwarteten verkauften Artikel erhöht. In jedem Fall ist die Bestimmung des Einkommens nicht so einfach und kann die Berücksichtigung verschiedener Variablen beinhalten. Zum Beispiel würde Apple ein erweitertes Einkommen sehen, wenn es sein iPhone für mehr Geld pro Einheit verkaufen würde, aber nur, wenn die Menge der verkauften Telefone nicht wegen der Kostenerhöhung sinken würde. Apple würde sich wünschen, dass sowohl die Kosten pro Einheit als auch die Menge der angebotenen Einheiten steigen, aber diese beiden Dinge können sich in umgekehrter Weise bewegen, da Einzelpersonen im Allgemeinen weniger Einheiten kaufen, wenn die Kosten für diese Einheit steigen. Apple kann die Menge der verkauften Einheiten ebenfalls durch geologisches Wachstum steigern. Wenn es dem Unternehmen irgendwie gelänge, Telefone in einer anderen Nation zu verkaufen, in der es in letzter Zeit nicht verkauft hat, würde das die Einnahmen erhöhen. Es kann auch andere ausgleichende Faktoren geben, in jedem Fall. Zu dem Zeitpunkt, als Apple zuvor das iPhone präsentierte, waren iPods sehr Mainstream, doch als Einzelpersonen begannen, iPhones zu kaufen, die integrierte computerisierte Musikplayer enthielten, begannen sie weniger iPods zu kaufen. Diese Auswirkung machte es so, dass, während Apple haufenweise Einkommen aus der Freigabe seiner iPhones abholte, es begann, seine gewöhnlichen iPod Einkommen zu verlieren.

Unternehmen können ebenfalls zusätzliche Einnahmen erzielen, indem sie Konkurrenten ein Stück vom Kuchen abnehmen. Wenn zum Beispiel die Anzahl der weltweit verkauften Mobiltelefone jedes Jahr 1,2 Milliarden beträgt und Apple die Hälfte davon in diesem Jahr und 60 % in einem Jahr verkauft, wird das Unternehmen einen Einkommenszuwachs verzeichnen, wenn alles andere gleich bleibt. Das bedeutet, dass Apple in diesem Jahr 600 Millionen Telefone (die Hälfte von 1,2 Milliarden) verkauft hat und in einem Jahr 720 Millionen Telefone (60% von 1,2 Milliarden) verkaufen wird. Dies wird als "ein Stück des Kuchens nehmen" bezeichnet, da Apple im Grunde ein größeres Stück des Kuchens genommen hat, indem es von der Hälfte des Marktes auf 60 % des Marktes gestiegen ist. Eine andere Möglichkeit, wie ein Unternehmen Einkommen entwickeln kann, ist, in einem Markt zu sein, in dem sich der Markt selbst entwickelt. Wenn sich beispielsweise der Markt (d. h. die Menge der verkauften Mobiltelefone) um 10 % von 1,2 Milliarden Telefonen auf 1,32 Milliarden Telefone entwickelt, würde Apple unabhängig davon, ob es einen halben Anteil an der gesamten Branche hält, auf jeden Fall 10 % mehr Telefone verkaufen. Unternehmen können ebenfalls ihr Einkommen steigern, indem sie neue Geschäfte eröffnen oder bauen, andere Unternehmen übernehmen und so weiter.

Um die Einnahmen einer Organisation zu ermitteln, muss man das Unternehmen, die Organisation und die Konkurrenten beurteilen. Ein Blick auf die Einkommensentwicklungsrate eines Unternehmens über einen langen Zeitraum ist ein guter Anfang. Wie dem auch sei, Sie sollten darauf achten, dass ein unregelmäßiger Zeitraum nicht mit Sicherheit als typisch angesehen wird. Zum Beispiel lag die Einkommensentwicklungsrate von Apple seit Mitte der 2000er Jahre jedes Jahr bei weit über 10 % und erreichte sogar ein Tempo von über der Hälfte, nachdem das Unternehmen das iPhone und das iPad auf den Markt gebracht hatte. 2013 war Apple jedoch ein außergewöhnlich großes Unternehmen, das seit geraumer Zeit keine neuen Produkte mehr auf den Markt brachte, was zu einem Entwicklungstempo von unter 10 % für das Jahr führte.

Hätte der Experte damit gerechnet, dass die Organisation auf unabsehbare Zeit ein halbes Jahreseinkommen entwickelt, hätte er/sie einen schweren Schock erlitten. Bei der Ermittlung des Einkommens spielen eine Vielzahl von Faktoren eine Rolle, aber ein geschickter Ermittler, der seine Schularbeiten gemacht hat, sollte die Möglichkeit haben, rechtzeitig eine anständige Schätzung zu erstellen.

# Schlussfolgerungen

Aktion: UMSATZPROGNOSE

Wählen Sie eine Organisation aus, die auf Ihrer Liste aus Lektion 4 steht und die Sie von Bildschirmen oder von einem Super-marktbesuch oder aus anderen Quellen kennen:

- Wie schnell hat diese Organisation im Laufe der letzten Jahre ihre Einnahmen entwickelt?
- Wie schnell hat sich diese Organisation vor einem Jahr entwick-elt?
- Ist diese Organisation schneller oder langsamer geworden als ihre Konkurrenten?
- Was erwarten Sie, dass sie sich in den folgenden 5 Jahren entwickeln werden?

Nutzen Sie z. B. Morningstar.com, Zacks.com und Yahoo.Finance, um sich über diese Messungen zu informieren.

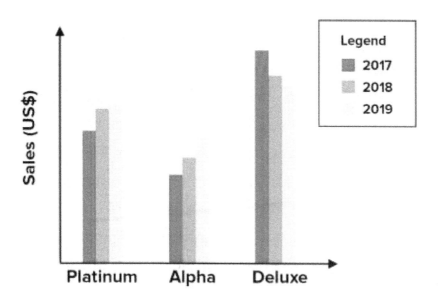

WIE PROGNOSTIZIERE ICH DIE MARGEN EINES UNTERNEH-MENS?

Wenn Sie Aktien untersuchen, werden Sie wahrscheinlich die Gehaltsproklamation, die monetäre Aufzeichnung und die Erklärung der Einkommen prüfen. Die Gehaltsproklamation gibt einen geldbezogenen Überblick über die Arbeitsfolgen der Firma über einen unbestimmten Zeitraum, zum Beispiel ein Quartal oder ein Jahr. Das Hauptsegment der Gehaltsmitteilung zeigt die Nettokanten, im Wesentlichen das absolute Einkommen (Geschäfte) abzüglich der Kosten für verkaufte Waren.

Budgetäre Organisationen und Organisationen mit Verwaltungssitz haben im Allgemeinen hohe Nettokosten, da sie häufig niedrigere Kosten für verkaufte Produkte haben. Moderne und montierende Unternehmen haben jedoch niedrigere Nettokosten, da sie erhebliche Kosten für die verkauften Produkte haben.

Hat die Fahrzeugmontageorganisation Toyota hohe oder niedrige Bruttokanten? Das ist richtig, sie haben niedrige Bruttokanten! Die Fahrzeugmontage hat einen der höchsten Kosten für verkaufte Waren in der gesamten Branche, ein Fahrzeug besteht aus Tausenden von Teilen. Wenn man jedes dieser Teile mit einbezieht, steigt der Aufwand für die verkauften Produkte und die Nettokosten sinken. Denken Sie daran, dass der Bruttorand im Grunde genommen die Kosten der verkauften Produkte vom Gesamteinkommen subtrahiert. Das kann nützlich sein, wenn man zwei Organisationen in einer ähnlichen Branche betrachtet, z. B. Apple gegen Samsung.

Die beiden stellen großartige Mobiltelefone her, wer könnte Ihrer Meinung nach einen höheren Bruttorand haben?

A. Samsung

B. Apfel

Apple hat die höhere Brutto-Kante und aus welchem Grund ist das signifikant? Unabhängig davon, ob sie eine bedeutendere Kosten oder sie haben niedrigere Kosten der verkauften Ware kann obere Hände im Laufe der Zeit auffordern.

Wenn Sie über die Lohnartikulation hinausgehen, werden Sie den Arbeitslohn oder das EBIT bemerken. Das Arbeitseinkommen, isoliert von den Gesamteinkünften, ist der Betriebsrand. Der Betriebsgewinn ist ein Anteil des Gewinns, d.h. der Betrag, der von jedem Dollar des Einkommens nach den Kosten der verkauften Waren und den Betriebskosten übrig bleibt. Die Betriebskosten beinhalten Finanzen, Provisionen für Geschäfte, Werbung, Transport, Reisen, Leasing und andere allgemeine Kosten. Es ist denkbar, dass es einfacher zu ergründen ist, wenn Sie den Kauf einer Jeans in Betracht ziehen. Sie sind im Einkaufszentrum und müssen eine Jeans kaufen, die 50 Dollar kostet, das ist eine Jeans, richtig? Sie fühlten sich so angenehm an, dass Sie sich frei fühlten, sie zu kaufen, aber wussten Sie, dass es nur $20 kostete, diese Jeans herzustellen. Das sind die Kosten der verkauften Ware, richtig, $20. Haben Sie zu viel bezahlt? Wir sollten das berücksichtigen. Nachdem die Organisation die Jeans hergestellt hatte, mussten sie die Jeans mit einem Sattelschlepper in den Laden liefern, jemand musste die

Lieferung von Jeans, die Organisation zahlt Miete, um ein Geschäft im Einkaufszentrum zu haben, das Geschäft

hat Arbeiter, die die Jeans offen zur Schau gestellt und Ihnen angeboten haben, ein Geschäft

wurde gemacht, um die Jeans voranzutreiben und diese Arbeitskosten bedeuten $25 auf

zusätzlich zu den $20 Kosten der verkauften Ware. Der Organisation verbleibt ein Gewinn von 5 $ oder

Bruttoarbeitsrand von 10 %.

Versammlung AKTIVITÄT: MARGIN-MATCHING

Wie wäre es, wenn wir ein Koordinierungsspiel spielen! Ordnen Sie die Organisation mit der Arbeitskante, die sie machen: Walmart und Facebook.

Organisation A hat einen Arbeitsvorsprung von 24 %

Organisation B hat einen Arbeitsvorsprung von 5%

Einsicht, das Geheimnis hinter Walmart ist, dass sie die geringsten Kosten anbieten und in Anbetracht dessen, dass sie wenig Nutzen pro verkaufter Größe machen, kompensieren sie es, da sie ziemlich viel mehr Socken, Reinigungsmittel und Hafer verkaufen als jeder ihrer Rivalen.

Ordnen Sie die Arbeitskante den nebenstehenden drei Organisationen Coca-Cola, Nike und Boeing zu.

Organisation A hat einen Arbeitsvorsprung von 8%

Organisation B hat einen Arbeitsvorsprung von 13%

Organisation C hat den Arbeitsvorsprung von 25 % Ihres ersten siebentägigen Spanischkurses. Ein wenig verloren mit einer Abschiedsmigräne. Wie dem auch sei, geben Sie ihm einen Hauch von Zeit und Sie sind auf dem besten Weg, sich in der Sprache der Buchhaltung verständigen zu können. Unabhängig davon, ob Sie später ein weltbekannter Börsenspekulant, ein Buchhalter oder vielleicht nur ein Zahnmediziner werden, der versucht, die Aufzeichnungen des Unternehmens zu führen, ist es grundlegend, herauszufinden, wie man Haushaltsübersichten durchschaut. Je vertrauter Sie damit sind, desto effektiver werden Sie in praktisch jeder Branche des Geschäftslebens sein.

Zusätzliche Informationen

1. Fonds hat eine Sprache (Buchhaltung), die Sie herausfinden, wie man spricht.

2. Es gibt drei grundlegende Haushaltsübersichten: die Bilanz, die Gewinn- und Verlustrechnung und die Kapitalflussrechnung

3. Sie sollten die Möglichkeit haben, die Einnahmen und Kanten einer Organisation genau zu schätzen

für den Fall, dass Sie Ressourcen in sie stecken müssen.

Bewegung

Sachverhalt: VERMISSTE FINANZEN Nehmen wir an, Sie haben im späten Frühjahr eine Einstiegsposition erhalten, in der Sie für den unglaublichen Spekulanten Warren Buffett persönlich arbeiten. Eine Gruppe wird ausgewählt, um seine nächsten Schützlinge zu sein und am Ende die Kontrolle über sein 60-Milliarden-Dollar-Domizil, Berkshire Hathaway, zu übernehmen.

Eines Morgens kommt Buffett ganz aufgeregt zu Ihnen. Er erklärt, dass er eine Untersuchung über Organisationen durchführte und ihre Finanzberichte erfuhr. Er druckte ihre monetären Aufzeichnungen und Gehaltsabrechnungen aus, vergaß aber die Namen der Organisationen. Er sagt: "Könnten Sie die Liste der Organisationen, die ich untersucht habe, mit den richtigen Finanzberichten abgleichen? Ich bin sicher, dass ich, wenn ich die richtigen Organisationen koordinieren kann, die Möglichkeit habe, das nächste Multi-Milliarden-Dollar-Projekt zu finden, und ich werde Sie beauftragen, meine Organisation zu leiten!"

Versuchen Sie, die richtigen Steuerberichte in ANHANG A mit jeder der nebenstehenden Organisationen zu koordinieren. Die Gruppe mit den meisten richtigen Antworten ist der Sieger. KEIN SCHUMMELN DURCH NACHSCHAUEN IM INTERNET!

Zu berücksichtigende Anfragen: (HINWEISE)

1. Macht die Organisation hohe Ränder (Bruttonutzen/Ertrag)?

2. Was verraten Ihnen die Entwicklungsmuster von Einkommen und Gesamtgewinn?

3. Ist das Geschäftskapital seriös (benötigen sie eine Tonne an Ressourcen für den Gewinn)?

4. Hält die Organisation im Vergleich zu ihren allgemeinen Geschäften eine Menge an Vorräten?

# Quickbooks

Meistern Sie Quickbooks in 3 Tagen und erhöhen Sie Ihren Finanz-IQ.  A Beginners Guide to Bookkeeping and Accounting for Small Businesses

*Michael Blanco*

# Inhaltsverzeichnis

# Kapitel 1: Warum, Quickbooks?

Lassen Sie uns mit der wesentlichen Frage beginnen: Warum brauchen Sie ein Buchhaltungssystem wie QuickBooks? Es ist eine berechtigte Frage, also lassen Sie mich die zweiteilige Antwort liefern.

Der Hauptgrund dafür ist, dass das staatliche Recht von Ihrem Unternehmen verlangt, ein Buchhaltungssystem zu führen. Noch expliziter verlangt Section 446 (General Rule for Methods of Accounting) des Titels 26 (Internal Revenue Code) des United States Code, dass Sie in der Lage sind, das steuerpflichtige Arbeitsentgelt zu registrieren, indem Sie eine Art von fundiertem Buchhaltungssystem verwenden, das das Gehalt eindeutig widerspiegelt.

Wenn Sie sich entscheiden, diese Voraussetzung abzubürsten - alles in Betracht gezogen, Sie bekam in das Geschäft, so dass Sie die Fesseln einer Organisation zu verlieren - können Sie Ihren Ausschluss zu ziehen. In jedem Fall, wenn die Internal Revenue Service (IRS) schaut auf Ihre Ankunft, und Sie missachtet Abschnitt 446, die IRS findet ein gutes Tempo Buchhaltung, wie es braucht. Und, die IRS Art und Weise impliziert, dass Sie gut auf zusätzliche in Gebühren zu machen und dass Sie ebenfalls zahlen Auferlegungen früher als Sie etwas anderes haben würde.

Hier ist der zweite Zweck hinter dem Führen eines Buchhaltungssystems. Ich gehe irgendwie auf einen Artikelanhang hinaus; ich werde es aber auf jeden Fall tun. Meine feste Überzeugung - gestützt durch mehr als drei viele Jahre Geschäftserfahrung und Wahrnehmungen aus nächster Nähe von ein paar hundert Geschäftskunden - ist, dass man ohne ein nicht allzu schlechtes Buchhaltungssystem nicht effektiv mit seinem Geschäft umgehen kann.

Erfolg setzt voraus, dass Sie Erfolg oder Verluste genau abschätzen und Ihre budgetäre Situation vernünftig einschätzen können.

Die folgende Erklärung verheißt Gutes, nicht wahr? Wenn Ihr Partner Kenneth nicht die leiseste Ahnung hat, wann er Geld verdient, welche Artikel oder Dienstleistungen produktiv sind und welche Kunden es wert sind, behalten zu werden (und welche nicht), hat er dann wirklich eine Chance?

Ich glaube nicht, dass er das tut.

Kurz gesagt, Ihr Unternehmen muss über ein überdurchschnittlich gutes Buchhaltungssystem verfügen, unabhängig davon, wie Sie über die Buchhaltung denken, und ohne Rücksicht darauf, wie mühsam und kostspielig ein solches System ist oder wird. Das Gesetz erwartet von Ihnen, dass Sie ein solches Buchhaltungssystem haben. Außerdem hängt eine erfolgreiche Unternehmensführung von einem solchen Buchhaltungssystem ab.

## Was QuickBooks leistet

Weiter geht es mit der folgenden Frage, die Sie und ich zu untersuchen haben: Was tut QuickBooks, um Sie bei der Führung einer Buchhaltung zu unterstützen, die Vorteile und Missgeschicke und andere Dinge auf diese Weise schätzt?

QuickBooks macht die Geschäftsbuchhaltung wirklich einfach, indem es Fenster bereitstellt, die Sie zum Aufzeichnen regelmäßiger Geschäftsvorgänge verwenden. QuickBooks hat ein Fenster (Sie wissen schon, ein Windows-Fenster, das auf Ihrem Bildschirm angezeigt wird), das z. B. einem Scheck ähnelt. Um einen von Ihnen ausgestellten Scheck aufzuzeichnen, füllen Sie die Felder des Fensters mit Daten aus, z. B. mit dem Datum, dem Betrag und der Person oder dem Unternehmen, das Sie bezahlen.

QuickBooks hat zusätzlich eine Reihe von verschiedenen Fenstern, die Sie in diesem Sinne verwenden. Es bietet z. B. ein Belegfenster, das wie ein Beleg aussieht, den Sie verwenden können, um einen Kunden oder Klienten zu belasten. Sie füllen die Felder des Quittungsfensters aus, indem Sie Quittungsdaten erfassen, z. B. den Namen des Kunden oder Auftraggebers, die Quittungssumme und das Datum, bis zu dem Sie bezahlt werden müssen.

Hier ist das Tadellose an diesen Scheck- und Belegfenstern: Wenn Sie Geschäftsvorgänge erfassen, indem Sie die auf dem Bildschirm angezeigten Felder ausfüllen, sammeln Sie die Daten, die QuickBooks benötigt, um die Berichte einzurichten, die Ihren Erfolg oder Verlust und Ihre finanziellen Verhältnisse zusammenfassen.

Ihre Buchhaltung mit QuickBooks kann ähnlich einfach sein, wie ich es in den vergangenen Abschnitten beschrieben habe. Wenn Sie sozusagen nur ein paar Geschäftsvorfälle mit den richtigen QuickBooks-Fenstern aufzeichnen, können solche Berichte verwendet werden, um Gewinne oder (äh) Misserfolge für die vergangene Woche, den vergangenen Monat oder das vergangene Jahr zu berechnen. Solche Berichte können ebenfalls verwendet werden, um Gewinne und Verluste für bestimmte Kunden und Artikel zu berechnen.

Ich weiß, dass ich im ersten Abschnitt dieses Kapitels etwas grausam bin - das Zeug über das Finanzamt und das Scheitern von Unternehmen anzusprechen - doch dieses Buchhaltungszeug ist einwandfrei!

Eine gute Buchhaltung gibt Ihnen einen Ansatz, Ihr Unternehmen produktiv zu führen. Darüber hinaus, klar, eine breite Palette von guten und großartigen Dinge entstehen aus der Arbeit Ihr Geschäft vorteilhaft: ein wirklich angenehmes Leben für Sie und Ihre Mitarbeiter; monetäre Polster, um Sie durch die extremen Fixes zu bekommen; und Vorteile, die in Ihrem Unternehmen reinvestiert werden können, in verschiedenen Organisationen, und im Netzwerk edlen Zweck.

Lassen Sie mich noch ein paar andere verdammt praktische Dinge anmerken, die QuickBooks (und auch andere Buchhaltungssysteme) für Sie, den erschöpften Unternehmer oder Angestellten, leisten:

Formulare: QuickBooks erstellt oder druckt Formulare, z. B. Schecks oder Rechnungen, indem es die Daten verwendet, die Sie in die

Scheckfenster und Belegfenster eingeben, die ich zuvor erwähnt habe. Mit dem Ziel, dass ist glatt, und echte Hilfe.

Elektronisches Banking und Abrechnung: QuickBooks überträgt einige Daten von Budgettransaktionen elektronisch und stellt sie wieder her. Es kann z. B. Ihre Rechnungen per E-Mail an Klienten und Kunden senden. (Das kann Ihnen Zeit und Geld sparen.) Und Quick-Books kann Bankbuchhaltungsdaten mit den meisten bedeutenden Banken austauschen, was es einfach macht, Zahlungen und Rück-lagen elektronisch zu bewegen.

## Warum nicht QuickBooks im Web?

Nun zu einer unangenehmen Frage: Soll man die Arbeitsbereich-Variante von QuickBooks nutzen, oder muss man ein Lebenszeichen von sich geben und die Online-Adaption von QuickBooks nutzen? Tolle Frage.

Mein Vorschlag ist, dass Sie mit der Arbeitsbereichsanpassung von QuickBooks - dem Thema dieses Buches - arbeiten. Ich stütze diesen Vorschlag auf zwei Komponenten:

Die Arbeitsbereichswiedergabe ist vermutlich im Wesentlichen zunehmend konservativ im Laufe der Jahre, die Sie QuickBooks ver-wenden. Das Problem bei diesen mitgliedschaftsähnlichen Schätzungsmodellen ist, dass Sie - nach einiger Zeit - viel, viel mehr für eine Sache bezahlen. Und ich akzeptiere, dass dies auch für QuickBooks gilt.

Auf jeden Fall bietet die Arbeitsbereich-Rendition von QuickBooks im Moment eine größere Nützlichkeit und eine extravagantere Liste von

Funktionen. Ich werde nicht aufzählen, was ausschließlich für das Arbeitsbereich-Formular in Erinnerung geblieben ist und in der Online-Rendition fehlt; ich sehe jedoch Lücken. (Ich stelle gerne fest, dass Intuit diese Lücken früher oder später zweifelsohne schließen wird. In der Zwischenzeit jedenfalls, hallo, warum mehr für weniger bezahlen?)

Könnte ich die Aufmerksamkeit auf eine Situation lenken, in der die Online-Variante trotz der höheren Kosten und des geringeren Nutzens gut ist? Wenn Sie Einzelpersonen in verschiedenen Gebieten (in der Stadt, im ganzen Land, auf der ganzen Welt usw.) QuickBooks gemeinsam nutzen lassen müssen, ist die Online-Adaption von QuickBooks eine tolle Sache. Es rüttelt wirklich.

Hinweis: Wenn Ihr CPA Ihre Nutzung von QuickBooks im Wesentlichen damit begründen kann, dass Sie die Online-Variante verwenden, kann dies die zusätzlichen Kosten und die geringere Liste an Funktionen legitimieren.

## Was erklärt die Beliebtheit von QuickBooks?

Keine Frage - Sie brauchen ein anständiges Buchhaltungssystem, wenn Sie gut unterwegs sind. Wie auch immer, raten Sie mal? Diese Tatsache klärt nicht, warum QuickBooks so berühmt ist oder warum Sie QuickBooks verwenden sollten. (Ich lasse für eine Minute außer Acht, dass Sie wahrscheinlich schon einmal QuickBooks gekauft haben.) Lassen Sie mich Ihnen daher drei Gründe empfehlen, warum QuickBooks eine großartige Entscheidung für die Einrichtung Ihres Buchhaltungssystems ist:

Benutzerfreundlichkeit: QuickBooks ist im Allgemeinen das am wenigsten anspruchsvolle oder eines der mühelosesten Buchhaltungsprogrammierprojekte, das zu bedienen ist. Warum? Die ganze Sache mit dem einfachen Eingeben von Transaktionsdaten in Formulare, die wie Fenster aussehen (über die ich zuvor gesprochen habe), macht die Informationsweitergabe zu einem Kinderspiel. Die meisten Agenten wissen definitiv, wie man die Felder in diesen Formularen ausfüllt. Das impliziert, dass die überwiegende Mehrheit - höchstwahrscheinlich auch Sie - fast alles wissen, was sie wissen müssen, um die Daten zu erfassen, die sie für ihre Buchhaltung mit QuickBooks benötigen. Mit der Zeit haben sich andere Programme im Allgemeinen immer mehr an QuickBooks angeglichen. Die Leute bei Intuit haben wirklich einen Sinn dafür gefunden, wie man Buchhaltung einfach machen und weiterführen kann.

Kosten: QuickBooks, vor allem im Gegensatz zu den knallharten Buchhaltungspaketen, die Buchhalter lieben, ist verdammt bescheiden. Verschiedene Anpassungen haben verschiedene Kosten, aber für eine grobe Annäherung, können Sie eine erstaunliche Buchhaltung Programmierung Antwort für zwei oder drei hundert Dollar zu bekommen.

Ich will nicht großväterlich sein oder so, aber als ich ein junger CPA war, kosteten billige Buchhaltungsprogrammierpakete oft ein paar tausend Dollar. Und es war praktisch einfach, eine große Anzahl von Dollar zu verbrennen.

Omnipräsenz: Die Frage der Universalität identifiziert sich mit der Benutzerfreundlichkeit von QuickBooks und dem bescheidenen Wert, den Intuit für QuickBooks verlangt. Seltsamerweise wird die Universalität von QuickBooks auch zu ihrem eigenen Vorteil. Sie werden sehen, dass es außerordentlich einfach ist, einen Buchhalter zu finden, der sich mit QuickBooks auskennt, zum Beispiel. Und wenn Sie das nicht können, können Sie jemanden einstellen, der QuickBooks nicht kennt, und diese Person dann zu einem QuickBooks-Kurs an der nahegelegenen Fachhochschule schicken (da dieser Kurs alles andere als schwer zu finden sein wird). Sie werden ebenfalls denken, dass es extrem einfach ist, einen CPA zu finden, der QuickBooks kennt. Vielleicht entscheiden Sie sich jetzt für ein anderes, hervorragendes Buchhaltungsprogramm. In jedem Fall werden Sie feststellen, dass es schwieriger ist, Personen zu finden, die das Produkt kennen, schwieriger, Kurse für das Produkt zu finden, schwieriger, CPAs zu finden, die das Produkt kennen, und deutlich schwieriger, Bücher über das Produkt zu finden.

## Was kommt als Nächstes, Alter?

Jetzt wissen Sie anscheinend, warum Sie eine Buchhaltungsprogrammierung benötigen und warum QuickBooks vermutlich eine sinnvolle und möglicherweise eine großartige Entscheidung ist. Schließlich haben Sie meinen Satz über QuickBooks ohne lange zu überlegen akzeptiert. Mit dieser Entscheidung Ihrerseits ist das Thema, was Sie tun sollten, vom Tisch. Lassen Sie mich dies festhalten. Mehr oder weniger, bevor Sie mit QuickBooks arbeiten können, müssen Sie das Folgende tun:

1.  installieren Sie die QuickBooks-Programmierung.

    Führen Sie den QuickBooks Setup-Prozess durch.

3.  laden Sie die Masterdokumente

Falls Sie jetzt denken: "Moment mal, Cowboy, das scheint mehr Arbeit zu sein, als die Einführung einer Deckblattprogrammierung oder eines anderen Textverarbeitungsprogramms", haben Sie recht. Sie sollten von mir die ungeheuerliche Wahrheit über die Buchhaltungsprogrammierung mitgeteilt bekommen: Buchhaltungsprogrammierung, jedes einzelne Stück davon, erfordert eine Menge Anpassungsarbeit, um die Dinge einfach zum Laufen zu bringen. Sie müssen z.B. eine Liste von Kostenklassen oder Konten erstellen, die Sie für die folgenden Kosten verwenden. Ebenso müssen Sie eine Liste der Kunden erstellen, die Sie empfangen.

Seien Sie auf jeden Fall zuversichtlich, dass keine der Abgleicharbeiten übermäßig verwirrend ist; es ist einfach nur mühsam. Außerdem sollten Sie sich von Anfang an darüber im Klaren sein, dass QuickBooks Ihnen ein enormes Maß an Unterstützung bietet, um Sie durch den Abgleichprozess zu führen. Denken Sie daran, dass Sie Ihren neuen Begleiter - also mich - haben, der Ihnen immer dann hilft, wenn der Ausrichtungsvorgang etwas verwirrend wird.

## Die effektivste Methode, mit QuickBooks erfolgreich zu sein

Bevor ich das kleine "Warum", "Was" und "Wie" dieses Abschnitts zu Ende bringe, sollte ich noch ein paar Gedanken dazu äußern, wie Sie Ihr Engagement in QuickBooks fruchtbar machen können.

## Klug budgetieren

Hier ist mein erster Vorschlag: Bitte planen Sie auf jeden Fall ein paar Stunden ein, um die QuickBooks-Programmierung einzuführen, einzurichten und zum Laufen zu bringen. Mir ist klar, dass Sie das wirklich lieber nicht tun würden. Sie haben ein Geschäft zu führen, eine

Familie, mit der Sie sich beschäftigen müssen, einen Hund, den Sie ausführen müssen, usw.

Auf jeden Fall, hier ist die Wahrheit Sandwich Sie höchstwahrscheinlich brauchen, um einen großen Happen von Es dauert dreißig Minuten, nur um das Produkt auf Ihrem PC eingeführt zu bekommen. (Diese Einrichtung ist nicht verwickelt, offensichtlich. Sie werden größtenteils einfach dort bleiben und Espresso oder was auch immer probieren.)

Auf jeden Fall müssen Sie nach der Einführung der QuickBooks-Programmierung leider trotz allem den QuickBooks-Setup-Prozess durchlaufen. Noch einmal, diese Arbeit ist nicht mühsam, aber sie braucht Zeit. Das Einrichten von QuickBooks für ein extrem einfaches Hilfsgeschäft dauert wahrscheinlich auf jeden Fall 60 Minuten. Wenn Ihr Unternehmen Lagerbestände beansprucht oder wenn Sie ein Zeitarbeiter mit einigen echten Anforderungen an die Kostenkalkulation sind, kann das Verfahren ein paar Stunden dauern.

Helfen Sie sich daher selbst auf die Sprünge: Geben Sie sich eine zufriedenstellende Zeit für die aktuelle Aufgabe.

## Versuchen Sie, sich nicht auf Highlights zu konzentrieren

Lassen Sie mich jetzt noch einen kleinen Tipp zum Start von QuickBooks geben. Zu dem Zeitpunkt, an dem Sie die QuickBooks-Programmierung einführen und das Programm starten, werden Sie über die Anzahl der Richtungen, Pfiffe, Glockenspiele und Fenster, die das QuickBooks-Fenster gibt, erstaunt sein. Aber raten Sie mal? Sie können sich nicht auf die QuickBooks-Highlights konzentrieren.

Ihre Aufgabe ist es im Grunde, einen Sinn darin zu sehen, wie Sie einen Haufen - höchstwahrscheinlich einen kleinen Haufen - von Transaktionen mit QuickBooks aufzeichnen. Dementsprechend müssen Sie sich auf die Transaktionen konzentrieren, die aufgezeichnet werden sollten, damit Sie Ihre Bücher führen können.

Nehmen Sie an, dass Sie ein Ein-Personen-Beratungsunternehmen sind. Alles in allem müssen Sie sich überlegen, wie Sie nur die folgenden drei Transaktionen aufzeichnen:

## Rechnungen

Zahlungen von Kunden (seit Sie ihnen Rechnungen gestellt haben) Zahlungen an Händler (seit sie Ihnen Gebühren geschickt haben)

Sie sollten also einfach herausfinden, wie Sie Rechnungen erfassen, Kundenzahlungen erfassen und Schecks aufzeichnen können. Über vieles andere müssen Sie sich nicht den Kopf zerbrechen, außer vielleicht, wie man Berichte druckt; aber das ist einfach.

"Meine Güte, Becker", sagen Sie, "Sie haben sich absichtlich ein einfaches Geschäft ausgesucht. Ich bin ein Einzelhändler mit einem wesentlich verworreneren Sachverhalt."

Nun gut, Sie haben Recht, dass ich für mein erstes Modell ein einfaches Geschäft ausgewählt habe; dennoch halte ich mich an ähnliche Anleitungen für Einzelhändler. Für den Fall, dass Sie ein Einzelhändler sind, müssen Sie höchstwahrscheinlich wissen, wie Sie nur vier Transaktionen aufzeichnen können:

## Verkaufseingänge

Rechnungen von Ihren Providern Zahlungen an Ihre Verkäufer Finanzschecks der Mitarbeiter

Im Moment sollten Sie einfach entdecken, wie man Verkaufsbelege aufzeichnet - vermutlich einen anderen Verkaufsbeleg für jede Bankfiliale, die Sie machen -, wie man Rechnungen von Verkäufern aufzeichnet, wie man Schecks aufzeichnet, um Ihre Rechnungen zu decken, und wie man mit den Finanzen der Arbeiter umgeht.

Ich möchte hier nicht griesgrämig oder leichtsinnig sein, aber ein wirklich guter Trick, um ein gutes Tempo mit QuickBooks zu finden, ist, sich auf die Transaktionen zu konzentrieren, die Sie erfassen müssen. Wenn Sie diese Transaktionen unterscheiden und dann einen Sinn darin sehen, wie Sie sie aufzeichnen, haben Sie den entscheidenden Schritt getan. Wahrhaftig.

## Zahlung an Lieferanten

Hier ist eine weitere Empfehlung für Sie: Machen Sie weiter und verteilen Sie Ihre Finanzen neu. Das wird Sie höchstwahrscheinlich irgendwo im Bereich von 1.000 bis 2.000 Dollar pro Jahr kosten. Ich weiß, dass das im Allgemeinen die absoluten Kosten für vier Abschlagspässe nach Hawaii sind. Allerdings bringt die Umverteilung der Finanzen drei große Vorteile mit sich, wenn man an die Kosten für die Firma denkt:

**Erleichterung: Die** Lohnbuchhaltung ist eines der kompliziertesten Gebiete in der Buchhaltung von Kleinunternehmen und in Quick-Books. In ähnlicher Weise können Sie Ihre Buchhaltung erheblich rationalisieren, indem Sie diese Kopfschmerzen von Ihrem Arbeitsbereich auf den Arbeitsbereich Ihres Buchhalters (die Person, die viel-

leicht gerne Ihre Finanzen erledigt) oder der Finanzverwaltung übertragen. (Sie können eine nationale Firma, z. B. ADP oder Paychex,
oder eine Firma in Ihrer Nähe verwenden).

**Strafen:** Habe ich bemerkt, dass die Finanzen einer der verwirrendsten Bereiche in der Buchhaltung für kleine Unternehmen und in
QuickBooks sind? Ich habe. Großartig, denn Sie müssen wirklich
erkennen, dass Finanzausrichtung und Buchhaltung Pfusch sind alles
andere als schwer zu machen. Und, Finanzen Pfusch regelmäßig un-
terliegen Sie wirklich irritierend Geldbußen und Strafen von der IRS
und von staatlichen Einkommen und Arbeit Organisationen. Ich gebe
Ihnen zu, dass $1.500 pro Jahr für die Finanzabwicklung reichlich
überschüssiges Geld zu sein scheint, aber Sie müssen nur zwei oder
drei unerträgliche Bußgelder oder Strafen pro Jahr verhindern, um
die Kosten für die Nutzung einer externen Finanzverwaltung radikal
zu reduzieren.

**Mrs. Peabodys jährlicher Gehaltserhöhung:** Es gibt einen letzten
Grund für die Umverteilung der Finanzen. Erlauben Sie mir, das klar-
zustellen. Sie würden es vorziehen, sich nicht selbst um die Finanzen
zu kümmern. Wahrlich, das wollen Sie nicht. Deshalb werden Sie
diese Aufgabe auf lange Sicht dieser anständigen Dame übertragen,
die in Ihrem Büro arbeitet, Mrs. Peabody. Das wird passieren, wenn
Sie das tun - an einem späten Abend in der Woche nach Mrs.

Peabodys erste Finanzen, wird sie darum bitten, sich mit Ihnen zu
treffen - um zu besprechen, warum Mrs. Raleigh jedes Jahr 15.000
Dollar mehr verdient als sie (Mrs. Peabody), und um sich darüber
hinaus zu erkundigen, warum sie (Mrs. Peabody) nur 2 Dollar pro
Stunde mehr verdient als Wayne, der Schwachkopf, der im Ver-

triebszentrum arbeitet. Da Sie ein angenehmer Mensch sind, wird Mrs. Peabody ein paar Augenblicke später mit einer Lohnerhöhung von $1,50 pro Stunde gehen. Außerdem werden Sie sich bis dahin an meine frühere Warnung über das Problem erinnern, dass Sie vielleicht 2.000 Dollar pro Jahr an Ausgaben für die Finanzverwaltung einsparen, dann aber Mrs. Peabody eine zusätzliche Lohnerhöhung von 3.000 Dollar geben. Autsch.

## Kompetente Hilfe erhalten

Ein schneller Punkt: Sie können wahrscheinlich einen Wirtschaftsprüfer dazu bringen, sich mit Ihnen für ein oder zwei Stunden hinzusetzen und Ihnen den besten Weg zu zeigen, wie Sie eine Reihe von Transaktionen in QuickBooks eingeben. Am Ende des Tages, für Kosten, die wahrscheinlich irgendwo zwischen 200 und 300 $ liegen, können Sie jemanden haben, der Ihnen bei den ersten drei Rechnungen, die Sie schreiben, den ersten zwei Rechnungen, die Sie erfassen, den ersten vier Schecks, die Sie schreiben, usw. die Hand hält.

Sie sollten versuchen, dies zu tun, wenn Sie können. Sie ersparen sich unsagbar viele Migräneanfälle, wenn Sie sich von jemandem, der weiß, was er tut, ein klein wenig individuell vorbereiten lassen.

Verwenden Sie sowohl die Nutzen- und Unglücksartikulation als auch die Bilanz

Und nun mein letzter Punkt: Sie müssen wirklich Ihre Gewinn- und Verlustrechnung (die Ihre Vorteile misst) und Ihren Buchhaltungsbericht (der Ihre Vorteile, Verbindlichkeiten und den Wert des Eigentümers ausweist) als einen wichtigen Aspekt des Umgangs mit Ihrem Unternehmen verwenden. Gewöhnen Sie sich sozusagen daran, jede Woche, jeden Monat oder was auch immer, eine QuickBooks-Gewinn- und Verlustrechnung zu erstellen. Dann verwenden Sie diese Erklärung, um Ihren Gewinn zu bestimmen. In diesem Sinne erstellen Sie normalerweise einen Buchhaltungsbericht, um Ihre Geldsalden, die Beträge, die Klienten oder Kunden schulden, usw. zu überprüfen.

Möglicherweise erscheint dieser Rat eklatant offensichtlich, doch hinter meinem Vorschlag verbirgt sich ein halb verborgener Zweck: Wenn Sie oder Sie und der Sachbearbeiter die Buchhaltung akkurat erledigen, werden sowohl die QuickBooks-Vorteils- und -Unglücksrechnung als auch der Buchhaltungsbericht Zahlen zeigen, die sich sehen lassen können. Sozusagen die Geldsaldo-Zahl auf dem monetären Datensatz - denken Sie daran, dass ein Buchhaltungsbericht Ihre Vorteile, einschließlich Geld, abrechnet - wird sich nach dem richten, was die Bank sagt, dass Sie in echtem Geld halten. Wenn der QuickBooks-Buchhaltungsbericht eher sagt, dass Sie 34 Millionen Dollar in echtem Geld halten, werden Sie erkennen, dass in Dänemark etwas faul ist.

# Kapitel 2: Einrichten

Bevor Sie jedoch mit der Verwendung von QuickBooks beginnen können, müssen Sie einige direkte Arbeiten durchführen. Insbesondere müssen Sie sich auf den QuickBooks-Setup-Prozess vorbereiten. Und danach müssen Sie durch die Setup-Schritte schlendern. Beschreiben Sie jetzt, wie Sie so viele Dinge tun.

Sie müssen drei Aufgaben erledigen, um sich auf die QuickBooks-Einrichtung vorzubereiten:

Legen Sie eine wichtige Entscheidung über Ihr Änderungsdatum fest. Stellen Sie einen vorläufigen Saldo zum Änderungsdatum auf.

Gehen Sie auf eine Schnitzeljagd, um eine Menge Dinge zu sammeln, die Sie für das Meeting brauchen werden oder die Ihnen nützlich erscheinen

## Die große Auswahl

Bevor Sie an Ihrem PC oder der QuickBooks-Programmierung herumbasteln, müssen Sie das Datum - das vermeintliche Änderungsdatum - wählen, an dem Sie QuickBooks für Ihre Haushaltsbuchführung einsetzen wollen.

Diese Wahl ist von enormer Bedeutung, da das von Ihnen gewählte Änderungsdatum sowohl die Arbeit, die Sie leisten müssen, um QuickBooks problemlos zum Laufen zu bringen, als auch die zugrunde liegende Handlichkeit der geldbezogenen Daten, die Sie mithilfe von QuickBooks erfassen und aufzeichnen, drastisch beeinflusst.

Sie haben drei wesentliche Optionen:

**Der richtige Weg:** Sie können zum Beginn Ihres Rechnungsjahres umstellen (was in den meisten Fällen dem Beginn des Planjahres entspricht). Dieser Weg ist aus zwei Gründen der richtige Weg. Zunächst erfordert die Umstellung zum Jahresanfang ein minimales Maß an Arbeit für Sie.

Zweitens setzt es voraus, dass Sie alle Haushaltsdaten des laufenden Jahres in einem einzigen System haben.

**Die etwas ungeschickte Art:** Sie können die Umstellung zu Beginn einer zwischenzeitlichen Abrechnungsperiode vornehmen (höchstwahrscheinlich zu Beginn eines Monats oder Quartals). Diese Methode funktioniert zwar, ist aber etwas umständlich, weil Sie Ihre Lohn- und Kostenzahlen aus dem alten System in das neue System übertragen müssen.

**Der "Mein-Weg-oder-der-Weg"-Weg:** Sie können früher oder später auf einen anderen Weg als den, den ich als den richtigen Weg bezeichne, und den marginalen unausgewogenen Weg umschalten. Insbesondere können Sie sich entscheiden, zu einem Zeitpunkt umzusteigen, zu dem Ihnen gerade danach ist. Mit dieser Strategie machen Sie sich eine Menge überflüssiger Arbeit und reißen sich die ganze Zeit über die Haare aus. Aber Sie haben zusätzlich die Erfüllung, zu erkennen, dass Sie alles auf Ihre Weise gemacht haben - ohne Hilfe von mir.

Ich schlage vor, sich für den richtigen Weg zu entscheiden. Diese Entscheidung bedeutet, dass Sie, wenn es spät im Jahr ist - Stand, Oktober -, einfach bis zum 1. Januar des Folgejahres warten, um umzustellen. Wenn es noch von Anfang an im Jahr ist, können Sie rückwirkend zum Jahresbeginn umstellen. (Wenn Sie dies tun, müssen Sie zurückkehren und Ihre geldbezogenen Aufzeichnungen für den ersten Abschnitt des laufenden Jahres mit QuickBooks machen: Verkäufe eingeben, Einkäufe aufzeichnen usw.)

Wenn es an einem Punkt im Jahr ist - Staat, Memorial Day oder später - müssen Sie wahrscheinlich die etwas umständliche Weise verwenden. (Ich bin wirklich gehen, um die etwas umständlich Weg jetzt den folgenden Abschnitt in einem solchen Fall, dass Sie wahrnehmen, wie die Umstellung auf QuickBooks, indem Sie die geringfügig ungeschickt Weg, erkennen Sie, wie man sowohl die richtige Art und Weise und die etwas unbeholfenen Weg zu verwenden).

## Die vorläufige Bilanz des Jahrhunderts

Nachdem Sie den Umschaltzeitpunkt gewählt haben, benötigen Sie eine vorläufige Bilanz.

"Yowser", sagst du. "Was ist ein vorläufiger Saldo?" Ein vorläufiger Saldo enthält einfach alle Ihre Vorteile, Verbindlichkeiten und Kontostände des Eigentümers sowie die Lohn- und Kostenzahlen des laufenden Jahres zu einem vordefinierten Datum (das nicht zufällig das Umwandlungsdatum ist). Sie benötigen diese Informationen für den QuickBooks-Setup-Prozess und für einige Arbeiten, die Sie nach Abschluss des QuickBooks-Setup-Prozesses durchführen müssen.

Um bei Kleinigkeiten zu bleiben, sollte der vorläufige Saldo die Kontosalden zu Beginn des Haupttages anzeigen, an dem Sie QuickBooks für die echte Buchhaltung verwenden. Wenn das Änderungsdatum z. B. der 1.1.2019 ist, muss der vorläufige Saldo die Kontosalden am

1.1.2019 um einen Moment nach 12 Uhr anzeigen. Dies ist außerdem genau dasselbe wie die Angabe der Datensatzsalden am Ende des letzten Tages, an dem Sie das alte Buchhaltungssystem verwenden - am Ende des Tages, um genau 12 Uhr am 31.12.2016, falls Sie am 1.1.2019 auf QuickBooks umsteigen.

Wenn Ihr altes System eher beiläufig ist (vielleicht ist es ein Schuhkarton voller Quittungen), oder wenn es nur Geld verfolgt (vielleicht haben Sie Quicken verwendet), müssen Sie mehr Arbeit leisten:

So erhalten Sie Ihren Geldsaldo: Stimmen Sie Ihre Ledger oder Finanzsalden (wenn Sie mehr als ein Ledger haben) ab dem Änderungsdatum ab.

So erhalten Sie Ihren Debitorensaldo: Zählen Sie alle unbezahlten Kundenrechnungen zusammen.

Um Ihre anderen Ressourcenkontenstände zu erhalten: Wissen Sie, was jeder Vorteil anfänglich kostet. Bei abnutzbaren festen Ressourcen müssen Sie zusätzlich jede kumulierte Abwertung angeben, die für diesen Vorteil geltend gemacht wurde. (Die kumulierte Abwertung ist die gesamte Abwertung, die Sie gerade für jeden Vorteil aufgewendet haben.)

So erhalten Sie die Salden Ihrer Verpflichtungskonten: Kennen Sie den Betrag, den Sie für jedes Risiko schulden. Wenn Sie sich Ihren Kreditgebern - den Personen, denen Sie das Geld schulden - anvertrauen, haben Sie möglicherweise ebenfalls die Möglichkeit, diese Daten aus deren Bekanntmachungen zu erhalten.

Sie müssen sich nicht um die Wertkonten des Eigentümers kümmern. QuickBooks kann die Salden der Wertkonten des Eigentümers für Sie ermitteln, und zwar anhand des Unterschieds zwischen Ihren gesamten Ressourcen und Ihren gesamten Verbindlichkeiten. Diese Strategie ist etwas umständlich, und Buchhalter mögen sie nicht, aber es ist ein wirklich guter Kompromiss. (Wenn Sie einen punktuellen Kontostand für die Wertkonten Ihres Eigentümers haben, verwenden Sie diese Zahlen - und machen Sie sich klar, dass Sie einer von einer Million sind).

Falls Sie den "marginal unbalanced"-Ansatz für die Umstellung auf QuickBooks verwenden - wenn Ihr Umstellungsdatum ein anderes Datum als der Beginn des Buchhaltungsjahres ist - müssen Sie zusätzlich die Gehalts- und Kostensalden für das laufende Jahr angeben. Um Ihre Gehalts-, Selbstkosten-, Kosten-, sonstigen Gehalts- und sonstigen Geschäftsbuchsalden zu erhalten, müssen Sie das Jahr-zu-Jahr-Maß für jeden Datensatz ermitteln. Wenn Sie diese Daten aus Ihrem alten System bekommen können, ist das super. Wenn nicht, müssen Sie sie physisch beschaffen. (Wenn Sie aus dem Nichts heraus Bilder von sich selbst haben, wie Sie spät abends an Ihrem Arbeitsplatz sitzen und unaufhörlich auf eine Zehnertastatur tippen, sind Sie vermutlich richtig. Ebenso müssen Sie vermutlich zusätzlich einen Teil eines anderen Samstags dafür reservieren, QuickBooks einsatzbereit zu machen).

## Die Mutter aller Schnitzeljagden

Erheblich nachdem Sie sich entschieden haben, wann Sie auf Quick-Books umsteigen und an eine vorläufige Bilanz denken, müssen Sie trotz allem eine Menge zusätzlicher Daten sammeln. Ich liste diese

Dinge im Design der Kleiderliste auf. Was Sie tun müssen, ist, so viel Zeug zu entdecken und es anschließend (bequem) in einem großen Stapel neben dem PC zu horten:

Vor einem Jahr: Veranlagungsformular: QuickBooks fragt, mit welchem bürokratischen persönlichen Steuerbeleg Sie Ihr Veranlagungsformular erfassen und erhält außerdem einige Informationen über Ihre Bürger-ID-Nummer. Vor einem Jahr war das Spesenformular der einfachste Ort, um diese Informationen zu erhalten.

Kopien aller Ihrer aktuellen staatlichen und behördlichen Finanzveranlagungsformulare: Wenn Sie die Finanzierung von Arbeitnehmern planen, muss QuickBooks über die administrativen und staatlichen Finanzabgabensätze nachdenken, die Sie zahlen, genau wie einige andere Dinge.

Kopien aller unbezahlten Rechnungen, die Ihre Klienten (oder Kunden oder Patienten oder was auch immer) Ihnen zum Umwandlungsdatum schulden: Ich vermute, dass dies wahrscheinlich selbstverständlich ist, dennoch muss der gesamte Forderungssaldo, der in Ihrer vorläufigen Bilanz erscheint, die Summe der unbezahlten Kundenrechnungen koordinieren.

Kopien jeder einzelnen unbezahlten Rechnung, die Sie Ihren Verkäufern zum Änderungsdatum schulden: Auch dies ist höchstwahrscheinlich selbstverständlich, dennoch muss der absolute Kreditsaldo, der auf Ihrer vorläufigen Bilanz erscheint, die Summe der unbezahlten Händlerrechnungen koordinieren.

Eine detaillierte Auflistung aller Lagerartikel, die Sie für den Wiederverkauf halten: Diese Liste sollte Beschreibungen und Mengen der Lagerartikel enthalten, aber auch die zugrunde liegenden Einkaufskosten und die voraussichtlichen Verkaufskosten. Wenn Sie Porzellan-Wombats verkaufen und 1.200 dieser Wunderwerke auf Lager haben, müssen Sie am Ende des Tages genau wissen, was Sie dafür bezahlt haben.

Kopien der W-2-Formulare des Vorjahres, W-4-Erklärungen für alle Personen, die Sie seit Beginn des Vorjahres unter Vertrag genommen haben, Punkt für Punkt Daten über etwaige Finanzverbindlichkeiten, die Sie ab dem Umwandlungsdatum schulden, und detaillierte Daten über die Finanzgeschäfte, die Sie seit Beginn des Jahres getätigt haben: Sie benötigen die Daten, die auf diesen Formularen erscheinen, um das QuickBooks-Finanz-Include zufriedenstellend und präzise einzurichten. Ich möchte Sie nicht in Panik versetzen, aber dies ist wahrscheinlich der langweiligste Teil der Einrichtung von QuickBooks.

Für den Fall, dass Sie rückwirkend zum Jahresbeginn umstellen, brauchen Sie eine Liste mit der beträchtlichen Anzahl von Transaktionen, die seit Jahresbeginn passiert sind: Verkäufe, Einkäufe, Finanztransaktionen und alles und jedes andere: Wenn Sie rückwirkend umstellen, müssen Sie jede dieser Transaktionen in das neue System einpflegen. Sie geben die Daten wirklich erst ein, nachdem Sie den QuickBooks-Setup-Prozess abgeschlossen haben, den ich jetzt später beschreibe, Sie sollten diese Daten jetzt zusammenbekommen, während Sie den Rest der Dinge für diese Schnitzeljagd suchen.

## Sich durch die QuickBooks-Einrichtung wagen

Nachdem Sie ausgewählt haben, wann Sie umstellen möchten, einen vorläufigen Saldo zum Umstellungsdatum erstellen und die erforderlichen groben Informationen sammeln, sind Sie bereit, die Quick-Books-Einrichtung zu durchlaufen. Sie müssen QuickBooks starten und anschließend durch die Mittel schlendern.

## Einstieg in QuickBooks

Um QuickBooks 2019 in Windows 10 zu starten, klicken Sie auf die Kachel QuickBooks 2019 auf dem Windows-Desktop. Oder klicken Sie auf das Windows-Startfenster und anschließend auf die Menüentscheidung, die QuickBooks aufruft. (Ich wähle Start ⇒ Alle Apps ⇒ QuickBooks ⇒ QuickBooks Enterprise Solutions 17.0).

Wenn Sie QuickBooks gerade erst gestartet haben, zeigt Ihnen Quick-Books zunächst an, wie es Ihre Internetverbindung nutzen will, um die QuickBooks-Programmierung ständig zu aktualisieren. Nachdem Sie auf die Schaltfläche geklickt haben, die besagt: "In Ordnung, damit bin ich einverstanden", zeigt QuickBooks das Diskursfeld "Kein Unternehmen geöffnet" (nicht angezeigt). Dann klicken Sie auf die Schaltfläche "Neues Unternehmen erstellen", so dass QuickBooks das Transaktionsfeld "QuickBooks Setup" mit der Meldung anzeigt. Lassen Sie uns Ihr Unternehmen schnell einrichten

Ich sollte darauf hinweisen, dass das erste QuickBooks-Setup-Diskursfeld einige andere Ausrichtungsoptionen erkennt, die Sie für den Anfang verwenden können. Die Diskursbox gibt Ihnen z. B. die Auswahl Detaillierter Start, mit der Sie die Ausrichtung kontrollieren und das Organisationsdokument anpassen können. Die Diskursbox gibt Ihnen ebenfalls die Möglichkeit, einen neuen Datensatz aus einem alten Dokument zu erstellen. Es schlägt zusätzlich vor, dass Sie von Quicken oder einem anderen Buchhaltungssystem aus aktualisieren sollten. (Im Wesentlichen bedeutet diese Überarbeitung, dass Sie QuickBooks benötigen, um die Informationen Ihres aktuellen Buchhaltungssystems als Anfangsstufe zu verwenden).

Zwei grundlegende Ermahnungen: Basteln Sie nicht an den detaillierten Einstellungen herum, es sei denn, Sie sind ein Meister der Buchhaltung, und versuchen Sie nicht, die Informationen von Quicken oder einem anderen Buchhaltungssystem "umzugestalten". Es ist ähnlich einfach und normalerweise wesentlich sauberer, von einer vorläufigen Bilanz auszugehen.

## Verwendung des Express-Setups

QuickBooks 2019 bietet Ihnen einen schnellen Anpassungsprozess im Gegensatz zu anderen Buchhaltungsprogrammen und sogar zu alten Versionen des QuickBooks-Programms. Im Wesentlichen füllen Sie einige Behälter aus und klicken auf ein paar Schaltflächen, und presto - Sie haben QuickBooks zu einem großen Teil eingerichtet. Da ich Ihnen ein paar Tipps geben, ein paar alternative Wege aufzeigen und Sie vor bestimmten Fallstricken warnen kann, gebe ich Ihnen hier eine stückweise Anleitung:

1. Wählen Sie im ersten QuickBooks Setup-Diskursfeld die Option Express Setup.

Wenn das erste QuickBooks-Setup-Diskursfeld angezeigt wird, klicken Sie auf die Schaltfläche Expressstart. QuickBooks zeigt das Dialogfeld "Schön, dass Sie hier sind! Diskursfeld.

2. Bestimmen Sie den Geschäftsnamen.

Der Name, den Sie festlegen, wird in den QuickBooks-Berichten und auf den Rechnungen, die Sie an Kunden senden, angezeigt. In gleicher Weise müssen Sie Ihren "echten" Geschäftsnamen verwenden. Wenn Ihr Unternehmen als "Limited Obligation Organization" (LLC) gegründet wurde, müssen Sie den richtigen Zusatz oder die richtige Abkürzung in Ihrem Namen verwenden. Versuchen Sie zum Beispiel nicht Acme Supplies, sondern Acme Supplies Inc. oder Acme Supplies LLC zu verwenden.

Hinweis: QuickBooks verwendet ebenfalls den Organisationsnamen für den QuickBooks-Informationssatz.

3. Unterscheiden Sie Ihre Branche.

Wenn Sie z. B. in der Entwicklungsbranche tätig sind, geben Sie Entwicklung ein. Wenn Sie etwas in das Feld "Branche" eingeben, wandelt QuickBooks die Kiste in ein Dropdown-Menü um, das die von ihm wahrgenommenen Unternehmungen anzeigt. Sie können eine Branche aus diesem Menü auswählen (oder das Unternehmen wählen, das Ihrem Unternehmen am nächsten ist).

4. Erkennen Sie die Aufwandsform, die Sie erfassen.

Verwenden Sie das Feld Geschäftstyp, um die Ausgabenform zu bestimmen, die Ihr Unternehmen abrechnet. Sie können auf dieses Feld klicken und anschließend eine Entscheidung aus dem Menü treffen, das QuickBooks anbietet.

5. Geben Sie Ihre Employer Identification Number an.

Verwenden Sie das Feld Employer Identification Number (EIN), um Ihrem Unternehmen eine erkennbare Nachweisnummer zu geben. Für den Fall, dass Sie ein Einzelunternehmen ohne Mitarbeiter sind, könnte Ihre Veranlagungs-ID-Nummer Ihre Sozialversicherungsnummer sein. In jedem anderen Fall ist Ihre bürgerliche Identifikationsnummer Ihre Arbeitgeber-Identifikationsnummer.

6. Geben Sie die Daten Ihres Arbeitsortes an.

Verwenden Sie die Felder für die Geschäftsadresse, um den Standort und die Kontaktdaten Ihrer Vereinigung anzugeben. Ich hoffe, Sie fühlen sich nicht überrumpelt, dass ich Ihnen keine Richtlinien wie "Geben Sie Ihre Straßenadresse in das Feld Adresse ein" und "Bitte denken Sie daran, dass Ihre Telefonnummer in das Feld Telefon gehört."

7. Erstellen Sie das QuickBooks-Informationsdokument.

Nachdem Sie die von QuickBooks genannten Geschäftskontaktdaten eingegeben haben, klicken Sie auf die Schaltfläche Firma erstellen. QuickBooks zeigt möglicherweise die QuickSetup-Transaktionsbox an, in der Sie den Namen und den Bereich des Unternehmensdatensatzes bestimmen können. Sie können die QuickSetup-Transaktionsbox verwenden, um diese Verbesserungen vorzunehmen, oder - mein Vorschlag - lassen Sie QuickBooks einfach Quick-Books sein und legen Sie diese Entscheidungen für sich fest. Nachdem Sie auf "Speichern" geklickt haben, erstellt QuickBooks den Informationsdatensatz, den es zum Speichern Ihrer geldbezogenen Daten verwenden wird. (In bestimmten Versionen von QuickBooks dauert das Erstellen des Dokuments ein paar Augenblicke).

Wenn QuickBooks Ihr Dokument abschließt, zeigt es das Diskursfeld Alle Details in QuickBooks übernehmen an.

8. Erkennen Sie Ihre Kunden, Verkäufer und Mitarbeiter an.

Wenn das Feld "Alle Details in QuickBooks übertragen" angezeigt wird, klicken Sie auf die Schaltfläche "Personen hinzufügen, mit denen Sie Geschäfte machen". QuickBooks zeigt ein weiteres Dialogfeld an, in dem gefragt wird: "Sind die Namen und Adressen von Kontakten vielleicht irgendwo anders elektronisch gespeichert, z. B. in Microsoft Outlook oder Google Gmail?"

Wenn Sie einen Kontaktnamen und Adressdaten haben, legen Sie diese irgendwo anders ab, damit QuickBooks sie wiederherstellen kann: Klicken Sie auf das Anpassungsfenster und halten Sie sich an die Anweisungen auf dem Bildschirm.

Noch etwas: Klicken Sie auf das Fenster Einfügen aus Excel oder Manuell eingeben und anschließend auf Weiter.

Wenn QuickBooks das Transaktionsfeld "Personen hinzufügen, mit denen Sie Geschäfte machen" anzeigt, verwenden Sie die Zeilen des angezeigten Arbeitsblatts, um Ihre Kunden, Verkäufer und Mitarbeiter zu beschreiben. So geben Sie einen Kontakt in die folgende leere Spalte ein:

- Wählen Sie die Auswahltaste "Kunde", "Lieferant" oder "Mitarbeiter" (je nach Eignung).
- Beschreiben Sie den Kontakt anhand der angegebenen Felder: Name, Firmenname, Vorname, Nachname, E-Mail, Telefon, usw. Jeder Kontakt kommt in eine eigene Spalte.

- Klicken Sie zweimal auf die Schaltfläche Weiter, wenn Sie Ihre Kontakte abgeschlossen haben, um zum Transaktionsfeld Alle Details in QuickBooks übernehmen zurückzukehren.

9. Unterscheiden Sie die Dinge (das Zeug), die Sie verkaufen.

Wenn das Feld "Get All the Details into QuickBooks" angezeigt wird, klicken Sie auf die Schaltfläche "Add the Products and Services You Sell". QuickBooks zeigt ein weiteres Transaktionsfeld an, in dem Sie gefragt werden, welche Art von Produkten Sie beschreiben müssen: Dienstleistungen, Produkte, die Sie auf Lager haben, Produkte, die auf Lager sind, die Sie aber nicht verfolgen, usw. (Welche Produkte QuickBooks berücksichtigt, hängt von dem Geschäft ab, das Sie in Schritt 3 bestimmen). Klicken Sie auf die passende Schaltfläche.

Wenn QuickBooks das Feld Produkte und Dienstleistungen hinzufügen, die Sie verkaufen anzeigt, verwenden Sie die Spalten des angezeigten Arbeitsblatts, um einen Artikel oder eine Verwaltung zu beschreiben. Für alles geben Sie in der Regel einen Namen, eine Beschreibung und den Preis ein. Für bestimmte Dinge können Sie jedoch viel mehr beachtenswerte Details als nur diese Rahmendaten festlegen. Klicken Sie auf die Schaltfläche Weiter, wenn Sie Ihre Artikel und Verwaltungen abschließen. Möglicherweise versucht QuickBooks, Ihnen zusätzliche Dinge zu verkaufen (z. B. Intuit-Schecks). Zögern Sie jedoch nicht, auf "Nein danke" zu klicken, um zum Feld "Alle Details in QuickBooks übernehmen" zurückzukehren.

10. Beschreiben Sie Ihre Bankverbindung(en).

Wenn das Dialogfeld Alle Details in QuickBooks übertragen angezeigt wird, klicken Sie auf die Schaltfläche Ihre Bankkonten hinzufügen. Wenn QuickBooks das Transaktionsfeld "Ihre Bankkonten hinzufügen" anzeigt, verwenden Sie das Arbeitsblatt, um jeden finanziellen Saldo zu beschreiben, den Sie für Ihr Unternehmen verwenden: den Namen, die Kontonummer, den Saldo zum Zeitpunkt der Umwandlung und das echte Änderungsdatum. Klicken Sie auf die Schaltfläche Weiter, wenn Sie Ihre Finanzsalden abschließen, um zum Dialogfeld Alle Details in QuickBooks übernehmen zurückzukehren.

11. Beginnen Sie die Arbeit mit QuickBooks.

Wenn das Transaktionsfeld Alle Details in QuickBooks übernehmen angezeigt wird, klicken Sie auf die Schaltfläche Arbeiten beginnen. QuickBooks zeigt das QuickBooks-Programmfenster an. Sie sind fertig.

Wenn Sie sich während des Einrichtungsvorgangs nicht angemeldet haben, wird nach dem Start von QuickBooks ein Meldungsfenster angezeigt, in dem Sie gefragt werden, ob Sie QuickBooks anmelden müssen. Wenn Sie sich nicht anmelden, können Sie das Programm etwa ein paar Mal verwenden, und danach - schaltet sich das Programm ab, und Sie können nie wieder an Ihre Konten gelangen. Möglicherweise müssen Sie es registrieren, oder Sie können es nicht verwenden. Ich mag es nicht, zu etwas gezwungen zu werden, aber sich über die Registrierung von QuickBooks aufzuregen, ist eine Übung in Vergeblichkeit.

Die am wenigsten komplexe Wahl ist, sich einfach anzumelden, wenn Sie diese Meldung sehen. So geht's: Wenn QuickBooks das Meldungsfeld anzeigt, in dem Sie gefragt werden, ob Sie sich anmelden müssen, klicken Sie auf die Schaltfläche Online, um sich im Web anzumelden, oder auf die Schaltfläche Telefon, um sich per Telefon anzumelden. Wenn Sie sich für die Alternative "Telefon" entscheiden, zeigt QuickBooks ein weiteres Dialogfeld an, das Ihnen eine Telefonnummer gibt, die Sie anrufen können, und ein Feld, in das Sie Ihre Einschreibe-Nummer eingeben können.

## Der Rest der Geschichte

In den früheren Abschnitten dieses Teils habe ich beschrieben, wie Sie den QuickBooks Setup-Prozess planen und anschließend durchlaufen. Wenn QuickBooks Setup abgeschlossen ist, müssen Sie sich jedoch noch mit drei weiteren kleinen Aufgaben beschäftigen:

Sie müssen detailliert Ihren Bestand, Ihre Kundenforderungen und (falls Sie sich entschieden haben, den Händlergebühren zu folgen) Ihre Verkäuferverbindlichkeiten beschreiben.

Sie müssen Ihre aktuellen Geschäftskonten beschreiben, einschließlich aller Einnahmen und Kosten des laufenden Jahres, die nicht als Merkmal des Erhaltens Ihrer Kundenforderungen und Händlerverbindlichkeiten in QuickBooks erfasst werden.

Wenn Sie eine Gruppenverbrauchsabrechnung verwenden möchten, müssen Sie eine Änderung vornehmen.

Diese Besorgungen sind nicht mühsam, aber sie sind die drei verwickeltesten Unternehmungen, die Sie zum Einrichten von QuickBooks durchführen müssen.

Um die Bestandskonten einzurichten, erkennen Sie einfach das, was Sie auf Lager haben, wie in Kapitel 3 beschrieben.

Um Ihre Kundenforderungen und (falls erforderlich) Händlerverbindlichkeiten einzurichten, müssen Sie zunächst Kundenrechnungen erfassen, die vor dem Transformationsdatum eingerichtet wurden, die aber zum Zeitpunkt der Änderung noch nicht eingelöst sind, wie in Kapitel 4 beschrieben.

Zusätzlich müssen Sie eventuell Verkäuferverbindlichkeiten eingeben, die vor dem Änderungsdatum entstanden sind, die aber bei der Umwandlung noch nicht bezahlt sind.

Ich spreche über dieses Zeug mehr im folgenden Teil, also falls Sie trotz allem damit einverstanden sind, etwas mehr Aufbau- und Ausrichtungsarbeit zu leisten, können Sie gerne dorthin blättern.

## Wäre es eine gute Idee für Sie, die Hilfe Ihres Buchhalters in Anspruch zu nehmen?

Wäre es also eine gute Idee für Sie, sich Unterstützung von Ihrem Buchhalter zu holen? Ich habe nicht die leiseste Ahnung. Wenn Sie sich vorsichtig an meine Vorgaben halten (beides im Moment die folgenden) und Ihre geschäftlichen Budgetfragen nicht allzu kompliziert sind, können Sie höchstwahrscheinlich mit so vielem allein zurechtkommen.

Abgesehen davon empfehle ich Ihnen auf jeden Fall, an diesem Scheideweg die Unterstützung Ihres Buchhalters in Betracht zu ziehen. Ihr Buchhalter kann Ihnen besser helfen, indem er Ihnen Hinweise gibt, die auf Ihre Situation zugeschnitten sind. In der Regel kann Ihnen Ihr Buchhalter erste vorläufige Verrechnungsbeträge nennen, die mit Ihren staatlichen Formularen übereinstimmen. Die betreffende Person kennt vermutlich Ihr Geschäft und kann Sie davor bewahren,

Dinge zu ruinieren, nur weil Sie meine Überschriften nicht vorsichtig befolgen.

Damit Sie es wissen: Eines der Dinge, die ich (als CPA) für meine Kunden erledige, ist es, sie bei der Einrichtung von QuickBooks zu unterstützen. Da ich dies tue, kann ich Ihnen zwei oder drei wertvolle Informationen darüber geben, wie Sie die Unterstützung eines Wirtschaftsprüfers bei der Einrichtung erhalten:

Ihr CPA (unter der Annahme, dass die betreffende Person sich definitiv mit QuickBooks auskennt) sollte die Möglichkeit haben, Ihnen in zwei oder drei Stunden durch die Anpassungsprozedur zu helfen, im Großen und Ganzen, so dass die betreffende Person es viel schneller tun kann (oder Ihnen dabei helfen kann), als Sie es ohne jemand anderen tun können.

Eine weitere (dritte) Stunde Coaching durch Ihren CPA sollte bedeuten, dass Sie genügend Unterstützung erhalten, um alle Ihre Standardtransaktionen zu erfassen.

Mit dieser einfachen Unterstützung können Sie herausfinden, wie Sie Ihre Registerkarten abdecken, Kunden genau so empfangen, wie Sie es brauchen, und Berichte erstellen. Früher habe ich diese Art von Hilfestellung immer abgelehnt. Doch je älter (und, wie ich glaube, klüger) ich werde, desto mehr sehe ich, dass Unternehmer und Buchhalter von dieser Vorabhilfe profitieren. Ein bisschen Arrangement und ein paar Ermahnungen zu Beginn können Ihnen später eine Menge Schwierigkeiten ersparen.

# Kapitel 3: Grundlegende Schritte zur Verwendung von Quickbook

QuickBooks Setup (über das ich in Kapitel 2 ausführlich spreche) bereitet QuickBooks nicht vollständig auf die Verwendung vor. Sie müssen ebenfalls zusätzliche Daten über Ihre Artikel, Mitarbeiter, Kunden und Verkäufer (und einen Haufen anderer Dinge) in Konten eingeben. Ich beschreibe jetzt, wie Sie diese Listen erstellen und damit arbeiten. Außerdem beschreibe ich, wie Sie einen Teil des buchhalterischen Chaos, das bei der Eingabe von Daten in diese Listen entsteht, wieder in Ordnung bringen.

## Die Magie und das Mysterium von Gegenständen

Die erste QuickBooks-Show, die Sie einrichten müssen, ist die Artikelliste - die Liste der Dinge, die Sie kaufen und verkaufen. Bevor Sie mit dem Hinzufügen zu Ihrer Artikelliste beginnen, muss ich Ihnen allerdings verraten, dass QuickBooks keine brillante Vorstellung davon hat, was Sie kaufen und verkaufen. Es geht davon aus, dass alles, was Sie auf einen Geschäftsbeleg oder eine Kaufanfrage kleben, etwas ist, das Sie verkaufen.

Wenn Sie z. B. helle Espressotassen verkaufen, denken Sie wahrscheinlich (und tatsächlich), dass Sie Beschreibungen für jedes dieser Dinge in die Artikelliste aufnehmen müssen. Wenn Sie Frachtkosten zu einem Bon hinzufügen, stellt sich QuickBooks jedenfalls vor, dass Sie eine weitere Tasse hinzufügen. Und wenn Sie einem Bon

Verkaufsausgaben hinzufügen, nun, lernen Sie, das Unerwartete zu erwarten. QuickBooks glaubt wieder, dass Sie einen weiteren Becher enthalten.

Diese verrückte Bedeutung der Dinge ist von Anfang an verwirrend. Auf jeden Fall sollten Sie sich einfach an etwas Bestimmtes erinnern, dann klappt das schon. Sie sind nicht die Person, die dumm ist: QuickBooks ist es. Nein, ich sage nicht, dass QuickBooks ein schreckliches Programm ist. Es ist ein hervorragendes Buchhaltungsprogramm und ein unglaubliches Gerät. Ich sage nur, dass QuickBooks ein einfaches PC-Programm ist; es ist alles andere als ein von Menschenhand geschaffenes Denksystem. Es geht nicht auf die kleinen Nuancen des Geschäfts ein - zum Beispiel auf die Art und Weise, dass man, obwohl man Kunden die Fracht in Rechnung stellt, im Allgemeinen nicht im Liefergeschäft ist.

Jeder Abschnitt in der Quittung oder Kaufanfrage - die Becher, die Sie verkaufen, die Zwischensumme, der Abschlag, die Frachtkosten und die Geschäftsgebühr - ist ein Ding. In der Tat ist mir klar, dass diese Ausrichtung seltsam ist, aber wenn man sich an die Verrücktheit gewöhnt, werden die folgenden Diskussionen viel deutlicher.

## Einschließlich der Dinge, die Sie in Rechnungen aufnehmen können

Möglicherweise haben Sie einige Dinge als Bestandteil der Quick-Books-Einrichtung aufgenommen; Sie müssen jedoch wissen, wie Sie einige andere erforderliche Dinge hinzufügen und wie Sie neue Dinge hinzufügen können. Um einen Beleg oder eine Kaufanforderung in die Artikelliste aufzunehmen, gehen Sie folgendermaßen vor:

1. Kommissionierlisten ⇒ Artikelliste.

Wenn QuickBooks Sie fragt, ob Sie verschiedene Dinge einrichten müssen, geben Sie "Keine Chance" an. QuickBooks zeigt dann das Fenster Artikelliste an.

2. Klicken Sie auf die Schaltfläche "Element" am unteren Rand des Fensters "Elementliste" und wählen Sie anschließend "Neu starten" aus der Dropdown-Liste.

3. Klassifizieren Sie die Sache.

Wählen Sie in der Dropdown-Liste "Typ" einen Objekttyp aus. Die Artikelliste, die Sie sehen, hängt von der Art des Geschäfts ab, das Sie QuickBooks mitgeteilt haben, als Sie das Programm einrichteten, verwenden Sie also die nebenstehende Liste als Beispiel; die Summe und die Art der Dinge, die Sie benötigen, hängen von dem Geschäft ab, in dem Sie tätig sind. Wählen Sie einen der nebenstehenden Objekttypen aus, indem Sie auf den Namen in der Liste klicken:

Verwaltung: Wählen Sie diese Sorte, wenn Sie Hilfe in Rechnung stellen, z. B. eine Arbeitsstunde oder eine feste Arbeit.

Lagerteil: Wählen Sie diese Art, wenn das, was Sie verkaufen, etwas ist, das Sie von einer anderen Person gekauft haben, und Sie müssen Ihr Eigentum an dem Ding verfolgen. Wenn Sie z. B. Gizmos verkaufen, die Sie vom Hersteller Thingamajigs Amalgamated kaufen, bestimmen Sie den Ding-Typ als Inventarteil.

Lagermontage: Wählen Sie diese Art, wenn Sie etwas verkaufen, das Sie aus anderen Inventarobjekten herstellen. Wenn Sie Rohmaterialien oder verschiedene Teile kaufen und diese dann zu einem fertigen

Artikel zusammensetzen, ist der fertige Artikel ein Inventory Assembly-Ding.

Nicht-lagerhaltiges Teil: Wählen Sie diese Sorte, wenn es sich bei dem, was Sie verkaufen, um etwas handelt, das Sie lieber nicht als Bestand verfolgen möchten. (Normalerweise verwenden Sie diesen Typ nicht für Dinge, die Sie verkaufen, nebenbei bemerkt. Stattdessen verwenden Sie ihn für Dinge, die Sie für das Geschäft kaufen und an Kaufaufträge denken müssen).

Andere Gebühr: Wählen Sie diesen Ding-Typ für Dinge, z. B. Fracht- und Betreuungsgebühren, die Sie sich für Rechnungen merken.

Zwischensumme: Dieser Typ enthält alles, bevor Sie einen Abschlag abziehen, die Geschäftsgebühr einschließen usw.

Gruppe: Verwenden Sie diesen Ding-Typ, um viele Dinge (die auf der Liste stehen) auf einmal einzugeben. Dieses Ding ist eine anständige Zeitersparnis. Wenn Sie z. B. generell Sets von Dingen verkaufen, müssen Sie diese Dinge nicht jedes Mal einzeln angeben, wenn Sie einen Bon schreiben.

Abschlag: Dieser Ding-Typ ermittelt eine Addition, die von einer Zwischensumme abgezogen wird.

Anlage: Diese Wahl ist verrückt. Wenn Ihr Kassenbon manchmal eine Passage enthält, die den kompletten Kassenbon verringert - z. B. Kundenläden zur Stunde des Angebots - wählen Sie diesen Typ. Wenn diese Option Sie jedoch verwirrt, übersehen Sie sie einfach.

Umsatzsteuerposition: Wählen Sie diesen Ding-Typ für die Geschäftsgebühr, die Sie sich für den Bon merken.

Umsatzsteuergruppe: Dieser Thing-Typ ist wie der Thing-Typ "Gruppe", jedoch verwenden Sie ihn nur für Verkaufsgebühren, die in einer Transaktion gesammelt werden und verschiedenen Stellen geschuldet sind.

4. Geben Sie eine Dingnummer oder einen Namen ein.

Drücken Sie die Tabulatortaste oder tippen Sie mit der Maus auf das Inhaltsfeld Item Name/Number unterhalb der Dropdown-Liste Type und geben Sie dann eine kurze Beschreibung des Dings ein.

5. (Ermessenssache) Machen Sie die Sache zu einer Unterposition.

Wenn Sie mit Unterelementen arbeiten müssen - Dinge, die innerhalb anderer Dinge auftauchen - aktivieren Sie das Kontrollkästchen Unterelement von und verwenden Sie die vergleichende Dropdown-Liste, um das übergeordnete Ding zu bestimmen, zu dem ein Unterelement einen Platz hat.

6. Beschreiben Sie die Sache ausführlicher.

Bewegen Sie den Cursor in das Inhaltsfeld "Beschreibung" und geben Sie eine Beschreibung ein. Diese Beschreibung wird dann auf dem Bon angezeigt. Beachten Sie, dass Sie, wenn Sie in Schritt 3 den Ding-Typ als Inventarteil angegeben haben, zwei Inhaltsfelder für die Beschreibung sehen: Beschreibung bei Kauftransaktionen und Beschreibung bei Verkaufstransaktionen. Die Einkaufsbeschreibung wird in Kaufaufträgen angezeigt, die Geschäftsbeschreibung in Verkaufsrechnungen.

7. Wenn es sich bei der Art der Sache um eine Dienstleistung, ein Nicht-Lagerteil oder eine andere Gebühr handelt, geben Sie Quick-Books den Betrag an, der für die Sache berechnet werden soll, unabhängig davon, ob die Sache von der Verkaufsbewertung abhängig ist. Welchen Gehaltsdatensatz Sie verwenden, um den Lohn zu verfolgen, den Sie aus dem Verkauf der Sache erhalten.

Für einen Diensttyp legen Sie im Inhaltsfeld Satz den Wert fest, den Sie für eine Einheit der Administration berechnen. Wenn Sie z. B. kontinuierlich abrechnen, ist der Satz die Gebühr für eine Stunde der Administration. Wenn Sie Arbeit in Rechnung stellen, z. B. eine feste Arbeit oder die Erfüllung eines bestimmten Auftrags, ist der Satz die Gebühr für die Arbeit oder den Botengang.

Für einen Nicht-Lagerteil-Typ verwenden Sie das Inhaltsfeld Preis, um die Summe anzugeben, die Sie für das Ding berechnen.

Für den Typ "Andere Gebühr" verwenden Sie das Inhaltsfeld "Betrag" oder "%", das das Inhaltsfeld "Satz" ersetzt, um die Summe zu bestimmen, die Sie für die Sache berechnen. Sie können eine Menge eingeben, z. B. 20 für 20,00 $, oder Sie können einen Satz eingeben. Wenn Sie einen Satz eingeben, ermittelt QuickBooks den Betrag der anderen Gebühr als den Preis, der um den ersten Gegenstand auf dem Bon erhöht wurde.

8. Wenn der Artikeltyp "Inventarteil" ist, geben Sie QuickBooks den Betrag an, der für das Inventarteil berechnet werden soll, wie viel das Inventarteil kostet und welchen Gehaltsdatensatz Sie für die Verfolgung des Artikelumsatzes verwenden sollen.

Für einen Inventarteil-Ding-Typ zeigt QuickBooks das Fenster Neuer Artikel an. Sie verwenden die zusätzlichen Felder, die diese schöne Anpassung des Fensters zeigt, um die zugehörigen Daten zu erfassen:

Die Beschreibung der Kauftransaktionen: Beschreiben Sie das Teil. Dies erscheint in den Berichten (z. B. "Buy Arranges"), die Sie verwenden, wenn Sie Dinge für Ihr Lager kaufen.

Kosten: Geben Sie die durchschnittlichen Kosten pro Einheit der Dinge an, die Sie gegenwärtig haben. Dieses Feld wird als Standardsatz verwendet, wenn Sie den Gegenstand in eine Kauftransaktion eingeben.

Pinions-Konto: Geben Sie den Datensatz an, den QuickBooks verwenden soll, um die Kosten dieser aktuellen Sache zu verfolgen, wenn Sie sie verkaufen. (QuickBooks empfiehlt das COGS-Konto, also das Konto für den Verlust verkaufter Ware. Wenn Sie andere Konten für Ihre COGS angelegt haben, wählen Sie den passenden Datensatz).

Bevorzugter Lieferant: Geben Sie Ihre erste Entscheidung an, wenn Sie die Sache für Ihr Unternehmen anfordern. (Wenn der Verkäufer nicht in Ihrer Lieferantenliste enthalten ist, fordert QuickBooks Sie auf, ihn aufzunehmen. Wenn Sie angeben: "Zweifellos möchte ich ihn einbeziehen", zeigt QuickBooks das Fenster "Verkäufer hinzufügen", in dem Sie den Händler beschreiben können).

Die Beschreibung der Verkaufstransaktionen: Geben Sie eine Beschreibung der Sache ein, die in Berichten (Rechnungen usw.) angezeigt werden soll, die Ihre Kunden sehen. QuickBooks schlägt eine ähnliche Beschreibung, die Sie im Inhaltsfeld Beschreibung auf Einkaufstransaktionen verwendet haben, als Standard vor.

Verkaufspreis: Geben Sie die Summe ein, die Sie für die Sache verlangen.

Aufwand Code: Geben Sie an, ob die Sache belastet ist.

Gehaltskonto: Geben Sie den Datensatz an, den QuickBooks für die Verfolgung des Gehalts aus dem Angebot des Teils verwenden soll. Vermutlich ist dies das Wareneinkommens- oder Verkaufskonto. In der Regel verwenden Sie den Datensatz Merchandise Income, um Rabattverkäufe (nicht steuerpflichtig) zu überwachen, und den Datensatz Sales, um Einzelhandelsverkäufe zu verfolgen.

Ressourcenkonto: Geben Sie das andere aktuelle Ressourcenkonto an, das QuickBooks für die Verfolgung dieser Inventarsache verwenden soll.

Wiederbestellpunkt: Geben Sie die minimalste Bestandsmenge dieser Sache an, die verbleiben kann, bevor Sie mehr anfordern. Wenn der Lagerbestand auf diese Menge sinkt, fügt QuickBooks einen Vorschlag in die Erinnerungsliste ein, der Sie darauf hinweist, dass Sie die Sache nachbestellen müssen. (Um die Erinnerungsliste zu sehen, wählen Sie Bearbeiten ⇒ Voreinstellungen, wählen Sie Erinnerungen und aktivieren Sie anschließend das Kontrollkästchen Erinnerungsliste beim Öffnen der Firmendatei anzeigen auf der Registerkarte Meine Voreinstellungen).

Vorhanden: Wenn Sie eine Sache nur deshalb einrichten, weil dies ein wesentlicher Aspekt der Einrichtung von QuickBooks ist, setzen Sie dieses Feld auf den physischen Mittelwert der Sache zum Umwandlungsdatum. Etwas anderes, lassen Sie dieses Feld auf Null gesetzt.

Vollständiger Wert: Lassen Sie dieses Feld ebenfalls auf Null gesetzt.

Ab: Geben Sie das aktuelle Datum ein.

9. Wenn die Art der Sache ist Inventar Montage, offenbaren Quick-Books, die COGS und zahlen Datensatz für folgende die Sache zu verwenden, den Betrag für den Bestand zusammen zu berechnen, und wie die Sache aus anderen Segment Inventar Dinge herzustellen.

Hinweis: Die Inventarmontage ist in QuickBooks Premier und Enterprise zugänglich, jedoch nicht in Simple Start oder QuickBooks Pro.

Für einen Inventar-Baugruppentyp zeigt QuickBooks das Fenster Neuer Artikel an. Sie verwenden die zusätzlichen Felder, die diese außergewöhnliche Variante des Fensters anzeigt, um die zugehörigen Daten zu erfassen:

Zahnrad-Konto: Geben Sie den Datensatz an, den QuickBooks verwenden soll, um die Kosten dieses Gegenstands zu verfolgen, wenn Sie ihn verkaufen. (QuickBooks empfiehlt das COGS-Konto. Wenn Sie andere Konten für Ihre COGS eingerichtet haben, wählen Sie den richtigen Datensatz).

Beschreibung: Geben Sie eine Beschreibung der Sache ein, die in Archiven auftauchen soll, die Ihre Kunden sehen, z. B. Rechnungen.

Verkaufspreis: Geben Sie die Summe ein, die Sie für die Sache verlangen.

Pflichtcode: Geben Sie an, ob die Sache erschöpft ist.

Zahlungskonto: Geben Sie den Datensatz an, den QuickBooks für die Verfolgung der Zahlung aus dem Angebot des Teils verwenden soll.

Vermutlich ist dies das Konto "Warenverkauf" oder "Verkaufserlös". Sie verwenden den Datensatz Merchandise Sales (Warenverkauf) regelmäßig, um Angebote von wesentlichen Dingen zu verfolgen (Bestand, am Ende des Tages) und den Datensatz Sales Income (Verkaufserlöse), um alles andere zu verfolgen.

Stückliste: Verwenden Sie die Stückliste, um die Teilesachen und die zu erwartenden Mengen für die Herstellung der Bestandsgruppen zu erkennen.

Ressourcenkonto: Geben Sie das andere aktuelle Ressourcenkonto an, das QuickBooks für die Verfolgung dieser Inventarsache verwenden soll.

Punkt konstruieren: Geben Sie die am meisten reduzierte Bestandsmenge dieses Dings an, die bleiben kann, bevor Sie mehr herstellen. Wenn der Lagerbestand auf diesen Betrag sinkt, fügt QuickBooks der Liste Erinnerungen einen Vorschlag hinzu, der Sie darauf hinweist, dass Sie eine größere Menge der Sache herstellen müssen.

Vorhanden: Wenn Sie eine Sache nur deshalb einrichten, weil dies ein wesentlicher Aspekt der Einrichtung von QuickBooks ist, setzen Sie dieses Feld auf den physischen Mittelwert der Sache zum Änderungsdatum. Etwas anderes, lassen Sie dieses Feld auf Null gesetzt.

Gesamtwert: Wenn Sie im Feld Vorhanden einen anderen Wert als Null eingeben, setzen Sie die Summe des Gesamtwertes auf Kosten der Dinge, die Sie vorrätig haben. Etwas anderes, lassen Sie dieses Feld auf Null gesetzt.

Als von: Geben Sie das Datum der Transformation in das Feld "As of" ein, falls Sie etwas als Bestandteil der Einrichtung von QuickBooks beschreiben.

Etwas anderes, geben Sie das aktuelle Datum ein.

10. Wenn der Ding-Typ "Sales Tax Item" ist, verraten Sie QuickBooks, welchen Umsatzsteuersatz Sie berechnen und welche Behörde Sie bezahlen müssen.

Geben Sie den Geschäftsgebührensatz in das entsprechende Feld und das Bundesland (oder den Namen der Stadt oder einer anderen Veranlagungsstelle) in das entsprechende Feld ein:

Name und Beschreibung der Umsatzsteuer: Geben Sie weitere Feinheiten für den später erkennbaren Nachweis an.

Ausgabensatz: Geben Sie den Geschäftsgebührensatz als Satz an.

Veranlagungsstelle: Nennen Sie die staatliche oder nachbarschaftliche Veranlagungsstelle, die alle von Ihnen übermittelten Beute sammelt. Wenn die Veranlagungsorganisation nicht in der Liste enthalten ist, können Sie sie einfügen, indem Sie Neu hinzufügen aus der Dropdown-Liste wählen.

11. Wenn der Ding-Typ Zahlung ist, beschreiben Sie die Ratenzahlungsstrategie und wie QuickBooks mit der Rate umgehen soll.

Sie verwenden Raten-Sachen, um eine Vorauszahlung zu erfassen, die bei der Quittung gemacht wird, um die letzten Mittel zu verringern, die später vom Kunden zu zahlen sind. Hinweis: Einbehalte und Vorauslager werden unerwartet behandelt.

12. Klicken Sie auf OK oder Weiter, wenn Sie fertig sind.

Wenn Sie den Prozess der Beschreibung eines Dings abgeschlossen haben, klicken Sie auf OK, um das Ding der Liste hinzuzufügen und zum Fenster "Elementliste" zurückzukehren. Klicken Sie auf Weiter, um das Ding der Liste hinzuzufügen, und behalten Sie das Fenster Neues Element auf dem Bildschirm, damit Sie weitere Dinge aufnehmen können.

13. Wenn Sie eine andere Inventarsache aufgenommen haben, halten Sie den Erwerb der Sache fest.

Nachdem Sie neue Dinge aus dem Inventar eingepackt haben, müssen Sie eine weitere Transaktion durchführen, um den Erwerb der Dinge zu arrangieren (es sei denn, sie sind einfach eines Morgens vor Ihrer Haustür erschienen).

## Andere verrückte Dinge für Rechnungen machen

Im vorherigen Abschnitt habe ich nicht alle Dinge beschrieben, die Sie einschließen können. Sie können z. B. ein Zwischensummen-Ding erstellen, um die Zwischensumme der Dinge zu ermitteln, die Sie in einem Bon auflisten. (Sie brauchen diese Zwischensumme meist, wenn Sie die Verkaufsgebühr für die Dinge auf dem Bon berechnen müssen). Sie sollten auch andere verrückte Dinge für Ihre Rechnungen machen, z. B. Limits. Diese außergewöhnlichen Dinge beschreibe ich in den folgenden, kaum vorhandenen Abschnitten.

## Zwischensummen bilden, um Zwischensummen auf Rechnungen zu kleben

Sie müssen eine Zwischensumme einfügen, wenn Sie einen Rabatt auf eine Reihe von Artikeln auf einem Bon anwenden möchten. Um eine Zwischensumme zu Ihrer Artikelliste hinzuzufügen, wählen Sie Listen ⇒ Artikelliste, klicken Sie auf die Schaltfläche Artikel und wählen Sie Neu beginnend aus der Dropdown-Liste. Diese Aufgabe zeigt das Fenster Neuer Artikel - ein ähnliches Fenster habe ich schon ein paar Mal gezeigt. Geben Sie als Artikeltyp "Zwischensumme" an und vergeben Sie anschließend einen Artikelnamen (z. B. "Zwischensumme").

## Gruppendinge erstellen, um Dinge zu clustern, die Sie zusammen verkaufen

Sie können ein Ding erstellen, das eine Zeile auf einen Bon setzt, die eine Mischung aus mehreren verschiedenen Dingen ist. Um ein Gruppen-Ding einzubinden, zeigen Sie das Fenster "Neuer Artikel" an und geben Sie den Ding-Typ als "Gruppe" an.

Verwenden Sie im Fenster "Neuer Artikel" das Listenfeld "Artikel/Beschreibung/Anzahl", um alles aufzulisten, was für die Gruppen gespeichert ist. Wenn Sie auf eine Artikelzeile im Listenfeld Artikel/Beschreibung/Menge klicken, platziert QuickBooks eine Abwärtsschaltfläche am richtigen Ende des Artikelsegments. Klicken Sie auf diese Schaltfläche, um eine Dropdown-Liste mit Dingen zu öffnen. (Wenn die Datei umfangreicher ist als angezeigt werden kann, können Sie die Pergamentleiste auf der Option verwenden, um in der Liste hin und her zu gehen). Wenn Sie das Kontrollkästchen Artikel in der Gruppe drucken aktivieren, berücksichtigt QuickBooks alle Dinge in den Gruppen in den Rechnungen. (Wegen der Tassen werden in den Rechnungen die einzelnen blauen, roten und gelben Tassen aufgelistet, anstatt den Namen der Gruppe, z. B. Tassenset, auszuweisen.)

## Erstellen von Diskontsachen zum Hinzufügen von Limits zu Rechnungen

Sie können eine Sache machen, die einen Abschlag feststellt und den Rabatt in einem Bon in verschiedenen Details festhält.

Um der Liste ein Rabatt-Ding hinzuzufügen, zeigen Sie das Fenster "Neuer Artikel" an, geben Sie den Ding-Typ "Rabatt" an und geben Sie einen Ding-Namen oder eine Nummer und eine Beschreibung ein.

Verwenden Sie das Inhaltsfeld "Betrag" oder "%", um anzugeben, wie der Abschlag bestimmt wird. Wenn der Rabatt ein fester Betrag ist (z. B. 50,00 $), geben Sie die Summe ein. Wenn die Erstattung als Satz bestimmt wird, geben Sie den Preis ein, einschließlich des Prozentbildes. Wenn Sie einen Satz eingeben, ermittelt QuickBooks die Abschlagssumme als den Satz, erhöht um das, was auf dem Bon steht. (Wenn Sie den Abschlag auf eine Gruppe von Dingen anwenden müssen, müssen Sie eine Zwischensumme verwenden und diese mit dem Rabatt abschließen).

Verwenden Sie die Dropdown-Liste Konto, um das Geschäftsbuch anzugeben, das Sie verwenden müssen, um die Ausgaben für die von Ihnen angebotenen Limits zu verfolgen.

Verwenden Sie die Dropdown-Liste Steuerkennzeichen, um anzugeben, ob der Rabatt vor oder nach der Ermittlung der Verkaufsgebühren ermittelt wird. (Diese Auswahl wird nur angezeigt, wenn Sie bei der QuickBooks-Einrichtung gezeigt haben, dass Sie Verkaufsgebühren berechnen).

Wenn Sie Verkaufsausgaben erfassen müssen und diese Funktion nicht in QuickBooks Setup eingerichtet haben, gehen Sie wie folgt vor:

1. Wählen Sie Bearbeiten ⇒ Voreinstellungen.

Das Transaktionsfeld Voreinstellungen wird angezeigt.

2. Klicken Sie auf das Symbol "Umsatzsteuer" in der Liste links, klicken Sie auf die Registerkarte "Firmeneinstellungen" und wählen Sie anschließend die Auswahlschaltfläche "Ja" im Bereich "Berechnen Sie Umsatzsteuer".

3. Fügen Sie die Umsatzsteuerposition(en) in Ihre Artikelliste ein.

4. Klicken Sie auf die Schaltfläche Umsatzsteuerposition hinzufügen.

Wenn QuickBooks das Transaktionsfeld "Neuer Artikel" anzeigt (nicht angezeigt), geben Sie einen Namen für die Geschäftsgebühr in das Feld "Umsatzsteuername", den Geschäftsgebührensatz in das Feld "Steuersatz" und das Landesamt, an das Sie die Geschäftsgebühr versenden, in das Feld "Steuerbehörde" ein. Klicken Sie danach zweimal auf OK, um das Dialogfeld Neuer Artikel und das Transaktionsfeld Voreinstellungen zu schließen.

## Umsatzsteuergruppen bilden, um Verkaufsgebühren zu bündeln

Mithilfe von Umsatzsteuerkennzeichen können Sie mehrere Umsatzsteuerkennzeichen bündeln, die Sie als eine Steuer berechnen

sollten, damit sie auf dem Kassenbon als separate Umsatzsteuerkennzeichen erscheinen.

Die Konsolidierung der Abgaben ist grundlegend - oder zumindest
denkbar - wenn Sie z. B. 6,5 Prozent staatliche Verkaufsgebühr, 1,7
Prozent regionale Verkaufsgebühr und 0,4 Prozent städtische
Verkaufsgebühr berechnen sollen. Sie müssen jedoch eine volle
Verkaufsgebühr von 8,6 Prozent auf dem Kassenbon angeben.

Um eine Umsatzsteuergruppen-Sache einzubinden, zeigen Sie das
Fenster "Neuer Artikel" an und geben Sie anschließend den Typ der
Sache als Umsatzsteuergruppe an.

Verwenden Sie das Listenfeld
Steuerartikel/Steueragentur/Beschreibung, um verschiedene
Verkaufsgebühren aufzulisten, die Sie sich für die Gruppen merken
müssen. Wenn Sie auf eine Zeile im Listenfeld klicken, platziert
QuickBooks eine Abwärts-Schaltfläche am richtigen Ende des Segments für die Steuerposition. Sie können auf diese Schaltfläche klick-
en, um eine Dropdown-Liste mit Umsatzsteuer-Dingen zu öffnen.

## Dinge editieren

Wenn Sie einen Fehler begehen, können Sie die Daten einer Sache ändern, indem Sie das Fenster "Item List" anzeigen und doppelt auf die
Sache tippen, so dass QuickBooks das Fenster "Edit Item" anzeigt, in
dem Sie Änderungen vornehmen können

## Hinzufügen von Mitarbeitern zu Ihrer Mitarbeiterliste

Wenn Sie Ihre Finanzen in QuickBooks abwickeln oder Ihre Umsätze nach Mitarbeitern verfolgen, müssen Sie jeden Mitarbeiter beschreiben. Die Darstellung von Mitarbeitern ist verflixt einfach. Wählen Sie die Richtung Mitarbeiter ⇒ Mitarbeiterzentrum, um das Fenster Mitarbeiterzentrum anzuzeigen. Klicken Sie dann auf die Schaltfläche Neuer Mitarbeiter, die direkt über der Liste in der oberen linken Ecke des Bildschirms angezeigt wird, damit QuickBooks das Fenster Neuer Mitarbeiter anzeigt.

Das Fenster "Neuer Mitarbeiter" ist ziemlich direkt, nicht wahr? Sie füllen einfach die Felder aus, um den Mitarbeiter zu beschreiben.

Weniger gute PC-Buchautoren würden wahrscheinlich Stück für Stück beschreiben, wie Sie den Cursor in das Inhaltsfeld "Vorname" bewegen und den Vornamen der Person eingeben, wie Sie den Cursor in das folgende Inhaltsfeld bewegen und dort etwas eingeben, usw. Ich nicht. Keine Chance. Mir ist klar, dass Sie nur durch einen Blick auf dieses Fenster erkennen können, dass alles, was Sie tun, darin besteht, auf ein Inhaltsfeld zu klicken und die auffälligen Daten ein-zugeben. Ist das nicht so?

Wenn Sie einen Mitarbeiter entlassen, müssen Sie unbedingt das Ent-lassungsdatum für den Mitarbeiter auf der Registerkarte "Bes-chäftigungsinfo" eingeben, nachdem Sie den letzten Scheck geschrieben haben. (Um zu einer anderen Registerkarte zu wechseln, klicken Sie auf den Namen der Registerkarte. Klicken Sie z. B. auf Beschäftigungsinfo, um die Registerkarte Beschäftigungsinfo an-zuzeigen.) Auf diese Weise können Sie später, wenn Sie die Finanzen bearbeiten, nicht versehentlich den vorherigen Arbeiter bezahlen.

Was die Alternative des Feldes "Typ" auf der Registerkarte "Beschäftigungsinfo" betrifft, so passen die meisten Mitarbeiter wahrscheinlich in die Standardklassifizierung. Falls Sie sich fragen, ob ein Mitarbeiter die Regeln für Unternehmensbeamte, gesetzliche Arbeitnehmer oder Eigentümer erfüllt, sehen Sie sich die Circular E-Verteilung der IRS an. Außerdem, bleiben Sie ruhig.

Die Registerkarten "Adresse" und "Kontakt" bieten Ihnen Felder zum Erfassen und Speichern von Adressdaten. Auf der Registerkarte "Zusätzliche Informationen" können Sie anpassbare Felder einrichten, wenn Sie Daten speichern möchten, die nicht durch die QuickBooks-Standardfelder gesichert sind - z. B. die beliebtesten Schattierungen und dergleichen. Noch einmal, was Sie auf dieser Registerkarte zu tun haben, ist wirklich direkt.

Übrigens, wenn Sie QuickBooks mitgeteilt haben, dass Sie Finanzen machen müssen, fordert QuickBooks Sie auf, die Daten einzugeben, die es braucht, um Dinge wie staatliche und staatliche Jahresausgaben, Finanzierungskosten zu berechnen. Und Exkursion zahlt mit Boxen und Fenstern, die auf den Registerkarten Payroll Info und Worker's Comp angezeigt werden.

Nachdem Sie einen Mitarbeiter abgeschlossen haben, klicken Sie auf OK, um den Mitarbeiter der Liste hinzuzufügen und zum Fenster Mitarbeiterliste zurückzukehren, oder klicken Sie auf Weiter, um den Mitarbeiter der Liste hinzuzufügen und weitere Mitarbeiter aufzunehmen.

Sie können ebenfalls einen Mitarbeiter aus Ihrer Liste inaktivieren, wenn die Liste anfängt, mit den Namen von Mitarbeitern durcheinander zu geraten, die nie wieder für Sie arbeiten. Erfahren Sie mehr über das Inaktivieren von Dingen, Mitarbeitern, Kunden und Händlern in der nahegelegenen Seitenleiste "Inaktivierung von Listendingen". Ich empfehle, frühere Mitarbeiter zu inaktivieren, bis das Jahr vorbei ist und die W-2-Formulare gedruckt wurden.

## Kunden sind Ihr Geschäft

So fügen Sie Clients zu Ihrer Kundenliste hinzu:

1. Kunden auswählen ⇒ Kundencenter.

Das Fenster Kundencenter wird angezeigt.

2. Klicken Sie auf das Fenster Neuer Kunde und Auftrag und anschließend auf Neuer Kunde.

QuickBooks zeigt die Registerkarte "Adressinfo" des Fensters "Neuer Kunde" an. Verwenden Sie dieses Fenster, um den Kunden so detailliert zu beschreiben, wie es vernünftigerweise erwartet werden kann.

3. Geben Sie den Namen des Clients ein.

Geben Sie den Namen des Kunden so ein, wie er in der Kundenliste erscheinen soll. Beachten Sie, dass dies der Name ist, mit dem Sie in QuickBooks auf den Kunden anspielen, so dass Sie den Namen bei Bedarf verkürzen oder abkürzen können. Wenn Ihr Kunde z. B. IBM Corp. ist, können Sie im Inhaltsfeld Kundenname nur IBM eingeben.

4. Bestimmen Sie die Summe der unbezahlten Rechnungen des Kunden, indem Sie das Inhaltsfeld Eröffnungssaldo verwenden.

Bewegen Sie den Cursor in das Inhaltsfeld "Eröffnungssaldo" und geben Sie die Gesamtsumme ein, die der Kunde am Änderungsdatum schuldet.

5. Geben Sie das aktuelle Datum in das Feld ab Inhalt ein.

6. Geben Sie den vollständigen Namen der Organisation in das Inhaltsfeld Firmenname ein.

7. (Ermessenssache) Geben Sie den Namen Ihres Kontakts zusammen mit anderen relevanten Daten ein.

Bewegen Sie den Cursor in das Inhaltsfeld Full Name (Vollständiger Name) und geben Sie den Vornamen, den mittleren Vornamen und den Nachnamen des Kundenkontakts ein. Sie können ebenfalls die authentische Situation des Kontakts im Inhaltsfeld Job Title öffnen.

8. Geben Sie Telefon-, Fax- und E-Mail-Kontaktdetails an.

Fühlen Sie sich frei, die Felder für Telefonnummer, Fax, Standort und E-Mail-Inhalt auszufüllen.

9. Geben Sie die Rechnungsadresse ein.

Sie können das Inhaltsfeld Rechnung/Rechnung an verwenden, um die Rechnungsadresse des Kunden anzugeben. QuickBooks kopiert den Firmen- und den Kontaktnamen in die ersten Zeilen der Rechnungsadresse, sodass Sie nur den Ort eingeben müssen. Um vom Ende einer Zeile zum Anfang der folgenden zu gelangen, drücken Sie die Eingabetaste.

10. Geben Sie die Transportadresse ein.

Sie können das Inhaltsfeld "Lieferadresse" verwenden, um die Transportadresse des Kunden anzugeben. Klicken Sie auf die Schaltfläche Kopieren, um die Rechnungsadresse in das Feld Lieferadresse zu kopieren. Wenn die Lieferadresse von der Rechnungsadresse abweicht, öffnen Sie dauerhaft die Dropdown-Liste Lieferadresse, klicken Sie auf Neu hinzufügen und geben Sie anschließend die Daten der Transportadresse auf ähnliche Weise ein wie die Rechnungsadresse. Sie können verschiedene Transportadressen aufnehmen. Nachdem Sie eine Lieferadresse für einen Kunden eingegeben haben, können Sie die Transportadresse aus der Dropdown-Liste Versenden an auswählen.

11. (Ermessenssache) Klicken Sie auf die Registerkarte "Zahlungseinstellungen" und erfassen Sie weitere Informationen.

Sie können die Container auf der Registerkarte "Zahlungseinstellungen" verwenden, um Kundendaten zu erfassen, z. B. die Datensatznummer, die mit allen Raten verbunden werden soll. Sie können auch ratenbezogene Daten aufzeichnen, z. B. die höchsten Kreditpunkte und Kreditkartendaten des Kunden.

12. (Ermessenssache) Klicken Sie auf die Registerkarte "Umsatzsteuereinstellungen" und legen Sie den Geschäftsgebührensatz des Kunden fest.

Sie können die Kisten auf der Registerkarte "Umsatzsteuer-Einstellung" (nicht eingeblendet) verwenden, um die passende Umsatzsteuersache und den Satz zu speichern. Und um die Wiederverkaufserklärungsnummer des Kunden zu erfassen, wenn dies erforderlich ist, weil Sie gelegentlich einem Kunden Dinge anbieten, die nicht umsatzsteuerpflichtig sind.

13. (Ermessenssache) Klicken Sie auf die Registerkarte Zusatzinfo und erfassen Sie weitere Informationen.

Auf dieser Registerkarte können Sie den Client genauer beschreiben. Sie können den Kunden z. B. über das Dropdown-Listenfeld Kundentyp sortieren. (QuickBooks empfiehlt zunächst die Kundentypen Aus Werbung, Empfehlung, Einzelhandel und Großhandel; Sie können jedoch auf den Abschnitt Neu hinzufügen im Listenfeld tippen, um Ihre Kundentypen aufzunehmen).

Sie können das Feld "Vertreter" verwenden, um den Verkäufer zu erfassen, der einem Kunden zugewiesen ist. (Siehe "Die Verkäuferliste" weiter unten gleich mehr Daten.)

Sie können ebenfalls auf die Schaltfläche "Felder definieren" tippen, um Diskursfelder anzuzeigen, die Sie verwenden, um Felder für Gruppen zu erstellen, die Sie selbst mit zusätzlichen Daten versehen. (Eine Zeit lang habe ich einen benutzerdefinierten Bereich verwendet, um den Showcasing-Aufwand aufzuzeichnen, der einen Kunden oder Klienten beschafft hat, und diese zusätzliche Information gab ein ausgezeichnetes Verständnis dafür, welche Werbe- und Bekanntmachungsbemühungen hohe Erträge brachten und welche nicht).

14. (Ermessensabhängig) Klicken Sie auf die Registerkarte Job-Info, um explizite Beschäftigungsdaten aufzunehmen.

Da Sie eine andere Kundenabrechnung machen und nicht nach Einsätzen abrechnen, kläre ich diesen Ablauf im folgenden Bereich. Falls Sie der Typ sind, der es kaum abwarten kann, zögern Sie nicht, nachzuforschen. Sie können einen bestimmten Auftrag zu den Daten des neuen Kunden hinzufügen.

15. Speichern Sie die Client-Daten, indem Sie auf OK klicken.

Wenn Sie einen Kunden abschließen, können Sie ihn speichern, indem Sie auf "OK" klicken, um den Kunden zur Liste hinzuzufügen, und danach zum Fenster "Kundencenter" zurückkehren.

## Es ist nur ein Job

In QuickBooks können Sie Rechnungen nach Kunde oder nach Kunde und Beschäftigung verfolgen. Das mag sich verrückt anhören, aber einige Organisationen quittieren Kunden (vielleicht ein paar Mal) für explizite Einsätze.

Nehmen Sie das Beispiel eines Erschließungs-Subunternehmers, der Fundamentarbeiten für eine Reihe von Herstellern von Einfamilienhäusern durchführt. Dieser Erschließungs-Subunternehmer fakturiert seine Kunden wahrscheinlich nach Aufträgen, und er fakturiert jeden Kunden ein paar Mal für einen ähnlichen Auftrag. Er stellt Poverty Rock Builders die Erschließungsarbeiten in 1113 Birch Street in Rechnung, wenn er zum Beispiel die Waage gießt und danach noch einmal, wenn er den Platz verlegt. Bei 1028 Fairview wird für eine ähnliche Fundamentarbeit ebenfalls mehr als eine Quittung ausgestellt.

Um Berufe für Klienten einzurichten, müssen Sie zunächst die Klienten beschreiben (wie ich im vorherigen Abschnitt erläutert habe). Dann folgen Sie diesen Mitteln:

1. Kunden auswählen ⇒ Kundencenter.

QuickBooks zeigt das Fenster Kundencenter an.

2. Klicken Sie mit der rechten Maustaste auf den Client, für den Sie eine Belegung einrichten möchten, wählen Sie im angezeigten logischen Menü den Eintrag Auftrag hinzufügen und klicken Sie auf die Registerkarte Auftrag hinzufügen.

QuickBooks zeigt das Fenster "Neuer Auftrag" an (siehe Abbildung 3-11). Sie verwenden dieses Fenster, um den Job zu beschreiben. Ein Großteil der Daten befindet sich jetzt in der Quittung.

3. Geben Sie den Auftragsnamen an.

Der Cursor befindet sich im Inhaltsfeld Jobname. Geben Sie einfach den Namen des Auftrags oder der Aufgabe ein.

4. (Ermessenssache) Wenn Sie die Salden des Kunden nach Arbeit verfolgen, geben Sie den Saldo der Beschäftigungsmöglichkeit ein.

Bewegen Sie den Cursor in das Inhaltsfeld Eröffnungssaldo und geben Sie die Gesamtsumme ein, die der Kunde für den Job, den Sie beschreiben, am Änderungsdatum schuldet.

5. Geben Sie das aktuelle Datum in das Feld ab Inhalt ein.

6. Unterscheiden Sie den Client.

Wenn Sie in Schritt 2 einen unpassenden Kunden ausgewählt haben, sehen Sie sich die Dropdown-Liste Kunde an. Ist dort der richtige Kunde genannt? Wenn nicht, aktivieren Sie das Dropdown-Menü und wählen Sie den richtigen Kunden.

7. (Ermessenssache) Nennen Sie Ihren Ansprechpartner und tragen Sie weitere wichtige Daten ein.

Sie können den Namen Ihres Ansprechpartners und Wahlkontakts in die Inhaltsfelder Vollständiger Name eingeben. QuickBooks füllt daraufhin die Felder Name der Organisation, vollständiger Name und Quittung/Rechnung an aus, wenn diese Daten für den Kunden, für den Sie die Verantwortung tragen, zugänglich sind. Wahrscheinlich müssen Sie das nicht wissen, aber füllen Sie die Felder Telefon, Fax, E-Mail und Website aus, damit Sie diese Daten zur Hand haben.

8. Geben Sie die Rechnungsadresse des Auftrags ein.

Sie können das Inhaltsfeld "Invoice/Bill To" (Rechnung/Rechnung an) verwenden, um die Rechnungsadresse des Kunden für den Auftrag anzugeben. Da die Chancen akzeptabel sind, dass die Job-Rechnungsadresse mit der Rechnungsadresse des Kunden übereinstimmt, kopiert QuickBooks die Rechnungsadresse aus der Kundenliste. Nehmen Sie jedoch bei Bedarf Änderungen vor.

9. Wählen Sie die Lieferadresse aus.

Sie können das Inhaltsfeld "Lieferadresse" verwenden, um die Transportadresse des Auftrags anzugeben. Klicken Sie auf die Schaltfläche Copy (Kopieren), wenn die Transportadresse mit der Adresse Invoice/Bill To (Rechnung an) übereinstimmt.

10. Klicken Sie auf die Registerkarte "Zahlungseinstellungen" und beschreiben Sie die Ratenzahlungspläne des Kunden.

Über die Registerkarte "Zahlungseinstellungen" (nicht eingeblendet) können Sie z. B. eine Satznummer und die gewünschte Ratenzahlungstechnik erfassen. Über das Feld Kreditlimit können Sie das Kreditlimit des Kunden festlegen. Und Sie können Mastercard-

Ratenzahlungsdaten für Kunden speichern, deren Kartennummer Sie aufbewahren müssen.

11. (Ermessensspielraum) Klicken Sie auf die Registerkarte "Additional Info" und sortieren Sie den Auftrag.

Sie können die Dropdown-Liste Kundentyp der Registerkarte Zusatzinfo (nicht angezeigt) verwenden, um den Auftragstyp festzulegen. Die primären Startsortierungen in der Standardliste sind Aus Werbung, Empfehlung, Einzelhandel und Großhandel. Sie können andere Sortierungen vornehmen, indem Sie in der Dropdown-Liste Kundentyp die Option Neu hinzufügen wählen (so dass QuickBooks das Diskursfeld Neuer Kundentyp anzeigt) und anschließend die Felder ausfüllen.

12. (Ermessenssache) Klicken Sie auf die Registerkarte "Job-Info" und fügen Sie explizite Berufsdaten ein.

In der Dropdown-Liste "Jobstatus" können Sie "Kein", "Ausstehend", "Vergeben", "In Bearbeitung", "Abgeschlossen" oder "Nicht vergeben" auswählen, je nachdem, was im Allgemeinen angemessen ist. Das Startdatum ist (ich weiß, dass dies schwer zu akzeptieren ist) der Tag, an dem Sie den Job starten. Wie wahrscheinlich jeder weiß, sind das projektierte Enddatum und das Enddatum nicht gleichwertig.

Versuchen Sie, das letzte Datum erst auszufüllen, wenn der Auftrag abgeschlossen ist. Das Feld Jobbeschreibung kann alle unterstützenden Daten enthalten, die in eine Zeile passen, und Jobtyp ist ein zusätzliches Feld, das Sie verwenden können. (Wenn Sie dieses Feld verwenden, können Sie einen neuen Positionstyp einfügen, indem Sie in der Liste "Job Type" die Option "Add New" auswählen).

13. Speichern Sie die Auftragsdaten, indem Sie auf OK klicken.

## Hinzufügen von Anbietern zu Ihrer Anbieterliste

Das Hinzufügen von Verkäufern zu Ihrer Verkäuferliste funktioniert grundsätzlich ähnlich wie das Hinzufügen von Kunden zu Ihrer Kundenliste. Hier sehen Sie, wie Sie sich um das Geschäft kümmern:

1. Wählen Sie Lieferanten ⇒ Lieferantencenter oder klicken Sie auf das Symbol Lieferanten am höchsten Punkt des Bildschirms.

QuickBooks zeigt das Fenster Vendor Center an. Neben der Buchung Ihrer Händler berücksichtigt es alle Geschäftsgebührenorganisationen, die Sie als einen wesentlichen Aspekt der Einrichtung von Umsatzsteuerdingen unterschieden haben.

2. Klicken Sie auf das Fenster "Neuer Lieferant" und wählen Sie anschließend im angezeigten Menü die Richtung "Neuer Lieferant" aus.

Sie verwenden dieses Fenster, um die Händler und all ihre kleinen Exzentrizitäten zu beschreiben.

3. Geben Sie den Händlernamen ein.

Der Cursor befindet sich jetzt im Inhaltsfeld Verkäufername. Sie sollten einfach den Namen des Verkäufers so eingeben, wie er in der Verkäuferliste erscheinen soll. Wenn Sie Ihre Verkäufer nach dem Namen der Organisation auflisten möchten, geben Sie den Namen der Organisation ein. Um sie nach dem Vor- oder Nachnamen des Händlers anzuzeigen, geben Sie einen dieser Namen ein. Denken Sie einfach daran, dass die Liste nach den Daten, die Sie jetzt eingeben, der Reihe nach oder numerisch sortiert wird.

4. (Ermessenssache) Geben Sie den Namen Ihres Kontakts ein.

Füllen Sie die Inhaltsfelder Full Name (Vollständiger Name) mit dem Vornamen, dem mittleren Anfang und dem Nachnamen des Kunden-kontakts aus. Sie können ebenfalls einen Titel für die Kontaktperson angeben.

5. (Ermessenssache) Geben Sie die Telefon- und E-Mail-Adresse des Verkäufers und, falls erreichbar, die Faxnummer und Standorta-dressen ein.

Sie können die Namen, die für die Telefonnummernfelder verwendet werden, ändern, indem Sie andere Bezeichnungen aus deren Dropdown-Konten auswählen. Beachten Sie auch, dass das Fenster zusätzlich über ein weiteres Feld verfügt, in dem Sie weitere störende Daten - z. B. das Gewicht des Kontakts - eintragen können.

6. Geben Sie den Ort ein, an den Sie Schecks senden sollen.

Sie können die Inhaltsfelder Address Details Billed From und Shipped From verwenden, um den Händlern tendenziell Daten zu geben. QuickBooks kopiert den Firmen- und Kontaktnamen in die erste Zeile des Standorts, so dass Sie nur die Straßenadresse, den Ort, das Bundesland und den Postbezirk eingeben müssen. Um vom Ende einer Zeile zum Anfang der nächsten zu gelangen, drücken Sie die Eingabetaste.

7. (Ermessenssache) Prüfen Sie die Daten der Standard-Registerkarten für Zahlungseinstellungen.

Klicken Sie auf die Registerkarte "Zahlungseinstellungen", um eine Reihe von Feldern zu finden, in denen Sie die Datensatznummer des

Händlers, die Ratenzahlungsbedingungen des Verkäufers und den richtigen Namen, der auf den Scheck gedruckt werden soll, so weit wie möglich eintragen können.

8. (Ermessenssache) Prüfen Sie die Standard-Steuereinstellungen.

Sie können auf die Registerkarte "Steuereinstellungen" tippen, um eine Reihe von Feldern zu finden, mit denen Sie die Veranlagungsnachweisnummer des Händlers aufzeichnen und anzeigen können, ob der Verkäufer gegen Ende des Jahres ein 1099-Datenkostenformular von Ihnen erhalten sollte.

9. (Ermessensabhängig) Geben Sie die Standardkonten an, die mit einem Verkäufer verwendet werden sollen.

Sie können auf die Registerkarte "Kontoeinstellungen" tippen, um eine Auswahlliste von Konten anzuzeigen, die QuickBooks zum Vorausfüllen von Kontonummernfeldern verwendet, wenn Sie eine Rechnung des Verkäufers eingeben.

10. (Ermessenssache) Klicken Sie auf die Registerkarte Zusatzinfo und bestellen Sie den Verkäufer.

Die Registerkarte Zusatzinfo bietet zunächst nur eine Dropdown-Liste "Verkäufertyp", mit der Sie den Verkäufer als Berater, Fachgenossenschaft, Anbieter oder Spesenorganisation bestellen können. Sie können jedoch benutzerdefinierte Felder auf der Registerkarte einfügen, indem Sie auf die Schaltfläche Felder definieren tippen.

11. Geben Sie 0 (Null) in das Inhaltsfeld "Eröffnungssaldo" ein.

Normalerweise würden Sie es vorziehen, die Summe, die Sie dem Händler schulden, nicht einzugeben; das tun Sie später, wenn Sie sich um Ihre Rechnungen kümmern. Falls Sie jedoch die Prämisse der Gruppe verwenden, die Ihre Kosten darstellt (was nur bedeutet, dass Ihr Buchhaltungssystem die Kosten berücksichtigt, wenn Sie die Rechnung erhalten, nicht wenn Sie sich um die Rechnung kümmern). Sie müssen QuickBooks offenlegen, welche Beträge Sie den Händlern zum Zeitpunkt der Transformation schulden. Das geht am effektivsten, indem Sie beim Einrichten eines Verkäufers in der Liste "Verkäufer" im Feld "Eröffnungssaldo" die Eröffnungssalden für die Händler eingeben.

12. Geben Sie das Datum der Transformation in das Feld ab Datum ein.

Was Sie hier zufällig tun, ist, das Datum anzugeben, an dem der Wert im Inhaltsfeld Eröffnungsbilanz erschienen ist, ist richtig.

13. Speichern Sie die Verkäuferdaten, indem Sie auf OK klicken.

Durch diesen Vorgang wird der Verkäufer zur Liste hinzugefügt und Sie kehren zum Fenster Vendor Center zurück.

## Die anderen Listen

In den vorangegangenen Bereichen habe ich praktisch alle wichtigen Konten abgedeckt. Ein paar andere, die ich an dieser Stelle noch nicht besprochen habe, sind Anlagevermögen, Preisebene, Fakturierungssatz-Ebene, Umsatzsteuerkennzeichen, Klassen, andere Namen, Handelsvertreter, Kundentyp, Lieferantentyp, Auftragstyp, Bedingungen, Kundennachrichten, Zahlungsmethode, Versandweg,

Fahrzeug und gespeicherte Transaktionen. Ich verzichte auf eine Beschreibung, wie Sie diese Listen verwenden, da Sie sie im Allgemeinen nicht benötigen.

Die verschiedenen QuickBooks-Konten sind in der Regel mehr als zufriedenstellend. In der Regel können Sie die Standardkonten so verwenden, wie sie sind, ohne andere Konten zu erstellen.

Um sicherzustellen, dass ich Sie nicht im Stich lasse, muss ich Ihnen auf jeden Fall eine genaue Beschreibung dieser verschiedenen Konten geben und was sie tun.

## Die Anlagenpositionsliste

Wenn Sie feste Ressourcen kaufen - Dinge, z. B. Fahrzeuge, verschiedene Haushaltsgegenstände, zufällige Brocken von Hardware usw. - sollte jemand diese Dinge in einer Liste verfolgen. Warum? Sie müssen diese Daten schnell zur Hand haben (oder an den Fingerspitzen Ihres Buchhalters), um die Entwertung zu ermitteln. Auch wenn Sie später etwas wegwerfen, brauchen Sie diese Daten, um den Zuwachs oder das Missgeschick beim Angebot des Dings zu ermitteln.

Daher enthält QuickBooks eine Liste der Anlagegüter.

Hinweis: Ich sollte Ihnen verraten, dass Ihr CPA oder Ihr Pflichtbuchhalter ab sofort eine solche Liste hat, die die betreffende Person für Sie führt. Wie, nicht so gut, gründlich eine Dichtung blasen, da dies das Prinzip, das Sie über diese festen Ressourcen Geschäft herausgefunden haben.

## Die Preisstufenliste

Als ich das erste Mal mit der QuickBooks Price Level-Komponente in Berührung kam, war ich sehr verwirrt, wie sie funktioniert. Ich bin immer noch etwas verwirrt - nicht darüber, wie das Element funktioniert, aber darüber, wer es wirklich brauchen könnte. Wie auch immer, was weiß ich denn schon? Hier ist die Ausrichtung: Preisstufen ermöglichen es Ihnen, die Kosten einer Sache zu ändern, während Sie einen Bon erstellen. Sie können eine Kostenstufe machen, die die Kosten für etwas um 20 Prozent erhöht, zum Beispiel, und Sie machen eine Wertstufe, die die Kosten für etwas um 10 Prozent verringert. Sie ändern einen Aufwand, indem Sie eine Wertstufe aus dem Feld Preis eines Bons wählen. (Das ist vielleicht nicht so gut, bis Sie das Fenster Rechnungen erstellen sehen.

## Die Liste der Fakturierungsratenstufen

Mit der Liste Abrechnungssatzstufen können Sie eine Liste mit benutzerdefinierten Kosten für Verwaltungsaufgaben erstellen, anstatt einen Standardsatz für eine bestimmte Aufgabe zu verwenden. Sie verwenden dann Fakturierungssatzstufen, wenn Sie einen Kunden für Administrationsleistungen empfangen.

## Die Liste der Umsatzsteuervorschriften

Die Liste der Umsatzsteuerkennzeichen, die angezeigt wird, wenn Sie die Alternative "Umsatzsteuer" einschalten, enthält eine Liste der angebotenen Belastungscodes. Diese Geschäftskostencodes zeigen QuickBooks, wenn sie in einem Bon oder einer Rechnung verwendet werden, an, ob etwas steuerpflichtig ist.

# Die Klassenliste

Klassen ermöglichen es Ihnen, Transaktionen z. B. nach Büro oder Bereich zu ordnen, mit dem Ziel, dass Sie Neigungen verfolgen und die Ausführung über Teile Ihres Unternehmens hinweg überwachen können. Klassen sind cool (wirklich cool), aber sie fügen dem Buchhaltungsmodell, das Sie in QuickBooks verwenden, ein weiteres Maß hinzu, daher werde ich sie hier nicht beschreiben. Ich bitte Sie - nein, ich flehe Sie an - sich damit vertraut zu machen, wie der Rest von QuickBooks funktioniert, bevor Sie anfangen, mit Klassen herumzupfuschen. Hier sind nur ein paar hilfreiche Goodies, wenn Sie Klassen verwenden müssen:

Möglicherweise müssen Sie die QuickBooks-Hervorhebung "Klassenverfolgung" einschalten. Wählen Sie dazu Bearbeiten ⇒ Voreinstellungen, klicken Sie auf das Symbol "Buchhaltung", klicken Sie auf die Registerkarte "Firmenvoreinstellungen" und aktivieren Sie das Kontrollkästchen "Klassenverfolgung verwenden".

Hinweis: Die Klassenbegrenzung zeigt Informationsdurchgangsfenster an, einfach nachdem Sie die Klassenverfolgung eingeschaltet haben.

Um die Klassenliste anzuzeigen, wählen Sie Listen ⇒ Klassenliste.

Um Klassen zur Klassenliste hinzuzufügen, zeigen Sie das Fenster Klassenliste an (wählen Sie Listen ⇒ Klassenliste), klicken Sie mit der rechten Maustaste auf das Fenster, wählen Sie Neu, um das Fenster Neue Klasse anzuzeigen, und füllen Sie anschließend die Felder aus.

Um Transaktionen als einer bestimmten Klasse zugehörig zu kennzeichnen - Rechnungen, Schecks, Gebühren, Tagebuchpassagen usw. - wählen Sie die entsprechende Klasse aus dem Listenfeld Klasse aus.

Übrigens noch ein weiterer Punkt: Bevor Sie losziehen und anfangen, mit Klassen Ihre Buchhaltung durcheinander zu bringen, vergewissern Sie sich, dass Sie das, was Sie brauchen, nicht durch eine Erweiterung Ihres Kontenrahmens erreichen können.

## Die Liste Andere Namen

QuickBooks bietet eine Liste "Andere Namen", die wie eine verwässerte, schwache Mischung aus Lieferanten- und Mitarbeiterliste funktioniert. Sie können Schecks an Personen ausstellen, die in dieser Liste aufgeführt sind, aber Sie können nichts anderes tun. Sie können zum Beispiel keine Rechnungen oder Bestellungen für sie erstellen und Sie erhalten keine der anderen Daten, die Sie für Händler oder Vertreter benötigen.

## Die Außendienstmitarbeiterliste

Sie können eine Liste der Vertreter erstellen, mit denen Sie zusammenarbeiten, und anschließend zeigen, welcher Verkäufer einem Kunden ein Angebot macht oder ein Geschäft abschließt. Wählen Sie dazu Listen ⇒ Kunden- und Lieferantenprofillisten ⇒ Verkäufer. Wenn Sie diese Richtung wählen, zeigt QuickBooks das Fenster Verkäuferliste an, in dem alle Verkäufer berücksichtigt werden. Um Verkäufer einzubeziehen, klicken Sie auf die Schaltfläche Verkäufer, wählen Sie Neu beginnend aus der Dropdown-Liste und füllen Sie anschließend das Fenster aus, das QuickBooks anzeigt.

## Liste der Kunden-, Lieferanten- und Auftragstypen

Sie können Zuordnungen von Kundentypen, Verkäufertypen und Beschäftigungstypen vornehmen und diese Listen anschließend verwenden, um Kunden-, Händler- und Berufsdaten zu sortieren. Dies ist wahrscheinlich nichts Unerwartetes; allerdings müssen Sie dazu die entsprechende Richtung verwenden:

Konten ⇒ Kunden- und Lieferanten-Profil-Listen ⇒ Kunden-Typ-Listen ⇒ Kunden- und Lieferanten-Profil-Listen ⇒ Lieferanten-Typ-Listen ⇒ Kunden- und Lieferanten-Profil-Listen ⇒ Job-Typ-Liste

Wenn Sie eine dieser Richtungen wählen, zeigt QuickBooks das entsprechende Listenfenster an, das alle Kundentypen, Lieferantentypen oder Auftragstypen berücksichtigt. Um Typen aufzunehmen, klicken Sie auf die Schaltfläche Typ, wählen Sie Neu beginnend aus der Auswahlliste und füllen Sie anschließend das von QuickBooks angezeigte Fenster aus.

Wie Sie eine dieser Arten von Konten verwenden, hängt von Ihrem Unternehmen ab. Wenn Sie Kunden, Verkäufer oder Beschäftigte auf seltsame Weise sortieren oder isolieren müssen, verwenden Sie die Liste Kundentyp, Verkäufertyp oder Jobtyp.

## Die Begriffsliste

QuickBooks führt eine Konditionenliste, in der Sie angeben können, welche Ratenkonditionen zugänglich sind. Um die Konditionen einzubeziehen, wählen Sie Listen ⇒ Kunden- und Lieferantenprofillisten ⇒ Konditionenliste. Wenn Sie diese Richtung wählen, zeigt QuickBooks das Fenster Konditionenliste an. Um weitere Begriffe hinzuzufügen, klicken Sie auf die Schaltfläche Begriffe, wählen Sie Neu beginnend aus der Dropdown-Liste und füllen Sie anschließend das Fenster aus, das QuickBooks anzeigt.

## Die Liste der Kundenmeldungen

Diese Liste ist eine weitere Nebenrolle in der QuickBooks-Dramaturgie. Sie können Nachrichten an die Basis von Rechnungen kleben, wenn Sie die Nachricht zuerst in der Liste Kundennachricht sortieren. QuickBooks gibt eine Reihe von Standardnachrichten vor: Danke, Frohe Weihnachten, Fiese Personen sind scheiße, usw. Sie können weitere Nachrichten einfügen, indem Sie Listen ⇒ Kunden- und Lieferantenprofillisten ⇒ Kundenmitteilungsliste wählen. Wenn QuickBooks das Fenster Kundenmitteilungsliste anzeigt, klicken Sie auf das Fenster Kundenmitteilung und wählen Sie Neu.

Verwenden Sie dann das Fenster Neue Kundennachricht, das Quick-Books präsentiert, um eine weitere Nachricht zu erstellen.

## Die Liste der Zahlungsarten

Im Moment wird dies eine große Verwunderung auslösen. (Ich scherze nur.) QuickBooks gibt Beschreibungen der typischen Raten-zahlungsstrategien. Sie können diese ergänzen, indem Sie Listen ⇒ Kunden- und Lieferantenprofillisten ⇒ Zahlungsmethode auswählen. Wenn Sie diese Reihenfolge wählen, zeigt QuickBooks die verlorene Stadt Atlantis. Na gut, nicht so ganz. QuickBooks zeigt das Fenster Zahlungsmethode. Um weitere Techniken - zum Beispiel PayPal - einzubinden, klicken Sie auf die Schaltfläche Zahlungsmethode, wäh-len aus der Dropdown-Liste Neu beginnend und füllen anschließend das Fenster aus, das QuickBooks anzeigt.

## Das Schiff Über die Liste

QuickBooks gibt Beschreibungen von typischen Transportstrategien. Diese Beschreibungen sind wahrscheinlich völlig ausreichend. Wenn Sie dennoch mehr aufnehmen möchten, können Sie dies tun, indem Sie Listen ⇒ Kunden- und Lieferantenprofillisten ⇒ Versandweg wählen. Wenn Sie diese Richtung wählen, zeigt QuickBooks das Fenster Versandweg-Liste an, in dem alle Transportstrategien aufgeführt sind, die Sie oder QuickBooks für zugänglich halten. Um weitere Pläne einzubeziehen, klicken Sie auf die Schaltfläche Versandmethode, wählen Sie Neu beginnend aus der Dropdown-Liste und füllen Sie anschließend das Fenster aus, das QuickBooks anzeigt. Gefährten, viel einfacher geht es nicht.

## Die Fahrzeugliste

QuickBooks bietet eine Fahrzeugliste, mit der Sie eine Liste der Geschäftsfahrzeuge führen können. Um die Fahrzeugliste zu sehen, wählen Sie Listen ⇒ Kunden- und Lieferantenprofil-Listen ⇒ Fahrzeugliste. Wenn Sie diese Reihenfolge wählen, zeigt QuickBooks das Fenster Fahrzeugliste an, in dem alle Fahrzeuge aufgeführt sind, die Sie kürzlich als zugänglich bezeichnet haben. Um neue Fahrzeuge zu unterscheiden, klicken Sie auf die Schaltfläche Fahrzeug, wählen Sie Neu beginnend aus der Dropdown-Liste und füllen Sie anschließend das Fenster aus, das QuickBooks anzeigt.

Um den Kilometerstand des Fahrzeugs in QuickBooks zu erfassen, wählen Sie Unternehmen ⇒ Fahrzeugkilometerstand eingeben. Verwenden Sie dann das Fenster, das QuickBooks präsentiert, um das

Fahrzeug, die Ausflugslänge in Meilen, das Ausflugsdatum und ein paar andere Ausflugsdaten zu erkennen.

## Die Liste gespeicherter Transaktionen

Die Liste der gespeicherten Transaktionen ist nicht generell eine Liste. Auf jeden Fall nicht die verschiedenen Konten, die ich jetzt beschreibe. Die Liste der gespeicherten Transaktionen ist eine Liste von Buchhaltungstransaktionen - Rechnungen, Gebühren, Schecks, Kaufaufträge usw. -, die Sie QuickBooks gebeten haben, sich zu merken. Um die Liste der gespeicherten Buchungen anzuzeigen, wählen Sie Listen ⇒ Liste gespeicherter Buchungen.

Sie können QuickBooks dazu veranlassen, Transaktionen zu speichern, damit Sie sie später schnell erfassen oder sogar auf einen Zeitplan zur wiederholten Verwendung setzen können. Dieses Element kann bei Geschäften, die sich bei jeder Eingabe weitgehend nicht mehr unterscheiden und die Sie immer wieder eingeben, Zeit sparen.

## Die Erinnerungsliste

Hier ist eine Datei, die nicht über das Menü "Listen" verfügbar ist. QuickBooks überwacht eine Menge Dinge, von denen es weiß, dass Sie sie auf dem Bildschirm anzeigen müssen. Wenn Sie Firma ⇒ Mahnungen wählen, zeigt QuickBooks das Fenster Mahnungen an. Hier berücksichtigen Sie z. B. Rechnungen und Uhren, die gedruckt werden sollten, Lagerbestände, die Sie wahrscheinlich nachbestellen sollten, usw.

## Anordnen von Listen

Um eine Liste zu ordnen, sollten Sie sich im Ein-Mandanten-Modus befinden. Hier sind ein paar verschiedene Möglichkeiten, wie Sie Ihre Checkliste sortieren können:

So verschieben Sie ein Ding und alle seine Unterpunkte: Klicken Sie auf die Raute daneben und ziehen Sie es anschließend in der Liste nach oben oder unten in einen anderen Bereich.

So machen Sie einen Unterpunkt zu einem eigenen Ding: Klicken Sie auf das Juwel in der Nähe des Dings und ziehen Sie es anschließend auf eine Seite.

Um ein Ding zu einem Unterpunkt zu machen: Verschieben Sie das Ding so, dass es rechtmäßig unter dem Ding liegt, unter das es fallen soll. Klicken Sie dann auf den Edelstein in der Nähe des Dings und ziehen Sie ihn zu einer Seite.

So ordnen Sie eine Liste: Klicken Sie auf die Schaltfläche Name an der höchsten Priorität im Listenfenster. QuickBooks ordnet Ihre Liste von Kunden, Verkäufern, Konten usw. sowohl in der Abfrage von A nach Z als auch in der umgekehrten Abfrage von Z nach A.

## Listen drucken

Sie können Kunden-, Händler- und Vertreterkonten ausdrucken, indem Sie auf die Schaltfläche "Drucken" am obersten Punkt des jeweiligen Center-Bildschirms für die von Ihnen gewählte Art der Anzeige tippen. Die Liste gehört zu den Alternativen, die in einem Dropdown-Menü zum Drucken verfügbar sind.

Sie können eine gewöhnliche Liste drucken, indem Sie das Menü einblenden, auf die Schaltfläche in der linken unteren Ecke des Listenfensters tippen und anschließend Liste drucken wählen. In der Regel ist es jedoch die beste Methode, eine Liste zu drucken, einen Listenbericht zu erstellen. Sie können einen Listenbericht erstellen, wiederholen und drucken, indem Sie Berichte ⇒ Liste wählen und anschließend die zu druckende Datei auswählen. Sie können ebenfalls einen von mehreren Listenberichten erstellen, indem Sie auf die Schaltfläche Berichte im Listenfenster tippen und einen Bericht aus dem Aufklappmenü auswählen.

Klicken Sie in einem Listenfenster auf die Schaltfläche Aktivitäten, um schnell zu den üblichen Übungen zu gelangen, die mit den Dingen in dieser Liste zusammenhängen, oder auf Berichte, um schnell zu den regelmäßigen Berichten zu gelangen, die mit den Dingen in der Liste identifiziert werden.

## Listenelemente mit dem Textverarbeitungsprogramm austauschen

Wenn Sie QuickBooks verwenden, um die Namen und Adressen Ihrer Kunden, Verkäufer und Mitarbeiter zu speichern, können Sie einen Bucheintrag mit den Kontaktdaten dieser Personen erstellen. Dann können Sie diesen Datensatz an eine andere Anwendung, z. B. ein Textverarbeitungsprogramm, weitergeben, um Berichte zu erstellen, die diese Daten nutzen.

Um Listendaten an ein Buchdokument zu senden, klicken Sie auf die Schaltfläche in der linken unteren Ecke des Listenfensters und wählen Sie Liste drucken. Wenn QuickBooks das Dialogfeld "Drucken" anzeigt, wählen Sie die Schaltfläche "Dateiauswahl", klicken Sie auf

"Drucken" und geben Sie einen Dateinamen an, wenn Sie dazu aufgefordert werden.

## Verwalten der Kontenplanliste

Ich habe mir etwas Besonderes für später aufgehoben. Nachdem Sie die Einrichtung Ihrer Listen abgeschlossen haben, müssen Sie, trotz allem, eine Liste abrechnen: Den Kontenplan. Der Kontenplan Liste nur Konten für die Konten, die Sie und QuickBooks verwenden, um Lohn und Kosten, Ressourcen, Verbindlichkeiten und Wert zu folgen.

Dieser Vorgang ist ein wenig unterhaltsam, aber da ein Großteil des Kontenplans bereits eingerichtet ist, beenden Sie ihn nur. Normalerweise besteht dies aus zwei oder vielleicht drei separaten Schritten: dem Beschreiben von Kundensalden, dem Beschreiben von Händlersalden und dem Eingeben des Rests der vorläufigen Bilanz.

## Beschreiben von Kundensalden

Wenn Sie beim Einrichten der Mandanten unbezahlte Bon-Aggregate eingegeben haben - was ich vorschlage -, haben Sie soeben Ihre Mandanten-Salden beschrieben. Sie, alter Kumpel, können zum folgenden Abschnitt springen: "Verkäufer-Salden beschreiben".

Wenn Sie keine Aggregate für unbezahlte Kundenbelege eingegeben haben, müssen Sie diese Daten nachliefern, bevor Sie die Daten des Kontenplans abschließen. Dazu öffnen Sie den Bon auf die übliche Weise, die ich in Kapitel 4 beschreibe. Die eine wesentliche Aufgabe besteht darin, das erste Belegdatum zu verwenden, wenn Sie den Beleg eingeben.

## Beschreiben von Händlersalden

Wenn Sie beim Einrichten der Händler unbezahlte Rechnungssummen eingegeben haben - was ich zusätzlich vorschlage - haben Sie Ihre Händlersalden beschrieben. In diesem Fall können Sie zum folgenden Abschnitt "Buchhalterische Albernheiten abdecken" springen.

## Verkleidung einiger buchhalterischer Lächerlichkeiten

Nachdem Sie die Kunden- und Händlersalden in QuickBooks eingegeben haben, müssen Sie den Rest der vorläufigen Bilanz eingeben, was Sie in zwei wesentlichen Schritten tun. Im ersten Schritt decken Sie ein paar dumme Konten ab, die sogenannten Spannungskonten, die QuickBooks beim Einrichten der Konten Artikel, Kunde und Lieferant erstellt. Der nachfolgende Schritt, den ich im nebenstehenden Abschnitt beschreibe, besteht darin, die letzten, noch fehlenden Zahlen zu ergänzen.

Sie können Ihre halbfertige vorläufige Bilanz aus QuickBooks heraus liefern, indem Sie auf das Symbol für das Berichtszentrum tippen und Berichte ⇒ Buchhaltung und Steuern ⇒ Summenbilanz wählen. QuickBooks zeigt den vorläufigen Bilanzbericht in einem Datensatzfenster an.

Wenn Sie dies tun müssen, geben Sie das Änderungsdatum in das Feld Von ein, indem Sie auf den Container tippen und das Umwandlungsdatum in der Position MM/TT/JJJJ schreiben. Sie können das Feld "Von" auf einen beliebigen Wert setzen; der Bereich "Von" und "Bis" muss lediglich mit dem Umwandlungsdatum enden. Notieren Sie sich die Guthaben- und Belastungssalden, die für die Konten "Unkategorisierte Einnahmen" und "Unkategorisierte Ausgaben" erschienen sind.

Bei Bedarf können Sie den Bericht ausdrucken, indem Sie auf die Schaltfläche Drucken tippen; wenn QuickBooks dann das Transaktionsfeld Bericht drucken anzeigt, klicken Sie auf dessen Schaltfläche Drucken. In der Tat klicken Sie auf zwei Druck-Schaltflächen.

Nachdem Sie die Salden des Transformationsdatums für die Konten "Uncategorized Income" und "Uncategorized Expenses" haben, sind Sie bereit, die Buchhaltungsänderung der Gruppe vorzunehmen. Gehen Sie dazu folgendermaßen vor:

1. Klicken Sie im Startbildschirm entweder auf das Symbol "Kontenplan" im Bereich "Firma" oder wählen Sie "Listen ⇒ Kontenplan", um das Fenster "Kontenplan" anzuzeigen.

2. Doppeltippen Sie auf Eröffnungssaldo Eigenkapital in der Liste des Kontenplans, um dieses Konto zu bestätigen.

Der Eröffnungssaldo Eigenkapital wird nach den Verpflichtungskonten erfasst. QuickBooks zeigt das Register - eine Liste von Transaktionen - für das Konto Eröffnungssaldo Eigenkapital an.

3. Wählen Sie die folgende leere Spalte des Registers, wenn sie jetzt nicht ausgewählt ist (auch wenn sie es höchstwahrscheinlich ist).

Sie können eine Zeile auswählen, indem Sie darauf klicken, oder Sie können mit der Aufwärts- oder Abwärtstaste zur nächsten leeren Spalte wechseln.

4. Geben Sie das Datum der Transformation in das Feld Datum ein.

Bewegen Sie den Cursor in das Feld "Datum" (falls er dort noch nicht steht), und geben Sie das Datum ein. Verwenden Sie die Position MM/TD/YYYY. Sie können entweder 06302019 oder 6/30/2019 eingeben, um den 30. Juni 2019 einzugeben.

5. Geben Sie den Saldo des Kontos "Uncategorized Income" (aus dem vorläufigen Saldobericht) in das Feld "Increase" ein.

6. Geben Sie Uncategorized Income (den Datensatznamen) in das Feld Account (Konto) ein.

Wählen Sie das Feld "Konto" aus, das sich in der Spalte unter dem Wort "Zahlungsempfänger" befindet, und beginnen Sie mit der Eingabe von "Uncategorized Income", dem Namen des Datensatzes. Wenn Sie genug vom Namen eingegeben haben, damit QuickBooks versteht, was Sie schreiben, füllt es den Rest des Namens für Sie aus. Wenn dies der Fall ist, können Sie mit dem Schreiben aufhören.

7. Klicken Sie auf die Schaltfläche "Record" (Aufzeichnen), um die Änderung von "Uncategorized Income" aufzuzeichnen.

Wählen Sie erneut die folgende leere Zeile des Registers.

8. Klicken Sie auf die Zeile oder verwenden Sie die Aufwärts- oder Abwärtstaste.

9. Geben Sie das Datum der Transformation in das Feld Datum ein.

Bewegen Sie den Cursor in das Feld Datum (falls er dort noch nicht steht) und geben Sie das Datum ein. Sie verwenden die Gruppe MM/TT/JJJJ. Sie können z. B. 6/30/2019 eingeben, um den 30. Juni 2019 einzugeben.

10. Geben Sie den Saldo des Kontos "Uncategorized Expenses" in das Feld "Decrease" ein.

11. Geben Sie Uncategorized Expenses (den Datensatznamen) in das Feld Account (Konto) ein.

Wählen Sie das Feld "Konto", das sich in der zweiten Zeile der Registertransaktion befindet, und beginnen Sie mit der Eingabe von "Uncategorized Expenses", dem Datensatznamen. Wenn Sie genug von dem Namen eingegeben haben, damit QuickBooks versteht, was Sie schreiben, füllt es den Rest des Namens für Sie aus.

12. Klicken Sie auf die Schaltfläche Aufzeichnen, um die Änderungstransaktion "Uncategorized Expenses" aufzuzeichnen.

Sie können das Register Eröffnungsbilanz Eigenkapital jetzt schließen. Sie sind damit fertig. Eine Möglichkeit, es zu schließen, ist das Tippen auf die Schaltfläche Schließen in der oberen rechten Ecke des Fensters.

Sie können Ihre Arbeit bis zu diesem Punkt überprüfen - und das ist ein kluger Gedanke - indem Sie eine weitere Kopie des vorläufigen Saldenberichts abgeben. Was Sie überprüfen müssen, sind die Salden der Konten "Uncategorized Income" und "Uncategorized Expenses". Die beiden sollten gleich Null sein.

Wenn die Salden der Konten "Uncategorized Income" und "Uncategorized Expenses" nicht Null anzeigen, haben wir möglicherweise die Änderung der Sammlung verpfuscht. Um die Verwechslung zu beheben, zeigen Sie das Register Eröffnungssaldo Eigenkapital erneut an (wie bereits erwähnt, können Sie in der Liste des Kontenplans doppelt auf Eröffnungssaldo Eigenkapital tippen, um dieses Konto anzuzeigen). Wählen Sie die Änderungstransaktionen aus und überprüfen Sie anschließend den Datensatz, die Summe und das Feld (Erhöhen oder Verringern). Wenn eines der Felder nicht stimmt, wählen Sie das Feld aus und ersetzen seinen Inhalt, indem Sie es überschreiben.

Ein weiterer Punkt. QuickBooks zeigt in der vorläufigen Bilanz möglicherweise verschiedene Konten an (abhängig davon, wie Sie das QuickBooks-Dokument eingerichtet haben). Sie müssen sich auf jeden Fall nicht um diese verschiedenen Konten kümmern. Sie müssen nur sicherstellen, dass der Saldo der Konten "Uncategorized Income" und "Uncategorized Expense" nach Ihren Änderungen gleich Null ist.

## Bereitstellen der fehlenden Zahlen

Sie sind fast fertig. Wahrhaftig. Ihre letzte Aufgabe besteht darin, den Rest der vorläufigen Bilanzsummen in QuickBooks einzugeben. Um diese Aufgabe ausführen zu können, müssen Sie eine Anfangsbilanz zum Änderungsdatum erstellt haben. Wenn Sie sich an meine Hinweise in Kapitel 2 gehalten haben, haben Sie einen. Befolgen Sie diese Mittel:

1. Wählen Sie entweder Firma ⇒ Allgemeine Journalbuchungen vornehmen oder Buchhalter ⇒ Allgemeine Journalbuchungen vornehmen. QuickBooks zeigt das Fenster Allgemeine Journalbuchungen vornehmen an.

2. Geben Sie das Datum der Transformation in das Feld Datum ein.

Bewegen Sie den Cursor in das Feld "Datum" (falls er sich nicht schon dort befindet), und geben Sie das Datum ein. Wie Sie sicher wissen, verwenden Sie an dieser Stelle das Design MM/TD/JJJJ. Sie können z. B. 6/30/2019 für den 30. Juni 2019 eingeben (oder 06302019, wenn Sie es vorziehen, nicht in die Slices zu gehen).

3. Geben Sie jeden vorläufigen Bilanzsatz und Saldo ein, der noch nicht in der halbfertigen Anfangsbilanz enthalten ist.

In Ordnung. Dieser Vorgang klingt verwirrend. Auf jeden Fall sollten Sie sich daran erinnern, dass Sie soeben Ihre Geld-, Umsatz-, Lager- und Kreditorensalden, vielleicht sogar ein paar andere Salden und einen Teil des Eröffnungssaldos des Eigenkapitals als einen wichtigen Aspekt der QuickBooks-Einrichtung eingegeben haben.

Jetzt müssen Sie den Rest der vorläufigen Bilanz eingeben - explizit die Salden des Lohn- und Geschäftsbuchs für das laufende Jahr, alle fehlenden Ressourcen oder Verbindlichkeiten und den Rest des Segments der Eröffnungsbilanz Eigenkapital. Um jeden Datensatz und jede Stabilität einzugeben, verwenden Sie eine Spalte des Listenfelds des Fensters Allgemeine Journalbuchungen vornehmen.

4. Klicken Sie auf die Schaltfläche Speichern und Neu, um die allgemeinen Tagebuchabschnitte aufzuzeichnen, die den Rest Ihrer vorläufigen Bilanz bilden.

## Ihre Arbeit noch einmal überprüfen

Eine zweifache Überprüfung Ihrer Arbeit ist ein kluger Gedanke. Erstellen Sie eine weitere Kopie des vorläufigen Saldoberichts, und achten Sie darauf, dass der QuickBooks-Ausgangssaldo dem entspricht, den Sie eingeben mussten.

Sie können eine vorläufige Bilanz liefern, indem Sie Berichte ⇒ Buchhaltung und Steuern ⇒ Summenbilanz wählen. Stellen Sie sicher, dass Sie das Umwandlungsdatum in das Feld ab Inhalt eingeben. Wenn der vorläufige Saldobericht von QuickBooks mit der Darstellung Ihrer Konten übereinstimmt, sind Sie fertig.

Herzlichen Glückwunsch! Sie sind fertig.

# Kapitel 4: Grundlegende Schritte zur Verwendung von Quickbook 2

Ich beschreibe im Moment (vielleicht schockiert), wie man in Quick-Books Rechnungen erstellt und druckt, ebenso wie das Erstellen und Drucken von Gutschriften.

Sie verwenden das QuickBooks-Quittungsformular, um Kunden die von Ihnen verkauften Waren und Unternehmungen in Rechnung zu stellen. Sie verwenden das Formular für Gutschriften, um Retouren und abgebrochene Bestellungen, für die Sie Ratenzahlungen erhalten haben, zu bearbeiten.

## Sicherstellen, dass Sie bereit sind, Kunden Rechnungen zu stellen

Mir ist klar, dass Sie höchstwahrscheinlich bereit sind, loszulegen. Im Großen und Ganzen müssen Sie noch ein paar Dinge überprüfen, in Ordnung? Großartig.

Sie sollten QuickBooks eingeführt haben. Sie sollten eine Organisation und einen Kontenplan in QuickBooks Setup eingerichtet haben, wie ich in Kapitel 2 beschreibe. Außerdem sollten Sie alle Ihre Listen und Ihre anfängliche vorläufige Parität eingegeben oder Ihren Buchhalter überzeugt haben, sie für Sie zu registrieren, wie ich in Kapitel 3 beschreibe.

Unabhängig davon, wie lange Sie so viel Wesentliches getan haben, sind Sie bereit, anzufangen. Wenn Sie eine der Anforderungen nicht erledigt haben, müssen Sie sie fertigstellen, bevor Sie weitermachen.

Entschuldigung. Ich mache die Prinzipien nicht. Ich erwähne nur, was sie sind.

## Einrichten einer Rechnung

Nachdem Sie alle wichtigen Arbeiten erledigt haben, ist das Einrichten einer Rechnung mit QuickBooks eine einfache Aufgabe. Wenn das Klicken auf Schaltflächen und das Ausfüllen von Inhaltsfeldern für Sie zur Routine wird, vermeiden Sie den begleitenden ausführlichen Leitartikel und zeigen Sie einfach das Fenster Rechnungen erstellen an - entweder durch Auswahl von Kunden

⇒ Rechnungen erstellen oder tippen Sie auf das Symbol Rechnungen auf der Startseite. Wenn Sie jetzt ausfüllen, klicken Sie auf die Schaltfläche Drucken. Wenn Sie mehr Hilfe benötigen, als ein einzelner Satz hergibt, lesen Sie weiter, um eine Anleitung nach und nach zu erhalten.

In den folgenden Schritten beschreibe ich, wie man den verwirrendsten und am meisten enthaltenen Beleg erstellt: einen Artikelbeleg. Einige Felder des Postenbelegs tauchen im Verwaltungs- oder Expertenbeleg nicht auf; machen Sie sich aber keinen Stress darüber, ob Ihr Unternehmen ein Verwaltungs- oder ein Expertenbeleg ist.

Das Erstellen eines Hilfe- oder Expertenbons funktioniert im Prinzip ähnlich wie das Erstellen eines Artikel-Bons; Sie füllen einfach weniger Felder aus. Denken Sie außerdem daran, dass Sie mit den Schritten 1 und 2 beginnen, unabhängig davon, welche Art von Beleg Sie erstellen. So erstellen Sie einen Bon:

1. Zeigen Sie das Fenster Rechnungen erstellen an, indem Sie Kunden ⇒ Rechnungen erstellen wählen.

2. Wählen Sie in der Dropdown-Liste "Vorlage" das gewünschte Format oder Belegformular aus, das Sie verwenden möchten.

QuickBooks verfügt über vordefinierte Quittungstypen, darunter "Produkt", "Professional", "Service" und (abhängig davon, wie Sie QuickBooks eingerichtet haben und welche Variante von QuickBooks Sie verwenden) eine Reihe anderer spezieller Quittungsformate. Welches angezeigt wird, hängt natürlich davon ab, was Sie Quick-Books während der QuickBooks-Einrichtung über Ihr Unternehmen mitgeteilt haben. Sie können ebenfalls ein eigenes Beleglayout erstellen (oder ein bestehendes ändern). Die Bearbeitung von Quittungsformularen beschreibe ich im Abschnitt "Ihre Rechnungen und Gutschriften neu bearbeiten" weiter unten.

3. Unterscheiden Sie den Kunden und ggf. den Auftrag, indem Sie die Dropdown-Liste Kunde:Auftrag verwenden.

Gehen Sie die Dropdown-Liste Kunde:Auftrag durch, bis Sie den gewünschten Kunden- oder Berufsnamen sehen; klicken Sie ihn dann an.

4. (Ermessenssache) Weisen Sie dem Bon eine Klasse zu.

Wenn Sie Klassen verwenden, um Kosten und Gehalt zu verfolgen, aktivieren Sie die Dropdown-Liste Klasse und wählen Sie eine passende Klasse für den Beleg. Um diese hilfreiche Methode zum Sortieren von Transaktionen ein- oder auszuschalten (was für bestimmte Organisationen ein unnötiger Überschuss ist), wählen Sie Bearbeiten

⇒ Einstellungen, klicken Sie links auf Buchhaltung, dann auf die Registerkarte Firmeneinstellungen und aktivieren oder deaktivieren Sie anschließend das Kontrollkästchen Klassenverfolgung verwenden.

5. Geben Sie das Empfangsdatum an.

Drücken Sie mehrmals die Tabulatortaste, um den Cursor in das Inhaltsfeld "Datum" zu bewegen. Bei der Eingabe des richtigen Datums in der Position MM/TT/JJJJ. Sie können ebenfalls die nebenstehenden Mystery-Codes verwenden, um das Datum zu ändern:

Drücken Sie + (das zusätzlich zum Bild), um das Datum um einen Tag nach vorne zu verschieben.

Drücken Sie - (das kurze Bild), um einen Tag zurück zu gehen.

Drücken Sie T, um das Datum auf das aktuelle Datum zu ändern (entsprechend der Rahmenzeit, die die interne Uhr Ihres PCs angibt).

Drücken Sie M, um das Datum auf den ersten Tag des Monats zu ändern (weil M der zentrale Buchstabe im Wort Monat ist).

Drücken Sie H, um das Datum auf den jüngsten Tag des Monats zu ändern (da H der letzte Buchstabe im Wort Monat ist).

Drücken Sie Y, um das Datum auf den ersten Tag des Jahres zu ändern (denn, wie Sie sich sicher denken können, ist Y der zentrale Buchstabe im Wort Jahr).

Drücken Sie R, um das Datum auf den jüngsten Tag des Jahres zu ändern (da R der letzte Buchstabe im Wort Jahr ist).

Sie können ebenfalls auf die Schaltfläche am richtigen Ende des Datumsfelds tippen, um einen verkürzten Zeitplan anzuzeigen. Um ein Datum aus dem Zeitplan auszuwählen, klicken Sie einfach auf das gewünschte Datum. Klicken Sie auf die Schaltflächen in der oberen linken und oberen rechten Ecke des Zeitplans, um die Vergangenheit oder einen Monat ab jetzt anzuzeigen.

6. (Ermessenssache) Geben Sie eine Belegnummer in das Inhaltsfeld Invoice # ein.

QuickBooks empfiehlt eine Belegnummer, indem es zur zuletzt verwendeten Belegnummer eine 1 hinzufügt. Sie können diese Erweiterung bestätigen oder, wenn Sie es auf Ihre Weise haben müssen, mit der Tabulatortaste in das Inhaltsfeld Rechnungsnummer wechseln und die Nummer in eine beliebige Zahl ändern.

7. Fixieren Sie die Rechnungsadresse, falls erforderlich.

QuickBooks entnimmt die Rechnungsadresse aus der Kundenliste. Sie können den Ort für die Quittung ändern, indem Sie einen Teil der Standard-Ladeadresse verdrängen. Sie können z. B. eine andere Zeile einbetten, in der "Attention: William Bobbins, wenn dies der Name der Person ist, an die der Beleg gehen soll.

8. Legen Sie die Lieferadresse fest, falls erforderlich.

Ich fühle mich wie ein verkorkster Datensatz, doch hier ist die Ausrichtung: QuickBooks holt sich die Transportadresse ebenfalls aus der Kundenliste. Wenn also die Transportadresse nur für diese eine Quittung etwas Ungewöhnliches aufweist, können Sie den Ort ändern, indem Sie die Daten im Feld "Lieferadresse" ersetzen oder hinzufügen. Beachten Sie, dass QuickBooks jede einzelne Transportadresse, die Sie für einen Kunden verwenden, überwacht. Wenn Sie also zuvor eine Lieferadresse verwendet haben, haben Sie möglicherweise die Möglichkeit, diese aus der Dropdown-Liste "Lieferadresse" auszuwählen.

9. (Ermessenssache) Geben Sie die Nummer der Kaufanforderung in das Feld für den Inhalt der Postanweisungsnummer ein.

Wenn der Kunde Kaufaufträge (POs) ausstellt, geben Sie die Menge der Kaufanfrage ein, die diesen Kauf genehmigt. (Nur für das Protokoll, PO wird mit "Pee-Goodness" artikuliert, nicht mit "Poh" oder "Crap").

10. Legen Sie die Ratenzahlungsbedingungen fest, indem Sie in der Dropdown-Liste Bedingungen eine Alternative auswählen.

11. (Ermessenssache) Nennen Sie den Verkäufer.

Rep steht nicht für Berühmtheit, also geben Sie hier keine Artikel mit drei Buchstaben ein (auch wenn ich gerne wahrnehmen würde, was Sie mit drei Buchstaben machen können). Wenn Sie die Verkäufe nach Vertreter verfolgen müssen, verwenden Sie die Dropdown-Liste "Vertreter". Meistens initiieren Sie die Liste, indem Sie auf ihre Schaltfläche klicken und anschließend einen Namen auswählen. Vertriebsmitarbeiter können Vertreter einschließen, aber auch andere, die Sie in Ihren verschiedenen Datensätzen eingetragen haben. Um einen Vertreter schnell einzubinden, wählen Sie Neu hinzufügen und verwenden anschließend die hilfreichen Transaktionsfelder, die Quick-Books anzeigt. Um mit der Vertreterliste zu arbeiten, wählen Sie Listen ⇒ Kunden- und Lieferantenprofil-Listen ⇒ Vertreterliste.

12. Geben Sie das Lieferdatum an, wenn es eine Option ist, die vom Empfangsdatum abweicht.

Um das Datum anzugeben, bewegen Sie einfach den Cursor in das Inhaltsfeld "Schiff" und geben Sie anschließend das Datum in der Gruppe MM/TT/JJJJ ein. Sie können den Cursor durch Drücken der Tabulatortaste oder durch Antippen des Inhaltsfeldes bewegen.

13. Geben Sie die Lieferstrategie an.

Wahrscheinlich können Sie sich überlegen, wie Sie die Transportstrategie angeben, aber die gleiche Form und ein wiederkehrendes Zeichen treiben mich dazu, fortzufahren. Um also die Liefertechnik zu bestimmen, bewegen Sie den Cursor auf die über die Dropdown-Liste und wählen Sie anschließend eine Transportstrategie daraus.

Zufälligerweise können Sie der Liste neue Transportstrategien hinzufügen, indem Sie Neu hinzufügen wählen und anschließend das charmante kleine Diskursfeld, das QuickBooks anzeigt, vervollständigen. Das Einrichten des Original-Transportplans ist extrem einfach.

14. Bestimmen Sie den FOB-Punkt mit Hilfe des Inhaltsfeldes F.O.B..

Dandy steht für frei bereit. Der FOB-Punkt hat einen höheren Stellenwert, als es zunächst den Anschein hat - jedenfalls in der Marketing-Vorsicht -, denn der FOB-Punkt entscheidet darüber, wann der Besitzübergang stattfindet, wer die Fracht bezahlt und wer die Gefahren eines Schadens an der Ware während des Transports trägt.

Wenn eine Sendung frei Haus geliefert wird, geht die Verantwortung für die angebotenen Produkte auf den Käufer über, sobald die Ware die Transportrampe des Verkäufers verlässt. (Denken Sie daran, dass

Sie der Händler sind.) In dieser Situation bezahlt der Käufer die Fracht und trägt die Gefahr eines Lieferschadens. Sie können die FOB-Versandstelle entweder als FOB Shipping Point oder mit dem Namen der Stadt angeben. Wenn der Transportort z.B. Seattle ist, ist FOB Seattle ähnlich wie FOB Shipping Point. Die meisten Produkte werden übrigens als FOB Shipping Point versendet.

Ist eine Sendung am Zielort frei bereit, geht die Verantwortung für die angebotenen Produkte auf den Käufer über, wenn die Ware auf der Transportrampe des Käufers landet. Der Verkäufer bezahlt die Fracht und trägt die Gefahr eines Lieferschadens. Sie können den FOB-Zielpunkt entweder als FOB-Bestimmungspunkt oder anhand des Namens der Stadt bestimmen. Wenn der Zielpunkt z. B. Omaha ist, ist FOB Omaha ähnlich wie FOB Bestimmungspunkt.

15. Geben Sie alles ein, was Sie verkaufen wollen.

Bewegen Sie den Cursor in die erste Zeile des Listenfeldes Menge/Postencode/Beschreibung/Preis pro Stück/Betrag/Steuer. (OK, mir ist klar, dass das kein allgemein guter Name dafür ist, aber Sie verstehen, was ich meine, oder?) Sie müssen damit beginnen, die Details auszufüllen, die auf den Bon kommen. Nachdem Sie den Cursor auf eine Zeile im Listenfeld bewegt haben, wandelt QuickBooks das Feld Artikelcode in eine Dropdown-Liste um. Aktivieren Sie die Dropdown-Liste Artikelcode in der ersten leeren Spalte des Listenfeldes und wählen Sie anschließend die Sache aus.

Wenn Sie die Sache auswählen, füllt QuickBooks die Inhaltsfelder Beschreibung und Preis jeweils mit der Geschäftsbeschreibung und dem Verkaufspreis aus, die Sie in der Artikelliste eingegeben haben. (Sie können die Daten für diesen speziellen Bon ändern, wenn Sie müssen.) Geben Sie die Anzahl der verkauften Dinge in das Inhaltsfeld Menge ein. (Nachdem Sie diese Zahl eingegeben haben, ermittelt QuickBooks die Summe, indem es Menge durch Preis pro Stück dupliziert.) Wenn Sie verschiedene Dinge auf dem Bon benötigen, geben Sie alle in den Spalten des Listenfelds ein. Wenn Sie das Kontrollkästchen "Steuerpflichtig" gewählt haben, als Sie den Gegenstand zur Artikelliste hinzugefügt haben, wird das Wort "Steuer" im Segment "Steuer" angezeigt, um zu zeigen, dass der Gegenstand gesattelt wird. Wenn das Ding nicht steuerpflichtig ist (oder Sie aus heiterem Himmel ein Steuerhinterzieher sein wollen), klicken Sie auf den Abschnitt Steuer und wählen Sie Keine.

Sie können so viele Dinge in einem Bon unterbringen, wie Sie benötigen. Wenn Sie mehr Platz auf einer Seite benötigen, fügt QuickBooks die gleiche Anzahl von Seiten wie nötig zum Bon hinzu. Daten über das Bon-Aggregat gehen nur auf die letzte Seite.

16. Geben Sie alle ungewöhnlichen Dinge ein, die der Beleg enthalten soll.

Wenn Sie noch nicht viel mit dem QuickBooks-Datensatz gearbeitet haben, haben Sie keine Ahnung, wovon ich spreche. (Weitere Daten zum Hinzufügen von und Arbeiten mit Dateien in QuickBooks finden Sie in Kapitel 3).

Um eines der ungewöhnlichen Dinge zu beschreiben, aktivieren Sie die Dropdown-Liste Artikelcode der folgenden Leerzeile und wählen anschließend das außergewöhnliche Ding aus. Nachdem QuickBooks die Inhaltsfelder "Beschreibung" und "Preis" ausgefüllt hat, ändern Sie diese Daten (falls erforderlich). Beschreiben Sie jedes der anderen außergewöhnlichen Dinge - Zwischensummen, Limits, Ladung usw. -

, die Sie im Bon organisieren, indem Sie die leeren Zeilen im Listen-feld ausfüllen.

17. (Ermessenssache) Fügen Sie eine Client-Nachricht hinzu.

Klicken Sie auf das Feld Kundennachricht, aktivieren Sie dessen Dropdown-Liste und wählen Sie eine schnelle Kundennachricht aus. Um Kundennachrichten zur Liste der Kundennachrichten hin-zuzufügen, wählen Sie die Alternative Neu hinzufügen und füllen Sie anschließend das von QuickBooks angezeigte Diskursfeld aus. Klick-en Sie auf OK, wenn Sie fertig sind. (Ich weiß, dass ich in Kapitel 3 über die Kundenmitteilung gesprochen habe, aber ich musste noch einmal schnell beschreiben, wie man eine Kundenmitteilung einfügt, damit Sie nicht viele Seiten zurückblättern müssen).

18. Bestimmen Sie die Geschäftsgebühr.

Wenn Sie in der Kundenliste einen Hebesatz festgelegt haben, ver-wendet QuickBooks diesen als Standard. Wenn er nicht richtig ist, bewegen Sie den Cursor in das Listenfeld Steuer, initiieren Sie das Dropdown-Menü und wählen Sie den richtigen Hebesatz.

19. (Wirklich diskret) Fügen Sie ein Update hinzu.

Sie können bei Bedarf eine Mahnungsbeschreibung auf dem Beleg hinzufügen. Diese Aktualisierung wird nicht in Rechnungen gedruckt - nur in der Kundenabrechnung. Aktualisierungsbeschreibungen geben Ihnen eine Methode, mit der Sie Daten, die mit einem Bon iden-tifiziert wurden, mit diesem Bon ablegen können.

20. Wenn Sie den Druck dieses Belegs aufschieben möchten, aktiv-ieren Sie das Kontrollkästchen Später drucken, das in der Spitze der

Schaltflächen und Felder über dem Hauptteil des Fensters Rechnung-en erstellen angezeigt wird.

Ich muss die Diskussion darüber, was die Auswahl des Kontrollkästchens Später drucken bewirkt, verschieben, bis ich die Diskussion über die Erstellung von Belegen abgeschlossen habe. Über das Drucken von Rechnungen spreche ich etwas später in diesem Abschnitt. Ich garantiere.

21. Speichern Sie den Beleg, indem Sie auf die Schaltfläche Speichern und neu oder auf die Schaltfläche Speichern und schließen am unteren Rand des Fensters tippen.

QuickBooks speichert den Beleg, der auf dem Bildschirm angezeigt wird. Wenn Sie auf Speichern und Neu klicken, zeigt QuickBooks ein ungültiges Fenster Rechnungen erstellen mit dem Ziel, dass Sie einen weiteren Beleg erstellen können.

Sie können durch Rechnungen, die Sie zuvor erstellt haben, vor- und zurückblättern, indem Sie auf die Schaltflächen "Weiter" und "Zurück" tippen (die den Schaltflächen nach links und rechts ähneln).

Wenn Sie mit dem Erstellen von Rechnungen fertig sind, können Sie auf die Schaltfläche "Speichern und schließen" des Belegformulars tippen oder die Escape-Taste drücken.

## Fehler in Rechnungen beheben

Ich bin kein perfektes Individuum. Sie sind - nun, Sie wissen das, richtig? - Kein perfektes Individuum. Keiner ist das; jeder macht Fehler. Sie müssen sich aber nicht über Fehler aufregen, die Sie bei der Eingabe von Daten in Rechnungen machen, denn in den folgenden Abschnitten verrate ich Ihnen, wie Sie die bekanntesten Fehler, die Sie in Ihren Rechnungen machen können, am besten beheben.

## Wenn der Beleg noch auf dem Bildschirm angezeigt wird

Wenn der Beleg immer noch auf dem Bildschirm angezeigt wird, können Sie einfach den Cursor zu dem Behälter oder der Schaltfläche bewegen, der/die nicht stimmt, und anschließend den Fehler beheben. Da ein großer Teil der Daten, die Sie in das Fenster "Rechnungen erstellen" eingeben, schnell und schmerzlos ist, können Sie zweifellos den Inhalt bestimmter Felder ersetzen, indem Sie alles überschreiben, was bereits vorhanden ist. Um noch einmal ganz von vorne zu beginnen, klicken Sie einfach auf die Schaltfläche "Löschen" am unteren Rand des Bildschirms. Um den Beleg zu speichern, nachdem Sie Ihre Verbesserungen vorgenommen haben, klicken Sie auf die Schaltfläche Speichern und neu.

## Wenn der Beleg nicht auf dem Bildschirm angezeigt wird

Wenn der Beleg nicht auf dem Bildschirm angezeigt wird und Sie ihn noch nicht gedruckt haben, können Sie mit den Schaltflächen "Weiter" und "Zurück" (die auf der Registerkarte "Main" angezeigt werden und Bilder von links- und rechtszeigenden Schaltflächen zeigen) durch die Rechnungen blättern. Wenn Sie ein gutes Tempo mit dem Fehler gefunden haben, beheben Sie den Fehler grundsätzlich so, wie ich es im vorherigen Abschnitt beschrieben habe. Wenn Sie beim Einstellen des

Belegs einen Fehler machen, können Sie auf die Schaltfläche Revert tippen, um zum gespeicherten Beleg zurückzukehren. Die Schaltfläche "Revert" ersetzt die Schaltfläche "Clear", wenn Sie einen aktuellen Bon sehen - also einen Bon, den Sie gerade gespeichert haben.

Wenn Sie den Beleg gedruckt haben, können Sie zusätzlich die Art von Fortschritt bewirken, die ich in den obigen Abschnitten beschreibe. Sie können z. B. die Rechnungen durchblättern, bis Sie die (gerade gedruckte) finden, die den Fehler hat, und danach den Fehler korrigieren und den Beleg noch einmal drucken. Ich bin mir nicht ganz sicher, ob Sie diesen Weg gehen müssen, wenn Sie die Quittung gerade abgeschickt haben, auf jeden Fall. Vielleicht sollten Sie darüber nachdenken, den Bon zu korrigieren, indem Sie entweder eine Gutschrift (wenn der erste Bon betrogen hat) oder einen weiteren Bon (wenn der erste Bon zu wenig berechnet hat) ausgeben. Die Motivation, warum ich vorschlage, eine Gutschriftaktualisierung oder einen anderen Bon zu geben, ist, dass das Leben unordentlich wird, wenn Sie und Ihr Kunde verschiedene Kopien eines ähnlichen Bons herumschwirren haben und Unordnung verursachen. (Wie Sie am besten eine Gutschrift erteilen, erkläre ich Ihnen später in dem passend betitelten Bereich "Einrichten einer Gutschrift").

## Löschen eines Bons

Ich zögere, darauf hinzuweisen; Sie können aber ebenfalls Rechnungen löschen. Das Löschen eines Beleges ist verfahrenstechnisch sehr einfach. Sie zeigen den Beleg einfach im Fenster Rechnungen erstellen an und klicken anschließend auf das Fenster Löschen oder wählen Bearbeiten ⇒ Rechnung löschen.

Wenn QuickBooks Sie auffordert, die Löschung zu bestätigen, klicken Sie auf Ja. Lesen Sie jedoch zuerst den folgenden Abschnitt, da Sie den Beleg vielleicht gar nicht löschen wollen.

Auch wenn das Löschen von Rechnungen einfach ist, ist es nichts, was Sie in aller Ruhe oder ohne besonderen Grund tun sollten. Das Löschen eines Beleges ist in Ordnung, wenn man ihn erst vor kurzem gemacht hat, man ihn nur gesehen hat und noch nicht ausgedruckt hat. In diesem Moment muss man erkennen, dass man einen Fehler begangen hat. Das ist Ihr Geheimnis. In der restlichen Zeit - unabhängig davon, ob Sie eine Quittung machen, die Sie später nicht brauchen - sollten Sie eine Kopie der Quittung im Rahmen von QuickBooks aufbewahren. Auf diese Weise erhalten Sie einen Nachweis, dass der Beleg existiert hat, was es in den meisten Fällen einfacher macht, später Adressen anzusprechen.

"Aber wie soll ich meine Bücher schreiben, wenn ich die Scheinquittung liegen lasse?", fragen Sie nach.

Große Anfrage. Um Ihre Haushaltsaufzeichnungen für die Quittung, die Sie lieber nicht mehr prüfen möchten, anzusprechen, stornieren Sie unbedingt die Quittung. Der Bon bleibt im QuickBooks-Rahmen, aber QuickBooks zählt ihn nicht, weil der Bon seine Betrags- und Summenangaben verliert. Die gute Nachricht: Das Stornieren eines Bons ist genauso notwendig wie das Löschen eines Bons. Zeigen Sie einfach den Beleg im Fenster "Rechnungen erstellen" an und wählen Sie anschließend "Bearbeiten ⇒ Rechnung stornieren". Oder Sie klicken auf die Dropdown-Schaltfläche unter dem Fenster "Löschen" und wählen "Stornieren" aus dem Menü, das QuickBooks anzeigt.

## Einrichten einer Gutschrift

Kreditaktualisierungen können eine hilfreiche Möglichkeit sein, um Fehler in der Informationspassage zu beheben, die Sie vorher nicht entdeckt oder angesprochen haben. Gutschriften sind ebenfalls eine bequeme Möglichkeit, mit Dingen wie Kundenrückgaben und Rabatten umzugehen. Wenn Sie schon den einen oder anderen Beleg arrangiert haben, werden Sie feststellen, dass das Einrichten einer QuickBooks-Gutschriftaktualisierung wesentlich einfacher ist als die Verwendung veralteter Strategien.

In den folgenden Schritten beschreibe ich, wie man die am meisten verwirrte und enthaltene Art von Kreditmitteilung erstellt: eine Artikelkreditaktualisierung. Das Erstellen einer Hilfe- oder Experten-Gutschriftsanzeige funktioniert in erster Linie auf ähnliche Weise. Sie füllen einfach weniger Felder aus.

Gehen Sie folgendermaßen vor, um eine Artikelgutschrift zu erstellen:

1. Wählen Sie Kunden ⇒ Gutschriften/Erstattungen erstellen oder klicken Sie auf das Symbol Erstattungen und Gutschriften im Kundensegment der Landing Page, um das Fenster Gutschriften/Erstattungen erstellen anzuzeigen

2. Unterscheiden Sie in der Dropdown-Liste Kunde:Auftrag den Kunden und, falls erforderlich, den Auftrag.

Sie können den Client oder die Beschäftigung aus der Liste auswählen, indem Sie darauf klicken.

3. (Ermessenssache) Geben Sie eine Klasse für die Kreditmahnung an.

Falls Sie Klassen verwenden, um Transaktionen zu ordnen, aktivieren Sie die Dropdown-Liste Klasse und wählen Sie die passende Klasse für die Kreditaktualisierung.

4. Datum der Gutschriftserinnerung (obgleich konsequentes Vorgehen im Ermessen liegt).

Drücken Sie die Tabulatortaste, um den Cursor in das Inhaltsfeld "Datum" zu bewegen. Geben Sie dann das richtige Datum im Design MM/TT/JJJJ ein. Sie können ebenfalls die Mystery-Datum-Änderungscodes verwenden, die ich im Bereich "Einrichten einer Rechnung" vor dem Abschnitt beschreibe.

5. (Ermessenssache) Geben Sie eine Gutschriftsanzeigenummer ein.

QuickBooks empfiehlt eine Kreditaktualisierungsnummer, indem es 1 zur zuletzt verwendeten Kreditmahnungsnummer addiert. Sie können die Nummer bestätigen oder mit der Tabulatortaste in das Inhaltsfeld "Credit No." wechseln, um die Nummer nach Belieben zu ändern.

6. Fixieren Sie die Kundenadresse, falls grundlegend.

QuickBooks bezieht die Rechnungsadresse aus der Kundenliste. Sie können den Speicherort für die Gutschriftsanzeige ändern, indem Sie einen Teil der typischen Rechnungsadresse ersetzen. Normalerweise sollten Sie für die Gutschriftsanzeige einen ähnlichen Ort verwenden, den Sie für den ersten Beleg oder die ersten Rechnungen verwenden.

7. (Diskretionäre Art) Geben Sie die Bestellnummer an.

Wenn die Kreditaktualisierung die Gesamtrestparität einer Kundenbestellung ändert, sollten Sie vermutlich die Menge der Bestellung in das Feld für den Inhalt der Bestellnummer eingeben.

8. Wenn der Kunde Dinge zurückgibt, beschreiben Sie alles.

Bewegen Sie den Cursor in die mittlere Spalte des Inhaltsfelds Artikel/Beschreibung/Menge/Tarif/Betrag/Steuer. Aktivieren Sie in der ersten leeren Spalte des Kastens die Dropdown-Liste Artikel und wählen Sie anschließend den Artikel aus. Nachdem Sie ihn ausgewählt haben, füllt QuickBooks die Inhaltsfelder Beschreibung und Satz mit der Geschäftsbeschreibung und dem Verkaufswert aus, die Sie in der Artikelliste eingegeben haben. (Sie können diese Daten bei Bedarf ändern; sie sind jedoch nicht entscheidend.) Geben Sie die Anzahl der Dinge, die der Kunde zurückgibt (oder nicht bezahlt), in das Inhaltsfeld Menge ein. (Nachdem Sie diese Zahl eingegeben haben, ermittelt QuickBooks die Summe, indem es Qty um Rate erhöht.) Geben Sie alles ein, was der Kunde zurückgibt, indem Sie die leeren Zeilen des Listenfelds ausfüllen.

Ähnlich wie bei Rechnungen können Sie so viele Dinge in einer bestätigten Mahnung unterbringen, wie Sie benötigen. Wenn Sie mehr Platz auf einer einzelnen Seite benötigen, fügt QuickBooks der Gutschriftsaktualisierung so lange Seiten hinzu, bis Sie fertig sind. Die vollständigen Daten kommen auf die letzte Seite.

9. Beschreiben Sie alle einzigartigen Dinge, die die Kreditmitteilung enthalten sollte.

Wenn Sie eine Gutschrift für verschiedene Dinge erteilen müssen, die im ersten Beleg auftauchen - Fracht, Limits, verschiedene Gebühren usw. - fügen Sie Beschreibungen von allem in die Artikelliste ein.

Um Beschreibungen dieser Dinge aufzunehmen, rufen Sie die Dropdown-Liste Element der folgenden Leerspalte auf und wählen anschließend das seltene Vorkommen aus. (Sie lösen das Menü aus, indem Sie einmal auf das Feld tippen, um es in eine Dropdown-Liste umzuwandeln, und anschließend auf die Schaltfläche Felder abwärts tippen, um zur Liste zu gelangen). Nachdem QuickBooks die Inhaltsfelder Beschreibung und Preis ausgefüllt hat, ändern Sie diese Daten (falls erforderlich).

Geben Sie alles Ungewöhnliche - Zwischensumme, Abschlag, Ladung usw. - ein, das Sie in der Gutschriftsanzeige organisieren.

Wenn Sie einen Rabatt einfügen möchten, müssen Sie in der Kreditaktualisierung eine Zwischensumme nach dem Bestand oder anderen Dingen, die Sie begrenzt haben, einfügen. Dann fügen Sie einen Rabatt direkt nach der Zwischensumme ein.

Wenn Sie dies tun, berechnet QuickBooks den Abschlag als eine Stufe der Zwischensumme.

10. (Ermessenssache) Fügen Sie eine Client-Nachricht hinzu.

Rufen Sie die Liste der Kundenmeldungen auf und wählen Sie eine Smart-Client-Meldung aus.

11. Geben Sie die Geschäftsgebühr an.

Bewegen Sie den Cursor auf das Listenfeld Steuer, betätigen Sie das Listenfeld und wählen Sie anschließend die richtige Verkaufsgebühr.

12. (Ermessenssache, jedoch ein toller Gedanke) Fügen Sie ein Update hinzu.

Sie können das Inhaltsfeld "Memo" verwenden, um der Gutschriftsanzeige eine Aktualisierungsbeschreibung hinzuzufügen. Sie können diese Beschreibung verwenden, um zu verdeutlichen, zu welchem Zweck Sie die Gutschriftsaktualisierung geben, und um z. B. einen Querverweis auf den ersten Beleg oder die ersten Rechnungen herzustellen. Beachten Sie, dass das Feld "Memo" im Kundenauszug gedruckt wird.

13. Wenn Sie den Druck dieser Gutschriftsanzeige verschieben möchten, aktivieren Sie das Kontrollkästchen Später drucken.

Ich muss die Diskussion darüber, was die Auswahl des Kontrollkästchens Später drucken bewirkt, verschieben, bis ich die Diskussion über die Erstellung von Zahlungserinnerungen abgeschlossen habe. Die Einbeziehung des Drucks von Rechnungen und Zahlungserinnerungen wird in einem späteren Abschnitt besprochen.

14. Speichern Sie das Kredit-Update.

Um eine fertige Kreditaktualisierung zu speichern, klicken Sie entweder auf die Schaltfläche Speichern und neu oder Speichern und schließen. QuickBooks zeigt dann ein Transaktionsfeld an, das Sie fragt, was Sie mit der Guthabenerinnerung tun sollen: Behalten Sie das Guthaben, geben Sie einen Rabatt oder wenden Sie das Guthaben auf einen Bon an. Entscheiden Sie sich, indem Sie auf die Schaltfläche tippen, die dem entspricht, was Sie tun müssen. Wenn Sie Auf Rechnung anwenden wählen, fordert QuickBooks einige zusätzliche Daten an. QuickBooks speichert dann die Aktualisierung der Gutschrift auf dem Bildschirm und zeigt, wenn Sie auf "Speichern und neu" geklickt haben, ein leeres Fenster "Gutschriften/Erstattungen erstellen" mit dem Ziel, dass Sie eine weitere Gutschrift erstellen können. (Beachten Sie, dass Sie durch vorher erstellte Gutschriften vor- und zurückblättern können, indem Sie auf die Schaltflächen Weiter und Zurück tippen). Wenn Sie mit dem Erstellen von Gutschriften fertig sind, können Sie auf die Schaltfläche Schließen des Gutschriftenaktualisierungsformulars tippen.

## Korrektur von Gutschriftsfehlern

In der Tat, ich kann eine ähnliche Daten, die ich Ihnen in "Fixing Invoice Mistakes," vor jetzt, lassen Sie mit einem seltsamen Gefühl der Geschichte wiederholt sich. Das werde ich jedoch nicht tun.

## Unterricht in Geschichte

In QuickBooks können Sie zum einen diese überprüfbaren Daten über einen Kunden aus dem Fenster "Rechnungen erstellen", dem Fenster "Gutschriften/Erstattungen erstellen" und den meisten anderen Kundendatenfenstern einfügen und auslagern. Um hingegen nachprüfbare Daten über einen Kunden in ein Fenster aufzunehmen und anschließend zu entfernen, klicken Sie auf die Schaltfläche mit dem geschliffenen Stein, die in der oberen linken Ecke der Tafel neben dem Namen des Kunden angezeigt wird.

Ein weiterer klickbarer Punkt: Wenn Sie einen oder zwei Momente Zeit haben, nachdem Sie ein Stück mit QuickBooks gearbeitet haben, können Sie auf die Schaltflächen tippen, die innerhalb der chronologischen Datentafel angezeigt werden. Mit diesen Schaltflächen können Sie z. B. zu einer aufgezeichneten Transaktion vordringen und weitere Daten abrufen.

## Drucken von Rechnungen und Gutschriften

Ein wesentlicher Aspekt beim Einrichten von QuickBooks ist, dass Sie einen Bon-Typ gewählt haben. Ich gehe davon aus, dass Sie das grobe Papier für den von Ihnen gewählten Bon-Typ haben. Für den Fall, dass Sie z.B. auf klarem Briefpapier drucken wollen, gehe ich davon aus, dass Sie einen Briefbogen herumliegen haben. Wenn Sie sich für vorgedruckte Formulare entscheiden, gehe ich davon aus, dass Sie diese Formulare angefordert und erhalten haben.

Ich nehme zusätzlich an, dass Sie gerade Ihren Drucker eingerichtet haben. Wenn Sie schon einmal etwas gedruckt haben, ist Ihr Drucker jetzt eingerichtet. Wahrhaftig.

## Stapeln der Formulare im Drucker

Dieser Teil ist einfach. Legen Sie einfach die Quittungsformulare in den Drucker ein, so wie Sie normalerweise Papier einlegen. Da Sie einen von etwa einer Jillion verschiedener Drucker haben, kann ich Ihnen nicht die genauen Anweisungen geben, die Sie befolgen müssen; wenn Sie jedoch einen Drucker ein Stück benutzt haben, sollten Sie keine Probleme haben.

## Einrichten des Bondruckers

Sie müssen den Bondrucker nur einmal einrichten, allerdings müssen Sie eine Reihe von allgemeinen Regeln für den Bondruck angeben. Diese Regeln gelten übrigens auch für Gutschriften und Kaufaufträge.

Gehen Sie folgendermaßen vor, um Ihren Drucker für den Belegdruck einzurichten:

1. Wählen Sie Datei ⇒ Druckereinrichtung.

2. Wählen Sie in der Dropdown-Liste Form Name die Option Invoice (Rechnung).

3. Wählen Sie den Drucker, den Sie zum Drucken von Rechnungen verwenden möchten.

Betätigen Sie die Dropdown-Liste Druckername, um die vorgestellten Drucker zu sehen. Wählen Sie den Drucker aus, den Sie für den Druck von Rechnungen und Bestellungen verwenden möchten.

4. (Ermessenssache) Wählen Sie den Druckertyp.

Die Dropdown-Liste Druckertyp beschreibt die Art des Papiers, das Ihr Drucker verwendet. Sie haben zwei Optionen:

Konstant: Ihr Papier wird als ein zusammengehöriges Ries mit beschädigten Kanten geliefert.

Seitenorientiert: Ihr Papier ist auf einzelnen Blättern.

5. Wählen Sie die Art der Quittungsform.

Wählen Sie die alternative Schaltfläche aus, die die Art des Formulars beschreibt, auf das Sie drucken möchten: Intuit Preprinted Forms, Blankopapier oder Briefpapier. Aktivieren Sie dann das

Kontrollkästchen Do Not Print Lines around Each Field (Keine Linien um jedes Feld drucken), wenn Sie die dezenten Kästchen, die Quick-Books zur Isolierung der einzelnen Felder erstellt, nicht mögen.

6. (Ermessenssache, aber ein toller Gedanke) Drucken Sie einen Testbon auf echtem Bonpapier.

Klicken Sie auf die Schaltfläche Ausrichten. Wenn QuickBooks das Dialogfeld Drucker ausrichten anzeigt, wählen Sie die Art des Bons aus, den Sie drucken möchten, und klicken Sie anschließend auf OK. Wenn QuickBooks das Transaktionsfeld Feinausrichtung anzeigt, klicken Sie auf die Schaltfläche Muster drucken, um QuickBooks an-zuweisen, einen Scheinbon auf dem Papier zu drucken, das Sie in den Bondrucker eingelegt haben.

Der Scheinbeleg, den QuickBooks druckt, ermöglicht es Ihnen, zu erkennen, wie Ihre Rechnungen aussehen werden. Der Beleg hat zusätzlich viele Ausrichtungsgitterlinien, die über das Feld "Rech-nung an" gedruckt werden. Sie können diese Rasterlinien verwenden, wenn Sie Ihren Drucker feinjustieren müssen.

7. Beheben Sie jegliche Form von Ausrichtungsproblemen.

Wenn Sie nach Abschluss von Schritt 6 Ausrichtungsprobleme feststellen, müssen Sie diese beheben. (Ausrichtungsprobleme treten normalerweise nur bei schwankenden Druckern auf.

Bei Laserdruckern oder Tintenstrahldruckern werden die Pa-pierstücke immer auf die gleiche Weise in den Drucker eingezogen, so dass Sie nie mit der Formularausrichtung herumspielen müssen).

Um große Ausrichtungsprobleme zu beheben - wie z. B. das Bedrucken von Material an einer ungeeigneten Stelle - müssen Sie die Art und Weise ändern, wie das Papier in den Drucker eingezogen wird. Wenn Sie das Papier endlich anständig gestapelt haben, sollten Sie sich genau notieren, wie Sie es gestapelt haben. Sie müssen den Drucker und das Papier bei jedem Druckvorgang auf die gleiche Weise einrichten.

Bei kleineren (aber in jedem Fall störenden) Ausrichtungsproblemen verwenden Sie die Felder Vertikal und Horizontal der Diskursbox Feinausrichtung, um die Ausrichtung des Formulars zu ändern. Drucken Sie dann einen weiteren Beispielbeleg. Testen Sie ruhig ein Stück. Sie müssen den Druck des Belegformulars nur einmal anpassen.

Klicken Sie auf OK im Diskursfeld Feinausrichtung, wenn Sie zum Transaktionsfeld Druckereinrichtung zurückkehren.

Durch Antippen der Schaltfläche "Optionen" im Diskursfeld "Druckereinrichtung" werden die Windows-Druckerausrichtungsdaten des gewählten Druckers geöffnet, wo Sie z. B. die Qualitätseinstellungen oder die Druckanforderung festlegen können. Da sich diese Daten mit Windows und nicht mit QuickBooks identifizieren, werde ich sie nicht näher erläutern. Wenn Sie neugierig sind oder versehentlich darauf klicken und dann Fragen zu dem haben, was Sie sehen, lesen Sie entweder im Handbuch Ihres Windows-Clients oder im Handbuch des Drucker-Clients nach.

8. Sichern Sie Ihre Druckereinstellungen stuff.

Nachdem Sie alle Einstellungen im Diskursfeld Druckereinrichtung vorgenommen haben, klicken Sie auf OK, um Ihre Änderungen zu speichern.

Wenn Sie generell bestimmte Einstellungen für den Druck eines bestimmten Formulars benötigen (vielleicht drucken Sie z. B. üblicherweise zwei Duplikate einer Quittung), lesen Sie den Abschnitt "Rechnungen und Gutschriften neu erstellen" gleich weiter unten.

Sie können Rechnungen und Gutschriften ausdrucken, jede für sich oder im Bündel. Wie Sie sie drucken, hat keinen Einfluss auf Quick-Books oder auf mich, Ihren bescheidenen Schreiber. Wählen Sie den Weg, der Ihrem Stil am besten zu entsprechen scheint. Die nebenstehenden Abschnitte zeigen Ihnen wie.

## Drucken von Rechnungen und Quittungen, wenn Sie sie erstellen

Wenn Sie Rechnungen drucken und Mahnungen akzeptieren müssen, während Sie sie erstellen, befolgen Sie diese Mittel:

1. Klicken Sie auf die Schaltfläche "Drucken", nachdem Sie den Bon oder die Gutschriftsanzeige erstellt haben.

Nachdem Sie die Behälter des Fensters Rechnungen erstellen oder des Fensters Gutschriften/Erstattungen erstellen ausgefüllt haben, klicken Sie auf die Schaltfläche Drucken. QuickBooks, immer der zuverlässige Mietling, zeigt entweder das Diskursfeld Eine Rechnung drucken oder das Transaktionsfeld Eine Gutschrift/Erstattung drucken an, das praktisch wie das Diskursfeld Eine Rechnung drucken aussieht.

2. (Ermessenssache) Wählen Sie die Art der Quittung oder des Gutschriftsformulars.

Falls Sie eine andere Art von Beleg- oder Guthabenaktualisierungsformular verwenden, als Sie für die Belegdruckerausrichtung beschrieben haben, wählen Sie die Art des Formulars, das Sie drucken müssen, aus den Entscheidungen der Schaltfläche Print On choice aus. Sie können Intuit Preprinted Forms, Blanko-Papier oder Briefpapier wählen.

Sie sollten sich keinen Stress mit dem Drucken von Testbons oder Gutschriftsrahmen oder mit Problemen bei der Formularausrichtung machen müssen, wenn Sie sich um diese Probleme kümmern, wenn Sie den Bondrucker einrichten, daher werde ich hier nicht auf die Schaltfläche Ausrichten eingehen. Wenn Sie diese Dinge tun müssen und Hilfe benötigen, verweisen Sie auf den früheren Abschnitt "Einrichten des Bondruckers", in dem ich beschreibe, wie man Testformulare druckt und Probleme mit der Formularausrichtung behebt.

3. Drucken Sie das Formular aus.

Klicken Sie auf die Schaltfläche Drucken, um das Formular an den Drucker zu senden.

4. Prüfen Sie die Quittung oder die Gutschriftserinnerung und veröffentlichen Sie das Formular erneut, wenn es grundlegend ist.

Prüfen Sie den Beleg oder die Gutschriftsanzeige, um zu sehen, ob QuickBooks sie korrekt gedruckt hat. Wenn das Formular falsch aussieht, beheben Sie die Ursache des Problems (vielleicht haben Sie es z.

B. auf einem ungeeigneten Papier gedruckt) und reproduzieren Sie das Formular, indem Sie erneut auf die Schaltfläche Drucken tippen.

## Drucken von Rechnungen in einem Cluster

Wenn Sie Rechnungen in einer Gruppe drucken müssen, müssen Sie das Kontrollkästchen Später drucken aktivieren, das in der Spitze des Fensters Rechnungen erstellen angezeigt wird. Dieses Häkchen weist QuickBooks an, ein Duplikat des Beleges in eine Liste der zu druckenden außerordentlichen Rechnungen zu legen.

Wenn Sie später die Liste der zu druckenden Rechnungen ausdrucken möchten, gehen Sie folgendermaßen vor:

1. Zeigen Sie das Fenster "Rechnungen erstellen" an (wählen Sie "Kunden" ⇒ "Rechnungen erstellen"), klicken Sie auf die Schaltfläche neben der Schaltfläche "Drucken" und wählen Sie in der Dropdown-Liste "Stapel starten".

QuickBooks zeigt das Diskursfeld Zu druckende Rechnungen auswählen an. In diesem Container werden alle Rechnungen erfasst, die Sie als "Später drucken" gekennzeichnet haben und noch nicht gedruckt wurden.

2. Wählen Sie die Rechnungen aus, die Sie drucken möchten.

QuickBooks kennzeichnet zunächst alle Rechnungen mit einem Häkchen, das anzeigt, dass sie gedruckt werden sollen. Sie können einzelne Rechnungen in der Liste an- und abwählen, indem Sie sie anklicken. Ebenso können Sie auf die Schaltfläche Alle auswählen (um alle Rechnungen zu markieren) oder auf die Schaltfläche Keine auswählen (um alle Rechnungen abzuwählen) tippen.

3. Klicken Sie auf OK.

Nachdem Sie effektiv alle Rechnungen markiert haben, die Sie drucken müssen - und keine der Rechnungen, die Sie lieber nicht drucken möchten - klicken Sie auf OK. QuickBooks zeigt die Transaktionsbox Rechnungen drucken an.

4. (Ermessenssache) Wählen Sie die Art der Quittungsform.

Wenn Sie eine andere Art von Quittungsformular aus der Auswahl verwenden, wählen Sie während der Quittungsanpassung die Art des Formulars aus, das Sie bedrucken möchten, indem Sie die Alternativen zum Drucken auf verwenden. Sie können Intuit Preprinted Forms, Blanko-Papier oder Briefpapier wählen.

Für weitere Informationen zu dieser Art von Formen, lesen Sie die Seitenleiste "Was präge ich?" vor jetzt.

5. Drucken Sie die Formulare aus.

Klicken Sie auf die Schaltfläche Drucken, um die gewählten Belegformulare an den Drucker zu senden. QuickBooks druckt die Formulare und zeigt anschließend ein Meldungsfeld an, in dem gefragt wird, ob die Formulare ordnungsgemäß gedruckt wurden.

6. Überprüfen Sie die Quittungsformulare und vervielfältigen Sie sie, wenn sie grundlegend sind.

Prüfen Sie die Rechnungen, um zu sehen, ob QuickBooks sie alle korrekt gedruckt hat. Wenn alle Formulare in Ordnung aussehen, klicken Sie im Meldungsfeld auf OK. Wenn mindestens ein Formular nicht in Ordnung ist, geben Sie die Belegnummer des Hauptformulars in das Meldungsfeld ein. Beheben Sie dann den Fehler, der das Formular beschädigt hat (vielleicht haben Sie es auf einem ungeeigneten Papier gedruckt), und veröffentlichen Sie das/die fehlerhafte(n) Formular(e) erneut, indem Sie erneut auf die Schaltfläche Drucken tippen. (Die Schaltfläche "Drucken" befindet sich in der Diskursbox "Rechnungen drucken").

## Drucken von Zahlungserinnerungen in einem Klumpen

Wenn Sie Gutschriftsaktualisierungen in einem Bündel drucken müssen, müssen Sie das Kontrollkästchen Später drucken aktivieren, das auf der Registerkarte Haupt des Fensters Gutschriften/Erstattungen erstellen angezeigt wird. Durch Aktivieren dieses Kontrollkästchens wird QuickBooks angewiesen, ein Duplikat der Gutschriftserinnerung auf eine Liste mit zu druckenden Gutschriftserinnerungen zu setzen.

Das Drucken von Gutschriftsanzeigen in einer Gruppe funktioniert vergleichbar mit dem Drucken von Rechnungen in einem Bündel. Da ich im ersten Bereich beschreibe, wie man Rechnungen in einem Haufen druckt, gehen Sie jetzt schnell durch eine Darstellung des Drucks von Gutschriftsanzeigen in einer Gruppe. Wenn Sie sich verfahren oder Fragen haben, spielen Sie auf den ersten Bereich an.

Wenn Sie bereit sind, die Kreditaktualisierungen zu drucken, die sich in der Liste der zu druckenden Dokumente befinden, gehen Sie folgendermaßen vor:

1. Zeigen Sie das Fenster "Gutschriften/Erstattungen erstellen" an, klicken Sie auf die Abwärts-Schaltfläche neben der Schaltfläche "Drucken" und wählen Sie in der Dropdown-Liste "Stapel starten".

QuickBooks zeigt das Transaktionsfeld Zu druckende Gutschriften auswählen an.

2. Wählen Sie die Zahlungserinnerungen aus, die Sie drucken möchten.

3. Klicken Sie auf OK, um das Dialogfeld "Gutschriften drucken" anzuzeigen.

4. Verwenden Sie das Diskursfeld Gutschriften drucken, um zu beschreiben, wie die Gutschriften gedruckt werden sollen.

5. Klicken Sie auf die Schaltfläche Drucken, um die ausgewählten Gutschriftsanzeigen an den Drucker zu senden. QuickBooks druckt die Zahlungserinnerungen.

## Versenden von Rechnungen und Gutschriften per E-Mail

Wenn Sie zuvor eine E-Mail auf Ihrem PC eingerichtet haben, können Sie Rechnungen per E-Mail versenden, anstatt sie direkt aus Quick-Books heraus zu drucken. Wenn Sie jetzt eine Quittung oder eine Gutschrift per E-Mail versenden möchten, klicken Sie auf die Schaltfläche E-Mail, die auf der Registerkarte "Haupt" des Fensters "Rechnungen erstellen" angezeigt wird.

Um Ihren Beleg per E-Mail zu versenden, geben Sie die E-Mail-Adresse des Unternehmens ein, dem Sie die Rechnung oder den Rabatt zukommen lassen möchten, ändern Sie die Nachricht entsprechend ab (klicken Sie unbedingt auf die Schaltfläche Rechtschreibung prüfen) und klicken Sie anschließend auf die Schaltfläche Senden.

Sie können Rechnungen und Gutschriften ebenfalls aus QuickBooks heraus faxen, wenn Sie ein Programm für die Faxübertragung installiert haben. Klicken Sie dazu auf die Schaltfläche "Drucken" am obersten Punkt des Fensters "Rechnungen erstellen" oder "Gutschriften/Erstattungen erstellen", wählen Sie Ihr Faxprogramm aus der Dropdown-Liste "Druckername" und verwenden Sie anschließend den Assistenten, der das Fax über Ihr Modem zu senden scheint. (Für die Übertragung können Gebühren anfallen.)

## Ändern Ihrer Rechnungen und Gutschriften

Mit QuickBooks können Sie ohne großen Aufwand die Layouts für Quittungen und Gutschriften neu gestalten oder Sie können neue Rechnungen und Gutschriften von einem der aktuellen QuickBooks-Formate abhängig machen. Öffnen Sie einfach das Formular, das Sie anpassen möchten, klicken Sie auf die Registerkarte "Formatierung" und anschließend auf die Schaltfläche "Design anpassen". QuickBooks zeigt eine Intuit-Seite an, die Sie durch die Mittel zur Erstellung Ihres eigenen, speziell angepassten Formulars führt.

Andererseits können Sie auf die Registerkarte Formatierung tippen und anschließend auf die Schaltfläche Datenlayout anpassen klicken. Wenn QuickBooks Sie fragt, ob Sie mit einem Duplikat des Standardformularformats arbeiten möchten, klicken Sie auf die Schaltfläche Kopie erstellen. QuickBooks zeigt das Dialogfeld "Zusätzliche Anpassung" an, das eine Reihe von Kontrollkästchen und Meldungsfeldern enthält, mit denen Sie die Änderungen vornehmen können. Das Diskursfeld Zusätzliche Anpassungen bietet ebenfalls eine Vorschau mit dem Gebiet, das zeigt, wie Ihre Anpassungen aussehen, also flippen Sie aus und seien Sie mutig. (Wenn Sie einen Fehler machen, klicken Sie einfach auf Abbrechen, um Ihre geänderten Änderungen aufzugeben. Starten Sie dann, falls nötig, den Vorgang neu - das ist vielleicht etwas schlauer und intelligenter für die Erfahrung).

# Kapitel 6: Schecks drucken

Das Drucken von Schecks in QuickBooks ist zügig. In der Tat ist es zügig, nachdem Sie Ihren Drucker genau eingerichtet haben. Wenn Sie einen Drucker mit konstantem Einzug haben, wissen Sie, dass diese Drucker Probleme haben, irgendetwas auf ein Formular zu drucken. Die Ausrichtung wird immer wieder verfehlt.

QuickBooks hat Scheckformulare, die Sie kaufen können, und ich empfehle, diese zu verwenden, wenn Sie Schecks drucken. Die QuickBooks-Schecks wurden für die Verwendung mit diesem Programm entwickelt. Und alle Banken erkennen diese Schecks an.

## Vorbereiten des Druckers

Bevor Sie mit dem Drucken von Schecks beginnen können, müssen Sie sicherstellen, dass Ihr Drucker für den Druck von Schecks eingerichtet ist. Ebenso müssen Sie QuickBooks mitteilen, was auf die Schecks gedruckt werden soll: den Namen Ihres Unternehmens, die Adresse, das Logo, usw. Außerdem können Sie ein paar Testschecks durch die Mangel drehen, um zu sehen, ob sie gut ausfallen.

Gehen Sie folgendermaßen vor, um den Drucker einzurichten:

1. Wählen Sie Datei ⇒ Druckereinrichtung.

Nachdem Sie diese Richtung gewählt haben, sehen Sie das Transaktionsfeld Druckereinrichtung.

2. Wählen Sie in der Dropdown-Liste Formularname die Option Scheck/PayCheck aus.

QuickBooks legt Ihre Druckoptionen unterschiedlich fest, je nachdem, welches Formular Sie drucken müssen. Für den Druck von Schecks müssen Sie das Formular "Check/PayCheck" aus der Dropdown-Liste "Form Name" (Formularname) am obersten Punkt der Diskursbox auswählen.

3. Wählen Sie in der Dropdown-Liste Druckername Ihren Drucker aus.

Klicken Sie in der Dropdown-Liste Druckername auf die Schaltfläche nach unten und sehen Sie sich die Druckernamen an. Als Sie Quick-Books eingeführt haben, hatte es einen täglichen Programmier-Chat mit Windows, um herauszufinden, welche Art von Drucker(n) Sie haben, zusätzlich zu anderen Dingen. Ihr Drucker ist höchstwahrscheinlich bereits ausgewählt; wenn nicht, wählen Sie den richtigen Drucker aus.

4. Stellen Sie ggf. die richtige Druckertyp-Alternative ein.

Dieser Container ist höchstwahrscheinlich auch schon ausgefüllt, aufgrund der offenen Unterhaltung, die ich in Schritt 3 bemerkt habe. Wenn dies nicht der Fall ist, klicken Sie auf die Schaltfläche nach unten und wählen Sie anschließend Kontinuierlich oder Seitenorientiert. (Ersteres ist im Großen und Ganzen für Nadeldrucker geeignet, letzteres für Laser- und Tintenstrahldrucker, aber es hängt ausnahmsweise nur davon ab, welche Art von Papier Sie für Ihren Drucker verwenden).

5. Wählen Sie den passenden Prüfstil aus.

Momentan kochen Sie gerade. Diese Progression ist der Ort, an dem Sie eine praktikable Geschwindigkeit gute Entscheidung finden:

Belegschecks haben eine ähnliche Breite wie Standardschecks, sind aber nicht mehr vorhanden. Wenn Sie die Alternative "Beleg" auswählen, druckt QuickBooks auch Belegdaten: die Dinge und Kostenorganisationen aus der Basis des Fensters "Schecks schreiben".

QuickBooks gibt ebenfalls Daten über die finanziellen Aufzeichnungen, die Sie in diesem Sinne zusammenstellen.

Standardschecks sind so bemessen, dass sie in legitime Briefumschläge passen.

Die Wallet-Alternative ist für das Bedrucken von Uhren gedacht, die so klein sind, dass sie in eine - Sie haben es erfasst - Brieftasche passen.

6. (Ermessenssache) Klicken Sie auf die Schaltfläche Optionen; ändern Sie Ihre Druckeralternativen, und wenn Sie fertig sind, klicken Sie auf OK, um zum Diskursfeld Druckereinrichtung zurückzukehren.

Nachdem Sie auf die Schaltfläche Optionen geklickt haben, zeigt QuickBooks das Diskursfeld Eigenschaften Ihres Druckers an.

7. Geben Sie im Dialogfeld Eigenschaften die Druckqualität, die Anzahl der Duplikate und verschiedene Alternativen an, die explizit für Ihren Drucker gelten. Klicken Sie dann auf OK, um zum Transaktionsfeld Druckereinrichtung zurückzukehren.

8. Klicken Sie im Dialogfeld Druckereinrichtung auf die Registerkarte Schriftarten und anschließend auf die Schaltfläche Schriftarten auf dieser Registerkarte, um die Textstile auf Ihren Schecks zu ändern.

Wenn Sie auf dieser Registerkarte entweder auf die Schaltfläche Schriftart oder auf die Schaltfläche Adressschriftart klicken, wird die Transaktionsbox Schriftart auswählen oder die Diskursbox Adressschriftart auswählen angezeigt. Mit der Schaltfläche Adressschrift legen Sie fest, wie der Name und die Adresse Ihrer Organisation aussehen sollen, und mit der Schaltfläche Schriftart legen Sie fest, wie alle anderen Aufdrucke auf Ihren Schecks aussehen sollen. Hier haben Sie die Möglichkeit, Ihre Schecks aufzuräumen und den Namen Ihrer Organisation hervorzuheben.

Untersuchen Sie einige Zeit lang die Einstellungen für Schriftart, Schriftschnitt und Größe. Wenn Sie z. B. einen Buchladen betreiben, wählen Sie den Textstil Bookman (eventuell unter Verwendung von Secure für den Namen und die Adresse Ihrer Organisation). Wenn Sie eine Fahnenträgerverwaltung betreiben, wählen Sie Courier; italienische Mathematiker können Times New Roman verwenden (nur ein Scherz). Wie Ihre Entscheidungen aussehen, können Sie in der Beispielbox sehen.

9. Wenn Sie das Herumspielen mit den Textstilen abgeschlossen haben, klicken Sie auf OK, um zum Transaktionsfeld Druckereinrichtung zurückzukehren.

10. Klicken Sie im Diskursfeld Druckereinrichtung auf die Registerkarte Teilseiten und wählen Sie anschließend einen Druckstil für Teilseiten aus.

Zum Glück gibt es ein paar Abbildungen, sonst würden Sie nicht verstehen, was diese Alternativen sind, OK? Diese Wahlmöglichkeiten sind für die Naturburschen unter Ihnen. Angenommen, Sie führen dem Drucker zwei Schecks zu; die Scheckblätter haben jedoch jeweils drei Schecks. Sie haben einen restlichen Scheck.

Auf Grund dieser Alternative können Sie den zusätzlichen Scheck verwenden. Wählen Sie eine der Optionen aus, um QuickBooks mitzuteilen, wie Sie den Scheck dem Drucker zuführen wollen - vertikal links (Auswahl "Seite"), vertikal in der Mitte (Auswahl "Zentriert") oder auf einer ebenen Fläche (Auswahl "Hochformat"). Sie führen dem Drucker Schecks auf ähnliche Weise zu, wie Sie ihm Umschläge zuführen.

11. (Ermessenssache) Klicken Sie auf das Fenster "Logo" und geben Sie anschließend ein Organisationslogo oder eine Klammer ein.

Klicken Sie im Transaktionsfeld "Logo" auf "Datei" und entdecken Sie anschließend den Index und die realistische BMP-Aufzeichnung (Bitmap), die Sie stapeln müssen. Klicken Sie auf OK. Hinweis: Nur Abbildungen, die in BMP-Ausrichtung sind, können auf Ihren Schecks verwendet werden, und Intuit schreibt vor, dass das Logo quadratisch sein muss.

12. (Ermessenssache) Klicken Sie auf das Fenster Signatur und geben Sie anschließend ein Scheck-Signaturbild ein.

Sie müssen unglaublich mutig sein? Klicken Sie auf die Schaltfläche "Signatur", die im Diskursfeld "Druckereinrichtung" angezeigt wird.

Wenn QuickBooks das Feld "Signatur" anzeigt, klicken Sie auf "Datei" und suchen Sie anschließend den Katalog und das realistische BMP-Dokument (Bitmap) mit dem Zeichen, das Sie stapeln möchten. Klicken Sie auf OK. Hinweis: Wie bei einem Logo können Sie hier eine Marke nur dann verwenden, wenn es sich um ein BMP-Realistic handelt.

13. Klicken Sie auf OK, wenn Sie fertig sind.

Diese Ausrichtung war doch kein Sonntagsausflug, oder? Auf jeden Fall sind Ihre Schecks im Großen und Ganzen fit für den Druck, und Sie werden diese Schwierigkeit höchstwahrscheinlich nie wieder erleben müssen.

## Drucken eines Schecks

Aus unbekannten Gründen belebt sich mein Herzschlag, wenn ich ein gutes Tempo des Gesprächs finde. Einen Scheck über echtes Bargeld auszustellen, wirkt authentisch. Eine ähnliche Neigung verspüre ich immer dann, wenn ich jemandem Geld schicke, unabhängig davon, ob es sich um eine angebliche Summe handelt.

Ich glaube, dass der ideale Ansatz, um meinen Puls zu senken (und Ihren, falls es Ihnen ähnlich geht wie mir), darin besteht, den verflixten Scheck zu drucken und einfach damit fertig zu werden. Quick-Books kann Schecks auf zwei verschiedene Arten ausdrucken: wie Sie es sich vorstellen oder in Bündeln.

Zuallererst, in jedem Fall. Bevor Sie Schecks drucken können, müssen Sie einige unbegrenzte Freikarten in Ihren Drucker einlegen. Dieser Vorgang funktioniert ähnlich wie das Einlegen von beliebigem Papier in Ihren Drucker. Wenn Sie Fragen haben, verweisen Sie auf die Dokumentation Ihres Druckers. (Es tut mir leid, dass ich Ihnen bei dieser Prozedur nicht weiterhelfen kann; allerdings gibt es eine Million verschiedener Drucker, und ich kann nicht sagen, welchen Sie haben, wenn ich meine Edelsteinkugel untersuche).

## Ein paar Worte zum Drucken von Schecks

Der Scheckdruck ist etwas verworren, oder? Für das Protokoll, ich bin mit Ihnen in diesem einen. Ich wünschte wirklich, es wäre nicht so viel Arbeit, aber Sie werden sehen, dass das Drucken von Schecks nach den ersten, nicht vielen Gelegenheiten einfacher wird.

In der Tat werden Sie bald rennen, anstatt durch die Mittel zu schlendern. Ganz schnell werden Sie solche Barrieren wie die Ausrichtung der Registrierung einfach umschiffen.

In der Tat werden Sie bald so viel wissen, dass Sie in der Tat nie wieder schneller lesen müssen.

## Drucken eines Schecks während des Schreibens

Falls Sie sich im Fenster "Schecks schreiben" befinden und das Vervollständigen eines Schecks vor kurzem abgeschlossen wurde, können Sie ihn drucken. Der Hauptnachteil ist, dass Sie bei dieser Strategie die Schecks nacheinander ausdrucken müssen. Hier ist das Ticket:

1. Füllen Sie Ihren Scheck aus.

Ich empfehle sogar, den Scheck vor dem Drucken zu vervollständigen. Stellen Sie außerdem sicher, dass das Kontrollkästchen Später drucken aktiviert ist.

2. Klicken Sie im Fenster Schecks schreiben auf die Schaltfläche Drucken. Sie sehen das Dialogfeld Scheck drucken.

3. Geben Sie eine Schecknummer in das Inhaltsfeld Gedruckte Schecknummer ein und klicken Sie anschließend auf OK.

Nachdem Sie auf OK geklickt haben, sehen Sie das ebenfalls benannte Diskursfeld Schecks drucken. Die Einstellungen, die Sie jetzt vorfinden, sind die, die Sie gewählt haben, als Sie QuickBooks zuvor mitgeteilt haben, wie Sie Schecks drucken können. Wenn Sie die Einstellungen im Dialogfeld "Schecks drucken" ändern, wirken sich die Änderungen nur auf diesen speziellen Scheck aus. Immer, wenn Sie einen Scheck drucken, sehen Sie wieder Ihre einzigartigen Einstellungen.

4. Klicken Sie auf Drucken, um die Standardeinstellungen zu bestätigen, oder nehmen Sie Änderungen im Diskursfeld vor und klicken Sie anschließend auf Drucken.

Geben Sie im Feld Printer Name (Druckername) an, auf welchem Drucker Sie drucken müssen. Geben Sie im Bereich Check Style (Scheckstil) an, ob Sie einen Voucher-, Standard- oder Wallet-Scheck drucken möchten.

Falls Sie eine unvollständige Seite mit Formularen auf einem Laserdrucker ausdrucken, verwenden Sie die Registerkarte "Partial Page" (Teilseite), um sowohl die Anzahl der Scheckformulare auf der

Teilseite als auch die Art und Weise anzuzeigen, wie Sie diese durch Ihren Drucker aufpolstern werden.

Wenn der Name und die Adresse Ihres Unternehmens auf dem Scheck erscheinen sollen, aktivieren Sie das Kontrollkästchen Firmenname und Adresse drucken auf der Registerkarte Einstellungen.

Nachdem Sie auf "Drucken" geklickt haben, druckt QuickBooks den Scheck, und Sie sehen das Transaktionsfeld "Schecks drucken - Bestätigung". Hier gibt es nichts Prekäres - nur eine Liste der Uhren, die Sie einfach versucht haben zu drucken.

5. Wenn der Scheck nicht korrekt gedruckt wurde, befolgen Sie diese Mittel:

a. Klicken Sie auf das Häkchen im Diskursfeld Schecks drucken - Bestätigung, um es auszuwählen, und klicken Sie anschließend auf OK, um zum Fenster Schecks schreiben zurückzukehren.

b. Klicken Sie noch einmal auf die Schaltfläche Drucken im Fenster Schecks schreiben.

c. Geben Sie die neue Schecknummer ein und klicken Sie noch einmal auf Drucken.

# Fazit

Dieses Buch ist vollgepackt mit Daten über die Verwendung und den Nutzen von QuickBooks.

Ein eigenes Unternehmen zu leiten oder darin zu arbeiten ist vielleicht das Erfrischendste, was ein Mensch tun kann. Wahrhaftig. Ich würde darüber keine Witze machen. Natürlich ist die Natur in manchen Fällen riskant - wie im alten Westen - aber es ist eine Situation, in der Sie die Chance haben, große Mengen an Geld zu verdienen. Und es ist zusätzlich eine Situation, in der Sie eine Organisation oder eine Berufung aufbauen können, die hervorragend zu Ihnen passt.

Zahlreiche Geschwister, die in großen Organisationen in Corporate America arbeiten, versuchen aggressiv, ihre runden Heringe in quälend eckige Lücken unterzubringen. Igitt.

Dieses Buch ist nicht dazu gedacht, von der ersten bis zur letzten Seite gelesen zu werden wie ein James-Patterson-Seitenschmöker. Stattdessen ist es in kleine, schweißtreibende Beschreibungen gegliedert, wie Sie die Dinge tun, die Sie tun müssen. Falls Sie zu der Sorte Mensch gehören, die sich einfach nicht wohl dabei fühlt, ein Buch nicht von vorne bis hinten durchzulesen, können Sie sich (natürlich) frei fühlen, dieses Ding von vorne bis hinten zu lesen.

Sie können dieses Buch aber auch wie ein Nachschlagewerk verwenden. Wenn Sie über ein Thema nachdenken müssen, finden Sie es in der Liste der Kapitel; dann können Sie zum richtigen Abschnitt oder zur richtigen Seite blättern und so viel lesen, wie Sie benötigen oder genießen - kein Muss, ganz einfach.

Ich sollte jedoch etwas Bestimmtes angeben: Buchhaltungsprogramme erwarten von Ihnen ein bestimmtes Maß an Bereitschaft, bevor Sie mit ihnen echte Arbeit erledigen können. Wenn Sie noch nicht begonnen haben, QuickBooks zu benutzen, verschreibe ich Ihnen, dass Sie die ersten Teile dieses Buches lesen, um zu erfahren, was Sie zuerst tun müssen.

CPSIA information can be obtained
at www.ICGtesting.com
Printed in the USA
BVHW080748240321
603322BV00007B/490

9 781802 245196